名师名校名校长

凝聚名师共识
回应名师关怀
打造名师品牌
培育名师群体

面向每一位学生发展的教育

——大单元整体教学设计的

行与思

陈冬 刘光勇 孙玉红 主编

山西出版传媒集团

山西人民出版社

图书在版编目（CIP）数据

面向每一位学生发展的教育 ：大单元整体教学设计的行与思 / 陈冬，刘光勇，孙玉红主编. -- 太原 ：山西人民出版社，2024. 11. -- ISBN 978-7-203-13615-6

Ⅰ. G632.421

中国国家版本馆CIP数据核字第2024CA9284号

面向每一位学生发展的教育：大单元整体教学设计的行与思

主　编：陈　冬　刘光勇　孙玉红
责任编辑：贾　娟
复　审：李　鑫
终　审：梁晋华
装帧设计：言之凿

出版发行：山西出版传媒集团·山西人民出版社
地　址：太原市建设南路21号
邮　编：030012
发行营销：0351-4922220　4955996　4956039　4922127（传真）
天猫官网：https://sxrmcbs.tmall.com　电话：0351-4922159
E-mail：sxskcb@163.com　发行部
　　　　sxskcb@126.com　总编室
网　址：www.sxskcb.com

经销者：山西出版传媒集团·山西人民出版社
承印厂：北京政采印刷服务有限公司

开　本：710mm×1000mm　　1/16
印　张：22
字　数：390千字
版　次：2025年3月　第1版
印　次：2025年3月　第1次印刷
书　号：ISBN 978-7-203-13615-6
定　价：58.00元

如有印装质量问题请与本社联系调换

编 委 会

目 录

研学篇：
研教结合，以研促教

第一章　教学实践历程

克拉玛依市第一中学是中华人民共和国成立后开发的西部大油田上的第一所中学,是一所九年一贯制的完全中学,于2020年7月被评选为"国家级新课程新教材实施示范校"。学校依据《国务院办公厅关于新时代推进普通高中育人方式改革的指导意见》《普通高中新课程新教材国家级示范校建设的指导意见》《自治区、兵团普通高中课程设置方案(2021)》,制定《学校"双新"建设三年规划》,致力于创建"地区引领、全疆领先、全国示范"的优质特色高中,培养适应国家未来发展要求、面向未来、全面而有个性发展的学生。

学校以丰富、多样、可选择的课程建设与完善为中心,实施选课走班分层教学的组织形式,积极实施基于学科核心素养与学科育人落实的课堂教学改革,主动探索关注学生学习全过程的纵向评价与德智体美劳全方位的横向评价相结合的评价方式,在任务驱动中提升教师课程领导力和专业发展水平,为"创办适合每一位学生发展的教育"育人理念注入了全新活力,为学生全面而有个性发展奠定了坚实的基础。

学校在国家级"双新"示范校建设过程中,在教学方式变革方面最大的问题是深化以学科核心素养落实和学科育人为中心的教学改革。依托新课程新教材,探索与新课程标准相适应的新教材的单元化教学设计与实施,深入推进教与学方式变革,提升高中教育的质量。如何进行单元化教学设计与实践,将单元任务落实到每一节课堂中,成为学校重点突破的方向。

在两年多的实践探索中,学校的准备工作系统而全面,实践过程务实而规范,总结提炼外显与固化,逐渐形成了"思想统一——同读共学—顶层设计—团队合作—阶段分享—成果外化"的实践路径,积累了核心素养导向的大单元整体教学的丰富多样、可选择的学习资源,提炼了大单元教学设计的原则、流程和路径,总结了大单元教学实践的系列研究成果,达到了提升教师专业成长和促进学生多元成长的双重目的,也为区域教学方式的变革提供了适切可推广的路径。

一、教学方式变革的准备工作系统而全面

1. 用统一的思想和共同的育人理念作为学校教学方式变革的基石

没有理念的认同就没有行动的统一，一切教育教学改革的起点源于思想的高度契合与认同。我校评上"双新"示范校后，从 2020 年 9 月新学期伊始便开始了推进教学方式变革的一系列准备工作，通过 8 月底的第七届教学年会的克拉玛依教育文化培训，让克拉玛依教育文化深入每一位教师心中；学校成立立德树人课程体系建设项目组，由校党委书记、校长、副校长、学部主任任项目负责人，自上而下、全面持续地推进"双新"示范校的各项工作，形成学校领导以身作则、学术引领在先的学校教育转型大环境；对学部主任、学科主任、课程负责人、教研组长等学科骨干加强学习培训，通过学部主任领导力和学科主任领导力的交流分享，形成学校关键少数人的思想认识的高度统一，为普通高中育人方式变革打下了坚实的思想基础。

学校在梳理已有转型成果的过程中进行"双新"示范校的建设，是在原有克拉玛依教育深度转型基础上的持续推进与继续完善。创办适合每一位学生发展的教育，培养担当民族复兴大任的时代新人，仍然是我们教育转型的方向。学校不断深化对"创办适合每一位学生发展的教育"的价值观的理解，向"创办适合每一位学生发展的高质量教育"迈进。所以，"双新"建设工作是在此基础上的持续推进与继续深入。自主化、多样化、个别化才能让教育面对每一个学生个体，解决学生终身发展的问题，让每一位学生都得到发展，享受幸福的人生。因此，我们的任务是围绕德智体美劳五育并举的立德树人课程体系这一核心继续丰富与推进，持续完善与提升，这是学校共同的价值认同与行动方向。正是基于这样的思想认识和育人理念，各学科在两年多的时间里围绕新课程新教材，基于学科核心素养落实的问题，进行了一系列的探索和实践。

2. 用同读共学等活动不断为教师单元化教学设计与实施赋能增智

从 2021 年寒假起，学校陆续向学部主任、学科主任推荐假期"共读一本书"活动，为全体教师购买王春易老师的《从教走向学：在课堂上落实核心素养》、余文森教授的《核心素养导向的课堂教学》等书，并在开学进行全校分享交流，为新课程新教材的单元化教学设计做了必要的知识储备与认知准备。2021 年春季，学校为全体教师购置新课程标准和全套新教材，进行单元

教学设计的初步实践；2021 年暑假，组织全体教师参加国家教材中心举办的新课程新教材研讨培训学习；2021 年秋季学期，在高一年级进行新课程的教育教学工作，并利用教研网不断向学科教师推送各地示范区校最新成果汇报，进行学习提升；2022 年寒假，为教师购置单元教学专业书籍；2022 年春季学期，持续进行国家中小教育平台上的网络研修学习；2023 年暑假，依托国家中小学智慧教育平台组织全体教师参加暑期研修学习。通过自主学习、网络研修和课堂教学进行教师课程领导力理论学习与实践提升，为教师单元化教学设计与实施赋能增智。

3. 学校顶层设计思路清晰，以项目研究推动研究工作持续深入，可操作性强

学校党委成立"双新"建设领导小组，制定《国家级"双新"示范校三年发展规划》和《国家级"双新"示范校年度和学期推进方案》，成立学校层面以学校党委委员、校务委员和学科骨干为成员的专项项目组，包括立德树人课程体系研发项目组、托管与作业专项项目研究组、扁平化管理与选课走班制度建设与完善项目组、教师发展课程体系建设项目组共四大项目十五个专项任务工作，在课程建设、课堂变革、组织机制、教师发展等方面有重点、分阶段地推进，在具体的工作研究中有序进行"双新"示范校各项建设工作。

课程办和教育家书院进行各项工作的月度分享推进工作，每月一次校务委员的项目分享和学科大单元教学实践分享。自 2020 年 9 月起至 2023 年 7 月，共进行了 44 次校级分享与交流，15 个学科针对大单元教学实践共进行 17 次分享。2020 第七届教学年会、2021 年第八届教学年会、2022 年第九届年会、2023 年第十届年会，则对当年单元教学设计成果进行了全学科、全方位的展示与交流。通过项目化、过程化和成果化来突破新课程新教材单元实施重难点，加强过程反馈和跟进，阶段不断改进优化，提高单元教学实践课程领导力。

二、大单元教学实践务实而规范

1. 学科团队集体参与、共同合作进行新课程新教材的单元教学设计与实践工作

"创办适合每一位学生发展的教育""崇尚一流、追求卓越"的克拉玛依教育文化已内化到"一中人"心中，形成学校团队合作、共同行动、彼此协作的学校文化。学校充分发挥课程与教学研究院、课程委员会职责，进一步健全以校为本的教学研究制度，建立平等互助的教学研究共同体，组建由学科主任、课程负责人和教研组长为核心的校级学科教学改革研究团队，带领全体学科教师，利用每次放假前一周或更多的时间，集体研讨、骨干引领、分工合作、共同备课。通过团队的力量，将各学科新课程新教材的大单元教学设计成册成资源包。资源包包括大单元教学过程设计、课堂演示文稿、自主学习微课资源、学科学期规划、自诊练习、单元测试等用以支撑自主学习和单元活动的各类资源（见图 1-1）。

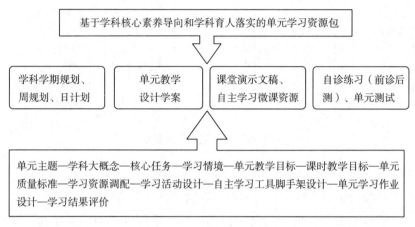

图 1-1　单元学习资源

2. 基于学科核心素养导向和学科育人落实的单元教学阶段分享

每月一次的学科分享有主题，每个学期的公开课展示有难点突破。2020年秋季学期，主要以学科了解认识大单元教学为主。2021年春季开始，以大单元设计、实践与总结为抓手，4月分享学科单元设计，5月进行公开课展示，本学期各学科尝试单元公开课展示共 63 节，呈现出各学科对单元教学的表现形式与理解水平；提炼学科单元设计的原则与流程，形成了以结果为先的逆向设计的设计原则，体现备教学评一致的教学原则，统一了大单元教学设计的思想认识（见图 1-2）。

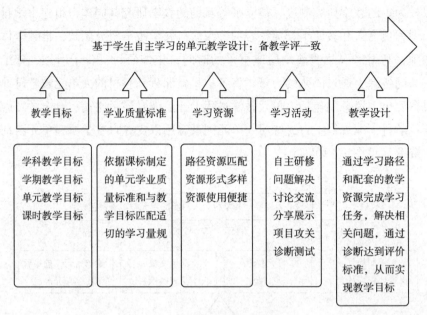

图1-2 单元教学设计思路

2021年秋季学期，新高一年级开始了单元教学的具体实践。由学科主任引领的学科和由学部主任引领的学部，双线进行基于学科核心素养导向和学科育人落实的单元公开课展示与研讨活动。高一学部以学科组为单位，全员参与，周周进行公开课展示与反思，掀起高一年级教学方式变革的热潮，学科则以单元教学整体设计提升教学品质。2021年11月，各学科由5～7名骨干教师共同完成一个单元的授课任务，完整呈现了一个单元的学习过程，全校共举行了69节单元公开课例。这为大单元教学研究提供了鲜活的样本和素材。

2022年春季学期，学校在前期单元教学设计取得的成果的基础上，进一步研究学科大概念引领的指向深度学习的单元学习范式。2022年5月，举办了以学科大概念统领的单元课例研讨活动，从选课、磨课、说课到试讲、展示、学科总结、专家点评，每个学科选择4节最具单元特色的公开课进行汇报展示。除了15个学科的48节公开课外，还展现了更丰富的德育课程、劳动教育课程、职业生涯规划课程的公开课，使五育并举的课程落实落地，形成了完整的基于公开课展示的学科深度研讨交流范式，也收获了一批学科单元学习的优秀范例。

2022年秋季学期，学校于11月底至12月初开展了线上公开课研讨活动，展示公开课共37节，尝试开展云端教研、线上直播，向更大范围宣传并持续推进单元整体教学的思想。

2023 年春季，随着义务教育课程标准的颁布与学习，为进一步让更多的教师转变观念积极实践，学校将学科大概念引领的指向深度学习的单元公开课分为 3 月初的体育艺术技术专场 12 节、4 月的初中专场 19 节和 5 月的高中专场 30 节，分时段、分步骤、有序地参与各个学段各个学科的公开课研讨活动，让单元教学的思想深入学校每位教师的心中，践行于教学，惠及学生。

三、单元教学实践成果总结提炼外显和固化

在两年多的实践过程中，学校及时对实践成果进行总结提炼，形成《立德树人课程体系手册》各个方面的分册。现已集成"大单元课例手册"6 个分册，共收录大单元整体设计案例 267 个。

（孙玉红）

第二章　教学设计的原则与流程

心中有整栋"房子"的教学设计才能让学生在复杂的学习环境中学会直面问题、分析问题、解决问题，进而形成学科的核心素养。因此，基于学生核心素养导向的大单元整体教学设计，应立足于学生个体的发展需求，将真实的情境与真实的问题设计到学习活动场所中，让学习与生活连通，让素养在过程与体验中习得，这是核心素养导向的大单元整体教学设计的基本出发点，也是学校推进普通高中育人方式开展课堂改革的最终方向。克拉玛依市第一中学全体教师经过两年多的学习和实践，在原有自主化、整体化、系统化原则的基础上，基本认同了以结果为先的逆向设计原则，体现备教学评一致的教学原则，使以核心素养导向的大单元整体教学设计有了基本的原则和设计流程。

一、核心素养导向的大单元整体教学设计的原则

（一）自主化学习的原则

学校从 2013 年与北京十一学校联合办学，开始了以推进学生自主学习能力培养为主的选课走班分层教学的教育转型实践变革。在学校组织机制上，实施扁平化分布式互助型的领导机制，最大限度地发挥学校和教师个体主观能动性和创造性，大大激活的学校办学活力；在育人方式上，坚持小班化、导师制，落实全员全过程育人，充分尊重每一位学生的主体地位，努力尊重每一位学生的自主发展；在课堂教学方面，积极探索以自主性、个别化、可选择为原则的课堂教学转型，形成了"学科规划在先—学生提前预习—课堂针对重难点突破—课堂后测诊断"的自主学习的课堂模式；学部通力合作，通过各个分布式领导和导师，始终如一地坚持培养学生的自主学习能力和规划能力。学部安排的自习、小学段自习周以及以学生为主体的课堂学习都让学生自主学习有了时间的保证；学科以团队合作的方式研发丰富、多样、可选择、可读性强的助学资源帮助学生自主学习，引导学生学会使用学习资源，学会学习，让学

生的自主学习成为可能。

（二）整体化、系统化原则

为了满足学生的多样化发展需求，学校架构了分层分类综合特需的课程体系，实施选课走班分层教学的教学组织形式。压缩课时，分层分类进行教育教学，课堂上减少教师的讲和做，增加学生的学和练，让课堂成为学生自主学习的主场，教师成为学生自主学习的帮促者。学校育人方式的变革，要求教师必须以团队合作为方式，以学生核心素养提升为指向，将学科相关知识、能力与综合品质有机地整合在一个大单元中，通过有效的学习情境和学习活动的设计，帮助学生全面理解和应用所学的内容。教育教学中遵循学什么、考什么，怎么学、怎么考，培养什么、考什么及想要什么就评价什么的原则多元评价学生。学生评价关注过程性评价和终结性评价相结合的全过程评价。过程性评价侧重学生的学习方式和学习习惯，终结性评价侧重学习效果的评价。这样，整体化、系统化的大单元整体教学设计原则应时应需而生。

（三）学科育人的原则

《普通高中课程方案（2017 版 2020 年修订）》和 20 个学科课程标准坚持以落实立德树人根本任务为指针，特别强调在各学科教育中融入社会主义核心价值观的基本内容和要求，全面传承中华优秀传统文化，弘扬社会主义法治精神。加强革命传统教育、国家安全教育、民族团结教育、生态教育等意识和内容的渗透，为学生形成正确的世界观、人生观、价值观奠定基础。我们可以简单将核心素养概括为正确的价值观、必备品格、关键能力三个方面。为更好地落实学生思想品德的教育，学校在进行大单元整体教学设计时，专门将学科育人作为一个重要的设计环节。围绕社会主义核心价值观，落实学科核心素养，突出爱国主义教育。通过构建学科爱国主义教育目标体系，实现学科育人，体现学科育人的政治属性，即学科思政。

（四）备教学评一体化原则

大单元整体教学设计以学生核心素养的培育为中心，教学设计的起点是人，终点是促进学生个体的发展，这样就打破了以往学科教学的局限，从学科教学走向学科教育。当我们将视角定位于人的发展时，我们对学习内容的设计就应该着眼于学生的发展，将学生个体的发展目标作为单元设计的方向，将依据课程标准制定的学业质量作为学科学习的出口标准。培养目标和培养出口质量标准设定清楚后，再设计中间的学习环节，这样就形成了以终为始的逆向设计的备教学评一致的教学原则。

学科通过团队合作，将学生培养目标分解成学科目标、学期目标、学段目标、单元目标、课时目标，形成学生培养目标的由大及小的目标链，再根据课程标准中学业质量标准设计可选择的单元质量标准，作为评价依据。确定单元目标和单元学业质量标准后，再选择与学生自主学习路径匹配、形式多样、使用便捷的资源，根据资源再设计自主研修、问题解决、讨论交流、分享展示、项目攻关、诊断测试等丰富多样的学习活动，并为学习活动设计适应的评价量表，关注学生过程性评价和增值性评价，丰富评价体系。

通过学习路径和配套的教学资源完成学习任务，解决相关问题，通过诊断达到评价标准，从而实现教学目标，形成备教学评一致的教学原则。

二、核心素养导向的大单元整体教学设计的流程

大单元教学的具体流程可以根据学科、学段和学生的实际情况进行灵活调整和设计。重要的是要保持教学的整体性和探究性，注重学生的主动参与和深度学习。大致说来，主要有以下几个流程。

（1）设计大单元主题：选择一个具有一定范围和深度的主题，确定大单元的目标和教学重点。

（2）分析教学目标和内容：分析大单元的教学目标，确定学生需要掌握的知识和技能，并整理相关的教学资源和材料。

（3）组织学习活动：根据教学目标和内容，设计多样化的学习活动，包括讲授、实践、探究、讨论、合作等，以促进学生的主动参与和深入理解。

（4）引导学习过程：通过启发式教学、问题导向等方式，引导学生进行自主学习和探索，培养他们的思维能力和解决问题的能力。

（5）进行评估：根据大单元的教学目标，设计相应的评估任务和评价标准，对学生的学习成果进行评估和反馈。

（6）总结和归纳：在大单元教学结束时，帮助学生总结和归纳所学内容，加深其对知识和技能的理解和应用。

在学校各学科基于学科核心素养和学科育人落实的大单元整体设计中又形成了各个学科比较鲜明的具体流程。以语文学科为例，具体流程如图 2 - 1 所示。

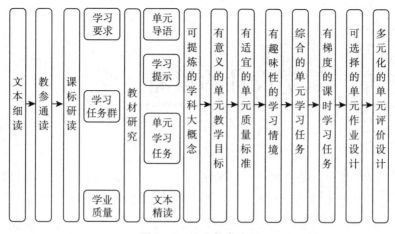

图 2-1　语文教学流程

（1）文本细读：教师个体认真研读文本内容，通过学科教研加深对文本的理解。

（2）教参通读：认真通读教学参考用书，领会教材编写者的意图和希望通过教材达到的教育目的。

（3）课标研读：认真解读课程标准关于相关任务群的学习要求、学习任务和对应的学业质量标准，明确课程标准与教材的内在逻辑联系。

（4）教材研究：学科团队通过头脑风暴认真研究教材文本内容进行文本再次精读，研究单元导语、学习提示、单元学习任务，明确教学重难点，学科组以团队小组的形式进行大单元整体教学设计。

（5）大单元整体教学设计要件：提炼可统领的学科大概念，明确有意义的单元教学目标，确定适宜的单元质量标准，设置有趣味性的学习情境，设计综合的单元学习任务，分解有梯度的课时学习任务，准备可选择的单元作业任务，进行多元化的单元评价，指向核心素养的深度学习就有了可借鉴的模式和范式。

（刘光勇　孙玉红）

第三章　教学设计的策略

　　大单元教学设计的起始环节，是依照课程标准与核心素养确定单元教学目标，并在此基础上提炼学科大概念，这是整个单元教学设计最关键的核心环节。下一环节是设计核心任务，核心任务不是传统意义上的习题或作业，而是为理解大概念而设计的真实情境下的挑战性任务。核心任务贯穿整个单元学习的过程，其达成度是单元教学目标完成的重要证据。核心任务之下的子任务，是完成核心任务的脚手架，为学生完成核心任务做好准备和铺垫。单元评价设计及评价活动量表设计需要与教学目标高度匹配与吻合，遵循教学评一致性原则，旨在引导学生学会学习。单元作业设计需要具有一定的系统性、关联性和递进性，给学生充分的探究空间，有利于学生对知识的迁移和应用。总之，大单元教学不仅是形式上的统整，更重要的是紧密联结单元学习内容，指向学生学科核心素养的培育。

第一节　大概念的提炼

　　《普通高中课程方案（2017 年版 2020 年修订）》："进一步精选了学科内容，重视以学科大概念为核心，使课程内容结构化，以主题为引领，使课程内容情境化，促进学科核心素养的落实。"为学校新课程新教材实践探索提供了依据，指明了方向，以学科大概念为统领的大单元整体教学成为学校深化课堂教学改革的主要抓手、重要载体。

　　大概念是理解学科领域本质的核心，往往通过深入探究得以掌握，是各学科教师整体思考和全面审视学科领域问题的主要方式。大概念既是各种条理清晰的关系的核心，又是使事实成为更容易理解的概念的锚点，同时作为一种概念性的工具用于强化学生学科思维，连接知识片段，使学生具备迁移和应用的核心素养。

一、大概念的基本特征

（一）中心性

从位置上看，大概念处于学科知识的中心位置，而其他概念与知识处于学科知识的次要位置。学科大概念是基于学科的基本结构和方法，能揭示知识的本质与内在联系，能反映学科的主要观点和思维方式，是学科的骨架和主干，是学科知识的本质和核心，是在事实基础上抽象出来的深层次概念，是一门学科为数不多的核心概念，起着提纲挈领的重要作用。

（二）可持久性

从时间上看，大概念具有持久性，它需要学生深入持续地理解大概念学习，贯穿整个学习过程，而其他概念与知识只存在某一课时或某一单元。学科知识往往具有螺旋上升的特点，需要从小学到大学的持续不断的进阶式学习。因此，大概念是学生学习过程中经验和事实消失之后还存留的核心概念，是忘记事实性知识之后还剩下的内容。

（三）网络状

从结构上看，大概念是使事实更容易理解的概念锚点，能够把其他知识聚合成网络状结构，而其他概念与知识不具备此功能。大概念指向学科教学的核心内容和主要任务，是学科内容的组织者，通常对学生学习的知识与内容具有统整作用，可以让零散、碎片化的知识产生联系与聚合，可以为学生构建具有梯度性与层级性知识结构，使庞杂的知识得到贯通，有利于知识体系的建构。

（四）可迁移性

从作用上看，大概念具有可迁移性，指向问题解决与素养培养，能促进学生深度学习，而其他概念与知识在这方面的作用要小得多。大概念可以把需要学习的知识统领起来，增强理解知识的脉络与结构，能够举一反三，建立更加连贯和有丰富联系的理解，有利于促进学生从低阶思维走向高阶思维，促进知识的迁移应用。而迁移能力与创造能力相连，又能使学生将原有经验概括化、系统化，学习到研究和解决问题的思想方法或关键工具。学生可以将大概念的迁移能力应用到不同情境中，解决新情境中的新问题，不断扩大与加深对学科基本事实的认识。可迁移是大概念的本质和价值所在。

二、大概念的表述

近年来，国内外不同专家学者围绕大概念的表述有不同的观点，通过对不同时期、不同专家学者对大概念表述的学习、理解，我们认为李刚教授在《大概念课程与教学：从理论到实践》中提出的大概念的表述容易理解、构建简便易行。

李刚教授将大概念的表述分为四种取向：第一种是理解取向，即将大概念表述为两种及以上概念之间关系的陈述句形式，如"生物体需要能量和营养物质，为此它们经常需要依赖其他生物或与其他生物竞争"；第二种是目标取向，即将大概念表述为学生需要达到或完成的要求的祈使句形式，如"建构对观察的理解并进行观察实践"；第三种是主题取向，即将大概念表述为围绕某一主题的短语形式，如"写作的目的和意义""积累素材的途径与方法"；第四种是知识取向，即将大概念表述为简短的词语或词组形式，如"数据""算法""物质和能量"等。

目标取向、主题取向以及知识取向这三种取向仍旧将大概念困囿在传统教学思维网络中，虽然保有大概念的中心性特征，却失掉了大概念在认识论、方法论以及学习论方面的价值，没有将大概念提到更高的意义理解层面，关联性、持久性以及迁移价值都大大降低。学生在学习时无法通过这三种取向的大概念表述清晰地贯穿相关联的概念群，无法建立概念网络，更不用说进行更大范围的迁移了。

相较而言，理解取向的大概念表述清晰地阐释了概念间的关系，指向了更有深度、更高层次的协同性思考，打破了事实性知识的孤立零散状态。同时，理解取向的大概念表述建立了新旧知识之间的关联，为学生提供了跨时间、跨区域、跨情境的线索迁移。总体来看，理解取向的大概念表述真正连接了广博的宏观主题与微观的概念集群，形成了一个聚焦单主题内容，同时激发概念集群、具有清晰且强大张力的理解性桥梁。这不仅能够让教师把握教学设计的整体结构，而且能够让学生内化并获得更好的迁移。但这里需要特别强调的是，理解取向的大概念表述需要根据学生认知水平进行调整，一般控制在 2~4 个概念，避免增加学生的认知理解难度。

美国教授查尔斯在提炼数学大概念时，对每个大概念都给出了一个词或短语。但他指出，这只是大概念的名称，而大概念指的是名称后面的陈述。把一个大概念表达成一个陈述，才能使人们理解这个大概念的基本意义。刘徽持相同的观点："这里必须指出，大概念一般是一个句子，而不是一个词语，比如'数学抽象''悬念'都是大概念的名称，而不是大概念。这是因为大概念要促进理解的，但如果仅给一个词语，很难起到这个作用。"

因此，大概念的表述不是一个词，不是一个短语，而是一个句子；不是疑问句，不是感叹句，不是祈使句，而是一个陈述句，是两种及以上概念之间关系的陈述句。例如，"遗传信息控制生物性状，并代代相传"是一个生物学大概念，是一个两种以上概念之间关系的陈述句形式。其中，"遗传信息""生物性状"以及"代代相传"都是生物学概念，这句话揭示了这三个概念之间的相互关系，即生物性状是由遗传信息来控制决定的，并代代相传。

三、大概念的提炼

大概念是一个横向延展、纵向深入、指向实践的多层次多维度的复合概念。其不仅仅是基于知识本身的概念统整系统，而且是服务于学生核心素养培养的课程原则系统。围绕大概念的大单元教学的首要阶段，是对大概念进行提炼分析，剖析大概念的具体内涵，明晰其表层及深层指向，从而使大概念与大单元教学之间完美契合。提炼大概念的有效策略方法有以下四种方式，但这四种方式并不是各自独立的，而是相辅相成的。

（一）从课程标准中提炼

课程标准是提炼学科大概念的重要依据。《普通高中生物学课程标准（2017 年版 2020 年修订）》在高中必修课程中提炼了四个学科大概念以及分解出的下位学科概念，生物学大概念如下：

（1）细胞是生物体结构与生命活动的基本单位。

（2）细胞的生存需要能量和营养物质，并通过分裂实现增殖。

（3）遗传信息控制生物性状，并代代相传。

（4）生物的多样性和适应性是进化的结果。

虽然有些学科的课程标准并没有明确提出学科大概念是什么，但我们可以关注那些多次提及的重要核心知识与内容，通过细致分析，从而提炼出学科大概念。例如，《普通高中语文课程标准（2017 年版 2020 年修订）》在思辨性阅读与表达学习任务群中，阐述本任务群旨在引导学生学习思辨性阅读和表达，发展实证、推理、批判与发现的能力，增强思维的逻辑性和深刻性，认清事物的本质，辨别是非、善恶、美丑，提高理性思维水平。由此可以提炼出语文大概念为：思维的逻辑性和深刻性在实证、推理、批判与发现中发展增强。

（二）从教材文本中提炼

教材是我们在日常教学中最重要的参考资料，很多教材单元的起始位置有"导语"，导语会简明扼要地介绍本单元的主要内容，或提出引发思考的问题，这可以为我们提炼大概念提供重要借鉴。例如，人教版义务教育教科书数学八年级上册第十三章《轴对称》章前导语：

我们生活在一个充满对称的世界中：许多建筑都设计成对称形，艺术作品的创作往往也从对称角度考虑，自然界的许多动植物也按对称形生长，中国的方块字中有些也具有对称性……对称给我们带来多少美的感受！

轴对称是一种重要的对称，本章我们将从生活中的对称出发，学习几何图形的轴对称，并利用轴对称来研究等腰三角形，进而通过推理论证得到等腰三角形、等边三角形的性质和判定方法。由此可以体会图形变化在几何研究中的作用。

让我们一起探索轴对称的奥秘吧！

根据这一导语，可以提炼出这一单元的数学大概念为：图形有规律的轴对称变换产生对称美。当然，初中数学学习的变换还有旋转变换、翻折变换等，因此，可以提炼出更大的数学大概念：图形有规律的运动变换产生美。

（三）从学科知识概念中提炼

大概念并非学科知识概念。然而，知识概念的定义中往往蕴含提炼大概念的重要信息，寻找一些知识概念之间的内在联系或逻辑进行提升和提炼，就可以产生大概念。例如，方程是数学中处于核心位置的一个重要概念，在初中数学教材里，方程的定义通常会被表述成"方程是含有未知数的等式"。这个定义虽然明确给出了方程的外在特征，但没有揭示方程的内在本质。如果我们希望体现方程与现实世界的密切联系，那么可以提炼"方程是刻画现实世界等量关系的有效模型"作为大概念。方程通过设置未知数来构建等式关系，可以帮助我们得到不易通过四则运算获得的数量。通过对比会发现，这个大概念其实不适合作为方程的定义。但是，它们蕴含的思想内涵却比方程的定义更为深刻，揭示了方程的本质。

（四）从教学目标中提炼

例如，见人教版高三化学选择性必修 3 第三章《烃的衍生物》大单元教

学设计中的单元教学目标。（略）

教学目标的设计整个过程都贯穿着物质的结构决定性质，性质决定用途的认识理解与深度学习，于是提炼出化学大概念"物质的结构决定性质，性质决定用途"，揭示了不同物质具有不同性质和相似特质的根本原因，成为人类理解和研究物质性质的思维结构。

部分学科大概念的举例如下：

语文大概念：小说是以环境和情节塑造人物形象反映社会生活的言说方式。

语文大概念：论述既要有针对性也要有概括性，两者是对立统一的。

数学大概念：自变量和因变量关系的不同决定了不同的函数模型；待定系数取值的不同决定了数的不同的性质。

物理大概念：平衡的运动状态和受力状态合力为零是相统一的。

政治大概念：我国的国家性质决定我国的政治生活。

政治大概念：运动着的物质世界一定具有可以认识和利用的规律。

地理大概念：地质力量既可以破坏自然特征，也可以创造自然特征。

历史大概念：中华优秀传统文化源远流长。

参考文献

[1] 徐洁. 基于大概念的教学设计优化 [M]. 上海：华东师范大学出版社，2021.

[2] 李刚. 大概念课程与教学 [M]. 北京：社会科学文献出版社，2022.

[3] 章巍. 大概念教学15讲 [M]. 北京：中国人民大学出版社，2023.

[4] 刘徽. 大概念教学素养导向的单元整体设计 [M]. 北京：教育科学出版社，2022.

（陈冬）

第二节　单元目标的制定

《普通高中课程方案（2017 年版 2022 年修订》提倡进行核心素养导向的大单元整体教学设计。单元整体教学是指从一章节或者一单元的角度出发，按照学科知识的逻辑结构，以相关主题为主线，整合、重组课程内容，通过运用各种教学方法组织教学过程，实施连续课时的教学，使学习者完成相对完整的知识单元学习。单元整体教学设计能建立章节或单元内各教学内容之间的纵横联系，既有对整个单元教学内容的宏观设计，又有对每个课时内容的微观取舍。

一个完整的单元整体教学设计，需要设计教学目标、评价任务和教学活动。教学目标指引教师带领学生到哪里去，评价任务检验教师是否带领学生到达目的地，教学活动是教师设计怎样的活动促使学生更好地到达目的地。格兰特·威金斯在《追求理解的教学设计》中提出逆向教学设计，强调以终为始，从预期的结果出发，将评价任务的设计前置，在制定教学活动计划的过程中紧扣目标，将评价任务嵌入教学活动之中，使"明确教学目标、设计评价任务、设计教学活动"三个环节统一为有机整体，进而实现"教学评一体化"设计。

设计合理而有效的教学目标是构建高效课堂的第一要务。单元整体教学中教学目标包括单元目标和课时目标。单元目标是指教师在单元教学活动中所期待得到的学生的学习结果，因此单元目标是单元教学设计的核心所在，具有导向、激励和测评的作用。教师在制定单元目标时，要完全依据学科课程标准，立足学科核心素养，体现主题引领的学习内容、激活学习过程、组织学习活动、评估学习效果，不断聚焦教学设计，使单元目标真正发挥应有的作用，促进学科核心素养得以落实。

课时目标是根据单元目标制定的每一课时的教学目标，是单元目标达成的基础，是对单元目标的分解和具体化表达，只有完成了课时目标，才能达成单元目标。在日常教学中，教师撰写的基本是课时目标，而不是单元目标，因此我们的目标设计缺少核心概念的统领，没有从教材整体、单元结构考虑，并且各课时之间缺乏衔接和递进，一定程度上违背了学生的学习规律，影响了其学习效果，也难以培养学生的学科核心素养。

核心素养导向的课时目标应与单元目标匹配，课时目标的制定要以单元目标为方向，不能超出单元目标的设置范围。在单元目标统领下进行单元整体教学，保证每一课时的教学始终是在单元目标的统领下实施的。教师撰写课时目标时必须以单元目标为方向，根据单元目标的内容，每一课时要达成哪些教学目标、要解决什么问题，都要做细致考虑。单元目标具有高度概括性，它指明了一个单元整体教学最终达成的情况，但具体如何达成、达到什么程度、采取怎样的学习方法，都要在课时目标中做出更细化的要求。例如，初中英语学科在进行和谐家庭与社区生活为主题的大单元教学设计时，教研组设计了以下单元目标和课时目标。

单元目标

1. 掌握某一区域内基本设施的名称与位置关系，在地图上正确画出路线并借助地图说出前往目的地的路线。

2. 依据文本框架，结构清晰、内容连贯地介绍自己所在的社区。

3. 了解克拉玛依景点的名称、位置和特色，并制作含有前往特定景点路线的导游卡。

4. 掌握制作"接待手册"的流程及"接待手册"应涵盖的内容，进行小组合作设计并展示。

课时目标

第一课时：

1. 通过表示方位的介词，认识和了解标识，我可以正确说出路标所指示的内容。

2. 通过听他人指路时所使用的动词和方位短语，我能够在地图中正确画出路线并能借助地图说出前往目的地的路线。

3. 通过绘制路线图，我能够为拥有不同需求的学生设计"克市出行路线图"，并能够通过评价量表修改本组的路线图以及对其他小组进行评价。

第二课时：

1. 通过对比阅读和导读，我能梳理推荐社区类文章的基本信息和结构。

2. 运用所学语言知识，我能为交换生写一篇结构清晰、内容连贯小短文，推荐社区。

3. 通过评价量表，我学会纠错和评价同伴的文章，并修改自己的文章。

第三课时：

1. 通过泛读有关克拉玛依景点的文章，我能快速提取重要信息，如景点名称、位置和景点特色等。

2. 通过阅读教师所给的导游卡评价标准，我能通过小组合作制作出选定目的地的导游卡。

3. 通过第一、二课时以及本节课的学习，我能用导游卡介绍前往家乡景点的路线及家乡景点特色。

第四课时：

1. 通过复习和使用指路所需的动词短语和方位词块，我能够在地图中正确画出路线、找到目的地。

2. 通过绘制路线图并基于地图描述前往目的地的路线，我能够为拥有不同需求的交换生设计"欢迎手册"，并能通过评价量规对其他小组进行评价以及依据互评反馈反思并修改本组的手册。

3. 合作展示所设计的"欢迎手册"，我能够与同伴共同完成介绍手册的组成、主要内容及设计特色的展示任务。

通过上述内容，我们清楚了核心素养导向的课时目标应指向单元目标，根据单元目标对教学内容进行重构，将教材内容分解为教学内容，再依据各课时的素养目标和教学内容设计相应的教学核心问题，设计真实的情境任务，从而将单元目标转化为课时目标。教师在单元整体教学设计中制定课时教学目标可以使教学从分裂走向整合、从浅层走向深层，助力学生在系列化的教学活动中，提升学科核心素养。

接下来，让我们来具体看看如何撰写教学目标。

首先，通过研读课程标准、分析单元主题内容及了解学生学情，撰写单元目标和课时目标。教师除了全面理解所教课程的性质、理念和目标之外，应重点理解课程内容和学业质量，参照教学建议来制定教学目标。虽然课程标准对某个学习内容的"学业要求"和"学业质量描述"提出了具体的要求，但教师应避免采用从课程标准中照搬照抄"学业要求"和"学业质量描述"的方式来制定教学目标，教师需要根据教学实际和学生学习需求进行目标调整，并用学生能够理解的语言来进行表述，从而使教学目标更为适用。

制定教学目标，教师先要分析主题内容要求的表述是否适合教学过程实施的需要，如果适用就直接使用，如果不适用就用替代、拆解、组合、联结等方法，对其进行过程性转化后再使用（以化学学科为例）。替代是用具体明确、可观测、可量化的教学目标替换课程标准中宽泛、内隐、难以测评的目标要求。例如，课程标准规定知道空气的组成，可将其转化为说出空气主要由氮气和氧气组成及它们的体积分数。拆解是将课程标准中综合性目标按照教学过程，有层次、有逻辑地分解为过程性的教学目标。例如，课程标准规定理解化学基本反应类型。可拆解为：①举例说明化合反应，分解反应，置换反应，复分解反应。②比较归纳化合反应、分解反应、置换反应、复分解反应的特点。组合是将课程标准中几个独立的知识点或能力点要求组合成整体目标，以反映单元目标要求。例如，课程标准规定理解氧气的实验室制法；理解二氧化碳的实验室制法。可组合为：归纳、比较常见气体实验室制取的一般原理、装置、实验步骤与注意事项。联结是使课程标准中的三维目标有机融合，以反映单元目标要求。例如，课程标准规定理解单质碳的化学性质，知道使燃料充分燃烧应采取的措施。可联结为：用所学的化学知识从不同的视角解释充分利用燃料的方法和意义。

　　其次，掌握教学目标的类型、陈述法及叙写原则。教学目标的类型包括支撑每个学科的事实性信息、程序性知识和对概念的理解的知识性目标；推断、分析、比较、分类、评价以及综合的推理性目标；以展示或身体技能作为学习核心的技能性目标；用手工制品来描述学习的成果性目标以及影响学生学习方法的态度、动机和兴趣的情感性目标。而在叙写教学目标时，我们通常采用ABCD模式目标陈述法。"A"是"audience"，即学习的主体是谁。教师要从学生立场进行设计，避免出现"使学生……""让学生……"等表达方式的出现。"B"是"behavior"，描述学生形成的可以观察或测量的具体行为，如"学生能够读出句型，回答……问句，概括……，复述……"。"C"是"conditions"，学生通过什么方式或活动来达成怎样的目标，如"学生能够正确使用……句型，几分钟内进行……展示"等。"D"是"degree"，教学目标应该能够检测学生学习达标的最低标准，如"至少要写出……，熟练准确写出……的分析报告"。此外，教学目标叙写时还要遵循smart原则，即教学目标的具体化、可测量、可实现、有意义和可达成。

　　最后，教师要对教学目标是否达成进行评价。设计完教学目标，如何检验教学目标达成度呢？教师要围绕教学目标设计达成评价。达成评价是运用逆向设计的思路，思考、设定教学目标的实现指标，进而确定、设计评价方式和评价任务。除了常规的课堂后测、单元诊断测试、作业等证明学生达到预期学习结果的评价设计，还要重点思考学生通过课堂哪些真实的表现性任务证明自己达到了预期的理解目标，并能将表现性评价任务与教学活动进行统整。为了更全面地评估教学目标的达成度，达成评价的设计要包含评什么（评价对象：任务、成果、行为等）、怎么评（评价方式与方法：纸笔测试、交流性评价、表现性评价及其他评价方式）、评价标准（程度、水平、质量等）、谁来评（自评、组评、师评等）几个关键要素。

总之，教学目标的制定是否准确、清晰、可操作、可评价，直接关系教学活动能否有效开展和学习结果能否有效评价。因此，我们需要对教学目标进行多次打磨和修改，甚至需要在单元教学结束后，针对学生表现和目标达成情况，再次复盘教学目标的制定是否适切，并进行二次教学目标的调整和修正。

（叶荣贵）

第三节　单元核心任务与子任务的分解

通过前面的介绍，现在已经明晰大单元教学能够让学生站在学科大观念的角度学习，它强调和重视学习的整体性与系统性，是基于学科核心素养落实搭建起的一个以大单元目标达成为目的，以培养学生成体系的学科素养为落脚点的单元整体教学的方式。那么，学生要通过什么路径达成单元目标呢？如何判断学生是否已达成单元目标呢？这就要通过大单元教学设计中非常重要的环节——单元任务，设计一个单元所有单元任务是基于单元整体的学习。因此，应该有一个指向单元目标落实的单元核心任务来统领整个单元的学习，使教师的教和学生的学始终围绕单元目标的落实和学科核心素养的培养。

什么是单元核心任务呢？核心是指中心，就事物关系而言，即指主要部分。可以理解为核心任务就是单元学习的中心任务和单元任务的主要部分，它是单元目标的具象，既是学生学习活动的主线任务，又是评价学生单元目标达成情况的评价载体。核心任务具有整个单元目标的高度和凝练性，应该包含考查学生完成整个大单元学习后的应该具备的学科素养能力，这并不是一蹴而就的，而需要学生在大单元学习的过程中逐步达成。因此，还需要把核心任务分解为若干个子任务，子任务是学生最后完成核心任务的支撑，其设计要围绕核心任务，是核心任务的解构和具体化，与核心任务紧密相连。各子任务之间也具有知识方法上的连贯性，核心任务导向教和学目标，子任务是实现教和学目标的具体步骤，是实现核心任务的阶梯，学生完成一个个子任务的过程就是逐步具备完成核心任务需要的知识、方法、素养能力的过程，也是实现深度学习的过程。

在大单元教学设计中，如何设计一个难度适中、能检测本单元核心素养是否达成的核心任务呢？具体做法如下。

一、核心任务应聚焦课程标准和单元目标

核心任务是单元目标的具体化，其统领整个单元的学习，要通过学生完成核心任务的情况评价学生是否达成单元目标，因此核心任务的设计要聚焦课程标准和单元目标要求，凸显学科核心素养。例如，人教版高一物理必修第一册第三章《相互作用——力》中，课程标准的要求有两点：认识重力、弹力与摩擦力；通过实验，了解力的合成与分解，能用共点力平衡的条件分析生产生活中的问题。单元核心任务以同学们经常做的一项健身运动——"引体向上"搭建情境，请同学们根据自身质量，揭示自己实际做悬垂状态时所蕴含的与力相关的物理知识，要求把人抽象成质点，胳膊抽象成直线，利用量角器测量出胳膊与竖直方向的夹角，并拍摄自己或同学做"引体向上"悬垂时的照片，然后在照片上对人的受力进行分析，计算出手臂上的拉力、单杠对人的支持力和摩擦力，再运用所学知识分析完成"引体向上"时如何省力。该核心任务紧紧围绕课程标准认识力和能用共点力平衡的条件分析生产生活中的问题两个要求，学生完成核心任务需要具备的知识、方法、素养能力就是本单元学习的目标。这样就可以通过学生完成核心任务的情况评价学生单元目标达成的水平等级。

二、核心任务要体现学科属性且有探究价值

核心任务指向学科核心素养的落实和评估考查，因此要立足学科层面设计，凸显学科属性，与单元目标相互呼应。核心任务要把问题建立在任务情境中，学生在追寻对问题的理解和回答中实现学习的过程。核心任务的设置难度要适切，所设置的问题要具有探究价值和一定的挑战性，让学生能以问题为导向进行学科探究活动，既需要在特定背景下对知识方法准确理解，又需要贯通知识之间的纵横联系、灵活应用。例如，人教版高三化学选择性必修3第三章

《烃的衍生物》大单元的核心任务，以中国传统文化中的重要组成部分——茶文化，引入茶叶中含有丰富的茶多酚等营养成分，适量饮用茶叶可以减缓细胞老化，请学生根据本单元所学知识，从茶叶成分的角度科学分析茶水帮助人体抗氧化的奥秘，并通过实验论证分析结果。学生在探究茶水帮助人体抗氧化的奥秘的过程中，主要以茶叶中所含的醇、酚、醛这些烃的衍生物的物质结构、化学性质、用途为探究和学习的主线，凸显了本单元化学大概念的学科价值，使核心任务紧扣学科学习。

三、核心任务要把学科知识搭建于真实的情境，激发学生参与的积极性

大单元教学引领学生主动学习、探究，在完成核心任务的体验中实现深度学习，并将所学知识应用于解决问题，通过真实的任务情境建构学科模型，让学生解决真实情境中的问题。这能实现学生的高度参与、深度思维，通过学生主动参与促进深度学习的发生，并将学习从课上延伸到课下。例如，人教版高一物理必修第二册第六章《圆周运动》大单元核心任务以北京冬奥会结束后人们对冰雪运动产生了极其浓厚的兴趣为情境，提出假如新疆体育中心为了给居民普及雪车运动，需要建一条雪车滑道，请学生给新疆体育中心提供一个雪车滑道的设计方案，要求在全疆选择合适的场址、在安全范围内要尽可能惊险、好玩。这样的任务情境让学生置身用所学知识为家乡解决问题中，以雪车滑道的设计搭建圆周运动物理模型，通过本单元的所学知识，用数据论证设计方案的既安全又惊险，以真实、难度适切的任务情境让深度学习真实发生。

四、核心任务应尽可能产品化且可评价

核心任务应该是学生通过努力能够完成的任务。为提高学生参与的兴趣和成就感，核心任务应尽可能是可视化产品，这也使学生汇报交流和单元学习后素养达成度的评价成为可能。这里所指的可视化产品可以是完成一件作品、解决一个问题、撰写一篇研究小论文等。例如，音乐鉴赏的核心任务为"如果你是学校的音乐总监，请为学校每周一的升旗仪式设计一个音乐指导单，对每个环节建议播放的音乐要配有使用说明，也可自己简单谱曲（需要说明编曲意图）"；英语的核心任务为"运用本单元所学的关键信息和方法，帮助一位外国朋友制作中国新疆的旅游宣传手册，帮助他人更好地制订旅游计划的同时

为祖国的大好河山做宣传"；物理的核心任务为"根据本单元的知识和规律设计并自制一个变阻器，要求尽量不受温度影响，较准确地测量出其最大阻值和中值电阻，在电路中较好地起到改变电路中电流和电压的作用"。这样有可视化作品的核心任务，便于通过作品依据单元目标评价学科素养落实达成程度。

五、核心任务要分解为若干个子任务逐步达成

核心任务高度凝练了整个单元的学科素养目标要求，因此完成核心任务要具备的知识、能力要求较高，要逐步培养学生的能力，需要将核心任务分解为若干个子任务逐步完成。例如，人教版高三地理选择性必修 3 第二章《资源安全与国家安全》大单元的核心任务为"2023 年全国自然资源工作会议对今后一个时期自然资源工作做出部署。一是严守资源安全底线，夯实粮食、能源资源安全基础；二是优化国土空间格局，加快海洋强国建设，着力打造蓝色发展新动能；三是促进绿色低碳发展，提高自然资源利用水平，守住自然生态安全边界，推进人与自然和谐共生的现代化建设……如果你是克拉玛依自然局的工作人员，为落实今后一个时期的工作，你该如何行动？请根据本单元所学完成一份工作计划。"该核心任务站位高、格局大，需要学生具备的地理学科素养要求高，可将其分解为两个子任务（见表 3 - 1）。

表 3 - 1　子任务计划表

	我为祖国找石油	第 1 课时：从石油看中国的能源安全
子任务	我为祖国找石油	第 2 课时：海洋空间资源的开发与国家安全——以石油开采为例
	我为祖国储粮食	第 3 课时：中国的耕地与粮食安全
	我为祖国储粮食	第 4 课时：海洋空间资源的开发与国家安全——以农业开发为例

学生通过完成这两个子任务，培养了完成核心任务所要具备的素养能力。子任务是实现核心任务的必要环节，它的设计基于核心任务，又为核心任务服务，也让大单元学习中的不同课时之间具有严谨的逻辑性与连贯性，让学生在完成子任务的过程中，逐步深入核心任务的学习。

（广蕊）

第四节　单元评价设计

　　新课程倡导的大单元教学，既是新时代教育理念的体现，也是生动的教学实践。这一理念要求教师转变教学观念，注重培养学生的核心素养，提升其在复杂情境中解决问题的能力，使他们逐步具备现代公民应有的素质与品格。大单元教学作为一种实践方式，旨在满足育人的需求。教师在实践中应突出学习立场，展示学生学会的过程，不仅关注知识传授，更强调对学生能力、情感、态度和价值观的培养，使学生具备实践能力、创新精神、批判性思维和交往协作能力。

　　大单元教学作为一种新型的素养导向、专业性强的教学方法，需要遵循科学的设计逻辑和严谨的实施步骤。在设计时，要确保目标、内容、实施和评价的一致性。基于多年的教学实践经验，笔者认为大单元教学设计应考虑以下要素：单元核心任务、大概念、大主题、单元名称与课时、教学目标、评价任务、学习过程（进阶）、作业与检测、学后反思。

一、基于核心素养的教学设计步骤

　　《普通高中课程方案（2017 年版 2022 年修订）》明确了"教什么""教到什么程度"，并强化了"怎么教"的指导，使"教学评一体化"的实施更加有章可循。基于核心素养的大单元教学设计也遵循教学评一致性的教学设计，利用"逆向设计"完成教学设计。教学评一致性理论模型如图 3-1 所示。

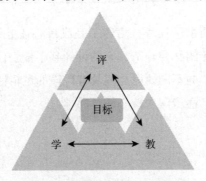

图 3-1　教学评一致性理论模型

一般通过以下步骤实现。第一步，设计基于核心素养的教学目标；第二步，开发教学目标匹配的评价任务；第三步，合理安排嵌入评价的教学活动。

二、基于核心素养的单元评价任务设计的意义和原则

评价任务的意义是检测学生在大单元学习中是否达到了预期的结果，是用来判断学生教学目标达成程度的证据。评价任务一般采用"逆向设计"，就是将评价任务设计置于教学目标之后、学习过程之前。其主要遵循以下原则：一是让目标发挥应有的功能，有目标必须有评价，否则课堂教学就有可能失去方向；二是可以校正目标的叙写是否过于笼统，目标确定后马上确定评价任务，如果评价任务无法确定，那就要修改目标，因为这时候所写的目标可能出现"说空话"的情况；三是便于落实"教学评一体化"设计，后续设计学习过程时，可以将分解后的评价任务对应地嵌入教学过程中。

三、基于核心素养的评价任务设计

评价任务的确定首先需要与目标匹配，即目标是目的地，目的地在哪儿，就要评价学生是否到达那里；其次，要考虑条件及情境因素，如时间、空间、资源等；最后，倡导真实情境中的问题解决，即强调学以致用。下面举例说明。

案例一：普通高中化学"多角度认识物质的化学变化"单元教学评价任务（见表3-2）。

表3-2　以化学"多角度认识物质的化学变化"单元教学评价设计节选

核心素养	教学目标	评价任务	评价标准	评价方式
变化观念与平衡思想	建立"一定条件下物质可以转化"的基本观念；从物质和能量转化的维度，理解化学反应中物质是运动和变化的	让学生在课后从给定的几个熟悉的化学反应中选择1个，从不同的角度进行分析（自主切换角度）	（1）零散、无规律地说出答案 （2）知道化学变化存在着物质转化或能量转化 （3）认识到化学变化中物质转化和能量转化的应用价值 （4）认识到化学变化改善了人们的生活质量	学生作品或作业

续 表

核心素养	教学目标	评价任务	评价标准	评价方式
科学探究与创新意识	通过实验探究，建立认知化学反应现象的角度，认识现象对于化学反应的重要性，能依据现象判断化学反应发生	（1）课上，观察学生在分组讨论和设计实验方案时是否关注实验现象，是否能从反应物消失或生成物出现的角度进行实验设计 （2）课后，关注学生填写课后问卷是否体现出认识现象对于化学反应的重要意义，能否依据独特的现象判断有明显现象的化学反应的发生	（1）不关注化学反应现象 （2）关注现象，知道有明显现象的化学反应发生与否的判断方法 （3）认识到现象对于判断化学反应发生的重要性，知道证明无明显现象的化学反应发生的实验方法 （4）会设计实验，能够从反应物减少或生成物出现的角度证明没有明显现象的化学反应发生	化学实验方案、课堂观察、课后问卷调查

通过"多角度认识物质的化学变化"单元教学评价设计案例可以看出，评价目标即教学目标。评价任务要符合三个标准：一是与教学目标相匹配；二是评价任务需要让学生看得明白；三是评价任务要可实施、可测、可评。评价标准与评价任务和目标相匹配，学生完成上述任务时与评价标准对应且测评点一致，则达标。对于每个目标的评价测评点任务是逐步递进的，需要依据任务的完成质量来检测学生的达成情况。而评价方式可以根据不同课型进行选择。

评价的设计还可以依据不同的任务、目的、学习方式等要素设计评价量规。不是所有的学习活动都必须涉及学科核心素养内容。例如，在考查小组合作学习中可以设计以下评价。

案例二：小组合作学习量规设计（见表 3 - 3）。

表3-3　小组合作学习量规设计

评价维度	改进级	合格级	优秀级
领导力	组长领导力不足，不能有效组织团队通过分工、协作高效完成任务	组长清晰小组学习任务，始终关注团队之间的分工、协作；能协调可能出现的问题，确保高效完成任务	组长非常清晰小组学习任务；能激发团队成员的积极性；及时捕捉团队中的好方法，优化过程，超出预期地完成任务
分工与协作	分工不明确，存在"打酱油"的现象；缺乏合作，存在"各干各"的现象	每位成员清晰小组的学习任务，也清晰自己的任务，团队成员之间能相互帮助、互相补台、互相启发	每位成员清晰小组的学习任务，也清晰自己的任务和其他成员的任务；每位成员都时刻关注任务的进展情况，并及时做出调整，成员之间配合默契
规划与效率	不清楚小组的学习任务，缺乏统筹和规划，不能在规定时间完成任务	每位成员清晰小组的学习任务，能做出小组的规划；每位成员都能在规定的时间内完成各自的任务	成员之间充分研讨小组任务，明确任务之间的关系，形成合理科学的小组规划表；每位成员都能有序完成各自的任务，使小组更加高效快捷

　　小组合作学习量规设计从领导力、分工与协作、规划与效率三个维度出发，评价的标准依据学生自身素质和不同维度相应要求进行设计。

参考文献

[1] 卢明，崔允漷.教案的革命：基于课程标准的学历案 [M].上海：华东师范大学出版社，2016.

[2] 刘月霞，郭华.深度学习：走向核心素养（理论普及读本） [M].北京：教育科学出版社，2018.

[3] 崔允漷，王少非，杨澄宇，等.新课程关键词 [M].北京：教育科学出版社，2023.

（王树俊）

第五节　单元作业的设计

"为完成学习方面的既定任务而进行的活动。"这是《辞海》中给出的关于"作业"的定义。我们通常认为作业是由教师根据教学目标布置的学习任务。根据德国心理学家艾宾浩斯研究发现的记忆遗忘曲线可知，如果不能在一定时间内及时巩固知识，人对"新知"的遗忘速度是很快的，而作业是能够帮助学生巩固记忆的重要手段。作为学习中的重要环节，作业设计如果出现问题，就会产生多米诺效应，不但会降低课堂教学成效，还会对学生的学习兴趣产生负面作用，从而影响学校课程改革的效果，甚至成为课程改革的阻力。

一、学校的探索实践

作为国家级"双新"示范校，在新课程理念的引领下，学校一直积极探索以学科核心素养为导向的大单元教学实践。大单元教学是以单元为学习单位，依据学科课程标准，聚焦学科课程核心素养，围绕某一主题或活动（大概念、大任务、大项目），对教学内容进行整体思考、设计和组织实施的教学过程。因此，在大单元教学的背景下，作业的设计也由过去传统的作业类型，转变为紧扣单元核心任务和子任务的综合性单元作业。单元作业是以单元为基本单位进行整体规划、设计、执行和评价的所有作业的集合。单元作业设计遵循一致性、统整性、多样性和差异性原则，具有"高结构""强关联"和"共成长"的特质。学生在完成单元作业的过程中，突破了传统作业固化的框架体系和碎片化的学习模式，以统整而非叠加的系统学习方式拓展原有知识框架，发展思维品质，完善情感价值，形成学科核心素养。相较于传统作业的片段性、零散性、割裂性，大单元作业具有一定的系统性、关联性和递进性。

二、学科案例分享

（一）紧扣单元教学目标的单元作业设计

单元教学目标的确定有两个重要的部分不能忽视，一是通过基础性知识技能进行意义建构的目标；二是运用所学内容解决问题的迁移应用目标，即完成这个单元的学习之后学生能做什么。将单元教学目标分解到每个课时当中，最终作业内容的设计与单元目标保持一致，能够更好地在每一个课时中落实教学目标，层层递进，既兼顾了基础知识的积累与巩固，也给了学生充分的探究空间。作业形式多样，有利于学生对知识的迁移和应用。语文学科"诗意的探寻——中华传统文化经典研习"大单元作业设计见表3-4。

表3-4　"诗意的探寻——中华传统文化经典研习"大单元作业设计

单元教学目标	对应作业设计
深入研读本单元选编的古典诗歌作品，探寻诗歌之美，品评诗歌之体，感受古人通过诗歌表达的哀乐悲欢等种种情感	请以三行诗的形式在卡片上写下读《氓》之后的感触，或者说出对桑女或氓想说的话，然后和大家分享。（第2课时）
从传统文化经典的角度来理解古典诗歌，把握其中蕴含的文化精神，探讨古典诗歌在当下社会中的重要意义，认识古典诗歌的思想意义和审美价值	《氓》中的氓、《氓》中的被弃女、《孔雀东南飞》中的刘兰芝、焦仲卿都在你的"朋友圈"中，他们对于婚姻这件事同时发了一条"往日不可谏，来者犹可追"的"朋友圈"，你想在谁的动态下评论，评论什么？请你表达出来。（第5课时）

（二）以完成核心任务为目标的单元作业设计

在大单元教学中，要基于课程核心素养的目标，用大概念去统筹单元学习内容，用大任务、大情境去启动单元学习，以完成核心任务为目标的单元作业设计，这能够为学生提供充分的探究体验的过程，培养其正确价值观、必备品格和关键能力，使其形成良好的核心素养。英语学科大单元作业设计见表3-5。

表3-5　英语学科大单元作业设计

单元核心任务	内容及课时安排	对应作业设计
运用自己旅游积累的经验，帮助外国朋友制作中国景点的旅游宣传手册（帮助他人更好地制订旅游计划的同时，为祖国的大好河山做宣传）	课时1：阅读课 旅游目的地的了解 单元主题图和名人名言	根据提供的六个目的地的百科知识，用旅游宣传手册的表达方式写一段旅行线路和目的地介绍

续 表

单元核心任务	内容及课时安排	对应作业设计
	课时 2：听说课 旅游前准备工作	制作行前准备清单（包括衣食住行等）
	课时 3：读写课 跟他人分享自己的旅游计划	跟他人分享交流自己的旅行计划（通过梳理与交流来完善自己的旅行计划）
	课时 4：泛读课 旅游中游客的不文明行为 （反思如何文明出游）	制作游客友情提示单，归纳总结旅行中的注意事项（如何文明出行）
	课时 5：项目式学习 完成旅游宣传手册	制作旅游行程表

"双新"背景下，作业被赋予了新的内涵，它不仅仅具备巩固课堂知识、查漏补缺、培优补差、赢得考试等功能，更是学生自主学习、自主探究、自主管理的机会。

（陆辛儿）

实践篇：

学以致用，以生为本

第四章　高中教学设计

案例一：诗意的探寻

——人教版高中语文选择性必修下册第一单元中华传统文化经典研习

刘振宇　吴静　乔佳玉　李杨　马子元

一、经典对话

学习篇目：

(1)《氓》《诗经·卫风》，《离骚》（节选）屈原。

(2)《孔雀东南飞并序》《玉台新咏笺注》。

(3)《蜀道难》李白，*《蜀相》杜甫。

(4)*《望海潮》（东南形胜）柳永，*《扬州慢》（淮左名都）姜夔。

推荐篇目：

(1)《杜甫传》冯志。

(2)《李白传》李长之。

(3)《柳永传》曾雅娴。

(4)《史记·屈原列传》司马迁。

(5)《唐之韵》《宋之韵》纪录片。

二、核心任务

我们的文化源远流长，诗歌作为其中的精髓已陪伴我们千年。为了传承和弘扬诗歌文化，高三学部将在第一中学公众号上开设"诗来见我，我亦相送"诗歌鉴赏专栏，并向各位同学征集投稿。同学们可选择以下方式进行投稿。

(1) 选择喜爱的诗歌进行赏析，并制作 3~5 分钟的诗歌鉴赏视频，配上适当的音乐和画面。

（2）选择喜爱的诗歌进行赏析，并制作 3~5 分钟的诗歌鉴赏音频，配上适当的音乐。

（3）选择喜爱的诗歌进行配乐朗诵，并制作 3~5 分钟的诗歌朗诵视频，配上适当的画面。让诗歌的美妙在音画中得以展现，传播诗意，感受诗情。

三、单元教学目标

（1）深入研读本单元选编的古典诗歌作品，探索诗歌之美，品评诗歌之艺，感受古人通过诗歌表达的各种情感，包括哀乐悲欢等。

（2）从中华传统文化经典的角度来理解古典诗歌，把握其中蕴含的文化精神，探讨古典诗歌在当下社会中的重要意义，认识古典诗歌的思想意义和审美价值。

（3）结合所学知识，梳理中国古典诗歌的发展脉络，尝试探讨不同体裁的诗歌在声韵格律、表现手法、审美风格等方面的差异与共通之处，总结学习古典诗歌的经验并得到一定的理性认知。"中国传统文化经典研习"单元学业质量标准见表 4-1。

表 4-1 "中国传统文化经典研习"单元学业质量标准

水平	级别	质量描述	自评	互评	师评
4级	高级	1. 能主动积累诗歌知识并进行归类梳理，理解诗歌语言的运用规律			
		2. 能结合诗歌具体内容，阐释诗歌的情感、形象、主题和思想内涵，能对诗歌的表现手法做出自己的评论			
		3. 能比较两个以上的诗歌在主题、表现形式、作品风格上的异同，能对同一个作品的不同阐释提出自己的看法或质疑			
		4. 能尝试用不同的语言表现形式表达自己的思想和情感，尝试创作小诗歌，体现正确价值观、高尚的审美情趣和审美品位			
		5. 能结合具体作品，分析、论述相关的文化现象和观念，比较不同时期的诗歌在文化观念上的异同，发展自己的文化理解与探究能力，主动吸收先进文化，传承中华优秀传统文化			

续 表

水平	级别	质量描述	自评	互评	师评
5级	巅峰级	1. 能主动收集、整理、探究学过的诗歌，加深自己对诗歌的理解与领悟，并积极与他人分享			
		2. 能从不同角度、不同层面鉴赏诗歌，能具体清晰地阐释自己对诗歌情感、形象、主题和思想内涵、表现形式及作品风格的理解			
		3. 能比较多个不同作品的异同，能对同一作品的不同阐释发表自己的观点，且内容具体、依据充分			
		4. 有文学创作的兴趣和愿望，愿意用文学的形式表达自己的情感，追求正确的价值观、高尚的审美情趣和审美品位			
		5. 能尝试用历史的眼光和现代观念，辩证地审视和评论古代诗歌的内容和思想倾向，思考诗歌的现实意义，对当代文化建设发表自己的见解			

四、单元逻辑框架

参见图 4 - 1。

大概念：鉴赏诗体流变中的表现手法和艺术风格

核心问题：探寻古典诗词的当代意义与价值

学习主题：诗意的探寻

子任务一： 诗脉的追寻 （1课时）	子任务二： 诗意的探寻 （2～4课时）	子任务三： 诗韵的品鉴 （5～7课时）	子任务四： 诗情的心灵 （8课时）
单元导读："诗脉的追寻"——中国古代诗歌发展简述	单篇精读："一动一行总关情"——《氓》中的叙事与抒情；"一花一木常寄情"——《离骚》中的意象与抒情；"一言一语自含情"——《孔雀东南飞》中的叙事与人物形象	比较阅读："一样追寻，数种悲苦"——《氓》《孔雀东南飞》对比阅读；"一梦一真同传情"——《蜀道难》《蜀相》中的诗歌风格对比阅读；"一顿一挫方显情"——《望海潮》《扬州慢》中的音韵格律、表现手法对比阅读	单元活动："初见已是旧相识"——诗歌鉴赏写作课

图 4 - 1　单元逻辑框架

五、课时安排

共计 8 课时。

第 1 课时："诗脉的追寻"——中国古代诗歌发展简述。

第 2 课时："一动一行总关情"——《氓》中的叙事与抒情。

第 3 课时："一花一木常寄情"——《离骚》中的意象与抒情。

第 4 课时："一言一语自含情"——《孔雀东南飞》中的叙事与人物形象。

第 5 课时："一样追寻，数种悲苦"——《氓》《孔雀东南飞》对比阅读。

第 6 课时："一梦一真同传情"——《蜀道难》《蜀相》中的诗歌风格对比阅读。

第 7 课时："一顿一挫方显情"——《望海潮》《扬州慢》中的音韵格律、表现手法对比。

第 8 课时："初见已是旧相识"——诗歌鉴赏写作课。

六、教学设计

第 1 课时　单元导读：诗脉的追寻

学习活动一：溯流求源

中国诗歌源远流长，承载着中华五千年文化的精髓。从《诗经》到唐诗、宋词、元曲，再到明清诗歌，每个时期的诗歌都有其独特的风格和特点。通过溯源，我们可以更好地了解中国古代诗歌的发展脉络。请查阅资料，绘制一幅"中国古代诗歌发展脉络图"。

学习活动二：阅读诗歌，感受特色

（1）阅读表格中的诗句，感受不同诗体的特点及不同作者的写作风格（见表 4 - 2、表 4 - 3）。

表4-2 不同诗体的不同特点

《诗经》	特点	《楚辞》	特点	《汉乐府》	特点
蒹葭苍苍 蒹葭萋萋 蒹葭采采		遂古之初，谁传道之？ 上下未形，何由考之？ 冥昭瞢暗，谁能极之？		耕者忘其犁，锄者忘其锄。来归相怨怒，但坐观罗敷	
五月斯螽动股，六月莎鸡振羽，七月在野，八月在宇，九月在户		岁暮兮不自聊，蟪蛄鸣兮啾啾。块兮轧，山曲岪，心淹留兮恫慌忽。罔兮沕，憭兮栗，虎豹穴。丛薄深林兮，人上栗		孤儿生，孤儿遇生，命独当苦！父母在时，乘坚车，驾驷马。父母已去，兄嫂令我行贾	
一日不见，如三秋兮；我心匪石，不可转也		旌蔽日兮敌若云，矢交坠兮士争先		居生不乐，不如早去，下从地下黄泉！	
桃之夭夭，灼灼其华。之子于归，宜其室家					

表4-3 不同作者的写作风格

李白	风格	杜甫	风格	柳永	风格	姜夔	风格
兴酣落笔摇五岳，诗成笑傲凌沧洲		安得广厦千万间，大庇天下寒士俱欢颜		争知我，倚阑杆处，正恁凝愁！且恁偎红倚翠，风流事，平生畅		淮南皓月冷千山，冥冥归去无人管。 嫣然摇动，冷香飞上诗句。长记曾携手处，千树压，西湖寒碧	
君不见高堂明镜悲白发，朝如青丝暮成雪		剑外忽传收蓟北，初闻涕泪满衣裳		对潇潇暮雨洒江天，一番洗清秋。渐霜风凄紧，关河冷落，残照当楼			

续 表

李白	特点	杜甫	特点	柳永	特点	姜夔	特点
飞流直下三千尺，疑是银河落九天				想佳人、妆楼颙望，误几回、天际识归舟			
云想衣裳花想容，春风拂槛露华浓				系我一生心，负你千行泪			

（2）中国古代诗歌有哪些特色？古典诗歌在现代应该如何继续发展？

学习活动三：布置课下作业

（1）制作古诗词手册：实词、虚词、古今异义及特殊句式。

（2）请为本单元的7首古诗词制作手册，包括以下内容：

① 实词和虚词的积累。

② 古今异义词的解释和用法。

③ 特殊句式的学习和应用，特别是那些能帮助理解诗意的生僻词语，如"蚩蚩"和"愆期"。

④ 包含古代文化常识或典故的词语，如"总角"和"出师未捷"。

⑤ 偏义复词的解释和用法，如"公姥"和"作息"。

（3）在自主学习和语言积累的基础上，分组汇总遇到的疑难问题，并进行讨论和解答。

第2课时 "一动一行总关情"
——《氓》中的叙事与抒情

（一）教学目标

（1）能鉴赏叙事诗中赋比兴手法的运用及效果。

（2）能感悟女主人公的人生境遇和情感世界。

（二）教学过程

学习活动一：梳理基础（15分钟）

（1）给下列生字注音

氓（méng）之蚩蚩（chī）　　　　匪（fēi）我愆（qiān）期

将（qiāng）子无怒　　　　　　　　乘彼垝（guǐ）垣（yuán）

载（zài）笑载言　　　　　　　　　尔卜尔筮（shì）

于（xū）嗟鸠兮，无食桑葚（shèn）

犹可说（tuō）也　　　　　　　　　自我徂（cú）尔

淇水汤（shāng）汤，渐（jiān）车帷裳（cháng）

士也罔（wǎng）极　　　　　　　　靡（mǐ）室劳矣

夙（sù）兴夜寐（mèi）　　　　　　咥（xì）其笑矣

隰（xí）则有泮（pàn）

（2）通假字。

匪（fēi）来贸丝　　　　　　　　　"匪"通"非"，不是。

于（xū）嗟鸠兮，无食桑葚　　　　"于"通"吁"，感叹词。

士之耽兮，犹可说（tuō）也　　　　"说"通"脱"，脱身。

淇则有岸，隰则有泮　　　　　　　"泮"通"畔"，边界。

（3）古今异义。

三岁食贫

古义：多年。今义：三岁的年龄。

秋以为期

古义：两个词，把……当作。今义：一个词，认为。

总角之宴

古义：快乐。今义：宴会。

学习活动二：梳理故事，今非昔比

（1）采用图表的形式，梳理诗歌的故事情节。（5分钟）

（2）这首诗虽然只有短短不过300字，却生动地描绘了氓和弃妇之间的故事，将女子被弃、夫妻婚变的过程栩栩如生地展现在我们面前。请从文中寻找最能够突显"变"的词句，描述女主人公经历了怎样的心路历程。要求：准确、细腻、深入（三个要求逐级提升）。（25分钟）

　　①合作交流：小组内互相交流，完善自己的答案，进行自评、互评，填写表4－4。

表 4 - 4　评价记录表

变	课文段落	故事过程	感情基调

② 两次桑叶。

a. _____

b. _____

③ 三次淇水。

a. _____

b. _____

c. _____

④ 四处称呼。

找出《氓》中女主人公不同时期对男子称谓的不同，分析女子的情感变化，并填写表 4 - 5。

表 4 - 5　《氓》中女主人公不同时期的情感变化

称谓	时期	代表诗句	情感

学习活动三：布置课下作业

请以三行诗的形式在下面的卡片上写下读《氓》之后的感触，或者写下对桑女（氓）想说的话，然后和大家分享。

第 3 课时　"一花一木常寄情"
——《离骚》中的意象与抒情

（一）教学目标

（1）了解屈原的生平、作品和影响。

（2）使用注释和工具书解读文本，掌握本课重要的实词。

（3）赏析《离骚》独特的语言形式所带来的美学效果。

（4）理解屈原的忠诚和爱国思想，以及他对高尚人格和崇高理想的坚持和追求。

（二）教学过程

学习活动一：梳理基础（15 分钟）

（1）通假字。

偭规矩而改**错**　　　　　　　　通"措"，措施。

忳**郁邑**余侘傺兮　　　　　　　通"郁悒"，忧愁苦闷。

何方**圜**之能周兮　　　　　　　通"圆"。

延伫乎吾将**反**　　　　　　　　通"返"，返回。

进不入以**离**尤兮　　　　　　　通"罹"，遭受。

芳菲菲其弥**章**　　　　　　　　通"彰"，明显，显著。

（2）古今异义。

怨灵修之**浩荡**

古义：荒唐。今义：形容水势广阔而壮大。

固时俗之**工巧**兮

古义：善于投机取巧。今义：技艺巧妙。

偭规矩而**改错**

古义：改变措施。今义：改正错误。

吾独**穷困**乎此时也

古义：处境困窘。今义：经济困难。

宁溘死以**流亡**兮

古义：随流水而消逝。今义：因灾害或政治原因被迫离开家乡或祖国。

自前世而**固然**

古义：本来这样。今义：表示承认某个事实，引起下文。转折。

高余冠之**岌岌**兮，长余佩之**陆离**

古义：高耸的样子。今义：形容十分危险，快要倾覆或灭亡（岌岌可危）。

古义：修长的样子。今义：形容色彩繁杂的样子（光怪陆离）。

学习活动二：整体感知，探究思考（15分钟）

（1）第一段内容及作用是什么？

（2）诗人为何"太息""掩涕"？此节在文中的作用是什么？

（3）诗人为何要"高余冠""长余佩"？表达了怎样的思想情感？

（4）"悔相道之不察兮"中的"悔"如何理解？

（5）"虽九死其犹未悔"中的"未悔"与"悔相道之不察兮，延伫乎吾将反"中的"悔"是否矛盾？原因是什么？

学习活动三：失意的政治家——人物形象分析（10分钟）

（1）《离骚》一诗中的抒情主人公形象如何塑造？请以表格形式归纳屈原的形象，并在此基础上展开合理想象，绘制你对屈原形象的想象（见表4-6）。

表4-6　我心中的屈原

屈原	特征	根据
衣着及饰品		

屈原	特征	根据
面貌及体态		

（2）请结合查阅的资料文献，小组任意选择以下一题展开讨论交流，并在班级展示。

① 如何评价屈原的爱国方式？

② 如何评价屈原的投江行为？

③ 如何评价屈原的人际关系能力？

学习活动四：伟大的文学家——比兴手法的分析（10 分钟）

（1）找出诗歌中运用比兴手法的句子，说说它们的寓意。

① 怨灵修之浩荡兮，终不察夫民心。

② 众女嫉余之蛾眉兮，谣诼谓余以善淫。

③ 鸷鸟之不群兮，自前世而固然。

④ 制芰荷以为衣兮，集芙蓉以为裳。高余冠之岌岌兮，长余佩之陆离。

⑤ 佩缤纷其繁饰兮，芳菲菲其弥章。

（2）诗中的花草和鸷鸟有何作用？结合具体诗歌内容分析。

（3）诗中采用了哪些方法来增强语言的韵律感和音乐性？

学习活动五：布置课下作业

请从家庭、时代、人生轨迹、政治理想、人格品德和艺术成就六个方面，对屈原和杜甫进行比较。

第 4 课时　"一言一语自含情"
——《孔雀东南飞》中的叙事与人物形象

（一）教学目标

（1）理解叙事诗的冲突与情节。

（2）掌握叙事诗中的人物对话艺术。

（3）领略诗歌的悲剧意义。

（二）教学过程

学习活动一：疏通文章文言知识

快速默读全诗，找出通假字、古今异义、偏义复词等现象。

学习活动二：疏通文章情节

（1）读序言和正文，用一句话总结故事发生的时间、地点、人物和起因、经过、结果。

（2）将文章分为开端、发展、再发展、高潮和结局五个部分，并为每部分拟小标题并概括事件（见表4-7）。

表4-7　文章发展过程列表

阶段	段落	小标题	事件概括
开端			
发展			
再发展			
高潮			
结局			

学习活动三：鉴赏人物形象，感受悲剧意蕴

通过有个性的人物对话塑造鲜明的人物形象，是《孔雀东南飞》最大的艺术成就。阅读诗歌，找出能够体现人物形象的诗句，完成表4-8。

表4-8　人物对应诗句

刘兰芝		焦仲卿		焦母	
诗句	对应的性格	诗句	对应的性格	诗句	对应的性格

学习活动四：拓展思考

为何刘兰芝、焦仲卿二人一定要选择殉情，可有别的出路？如果你是刘兰芝或者焦仲卿，你会何去何从？

学习活动五：布置课下作业

（1）尝试将《孔雀东南飞》缩写为一首五言或七言绝句。

（2）选做：为自己创作的诗歌配乐进行朗诵，录制朗诵音频或视频。

第5课时　"一样追寻，数种悲苦"

——《氓》《孔雀东南飞》对比阅读

（一）教学目标

（1）分析两首诗的情节、人物形象、语言风格、叙事、表现手法等方面的异同。

（2）通过鉴赏作品中的女主人公形象、语言、表现手法等，感悟其中所包含的作者的思想感情和诗歌的社会意义。

（3）思考女主人公的爱情悲剧，探究两首诗表现的爱情悲剧的深层原因，树立正确的恋爱婚姻观念。

（二）教学过程

学习活动一：梳理异同，探寻诗意——衣带渐宽终不悔，为伊消得人憔悴

（1）请读原文相应段落，分析两篇叙事诗男女主人公的人物形象，完成表4-9。

表4-9　两篇叙事诗男女主人公的人物形象对比

刘兰芝	氓妇		氓	焦仲卿
		婚前		
		婚后		
		婚裂遣归		
		遣归之后		

（2）对比《氓》与《孔雀东南飞》中表现手法、语言风格的异同。请找出两首诗中使用赋、比、兴手法的句子。

（3）在这两首诗中，赋、比、兴手法的运用有何不同？

（4）对比《氓》与《孔雀东南飞》语言风格的异同。

学习活动二：探究文化，明晰价值

（1）小组讨论：氓妇和刘兰芝为什么被遗弃呢？探究两位女性悲剧命运的原因。

（2）新时代我们应该持怎样的爱情婚姻观呢？身处新时代的我们，什么样的爱情值得我们的期待呢？（分小组讨论）

学习活动三：布置课下作业

"跨时空的相遇"（任选一题）。

（1）依据你对《氓》与《孔雀东南飞》的深入理解，借助联想与想象，以"跨时空的相遇"为主题，想象如果此时的你遇到正在淇水畔哭泣的氓妇或者遇到在改嫁前一天正在窗前裁衣的刘兰芝，你会有怎样的对话？自选一个情境，自拟题目，写一篇300字左右的短文。

（2）《氓》中的氓、《氓》中的被弃女、《孔雀东南飞》中的刘兰芝和焦仲卿都在你的"朋友圈"中，他们对于婚变这件事同时发了一条"往日不可谏，来者犹可追"的"朋友圈"，你想在谁的动态下评论，评论什么？请你表达出来。

第6课时 "一梦一真同传情"
——《蜀道难》《蜀相》的诗歌风格对比阅读

（一）教学目标

（1）品味涵泳诗歌，深入理解李白和杜甫诗歌的不同风格。

（2）揣摩意象，体察意境，探究虚实相生等艺术手法的运用。

（3）把握诗词蕴含的文化精神，认识古诗词的思想意义和审美价值，培育家国情怀。

（二）教学过程

学习活动一：浸入诗境，体悟情感

请你用思维导图的形式梳理两首诗的内容及情感。

学习活动二：鉴赏手法，品味李杜诗风

（1）你能否分别从这两首诗中找到诗人浪漫主义和现实主义的痕迹呢？请举例说明。

（2）杜甫被称作"诗圣"，杜甫的诗被称作"诗史"，结合《蜀相》谈谈诗歌是如何表现诗人的圣人情怀和"诗史"特征的？

（3）李白被称作"诗仙"，你认为"诗仙"的诗应该具有什么特点？结合《蜀道难》谈一谈。

（4）拓展思考：关于李白和杜甫，有人曾说"少年宜读李白，中年宜读杜甫"。请你结合你的阅读和生活经历，思考这个说法有何合理之处或不合理之处。

学习活动三：布置课下作业（想象诗景，给诗配画）

在理解这两首诗词的基础上，从下列三个任务中任选一项完成。

（1）诗景我来画，要求根据想象绘画。

（2）诗情我来唱，要求根据想象创作歌曲。

（3）诗境我来颂，要求根据想象配乐、配图朗诵。

第7课时 "一顿一挫方显情"
——《望海潮》《扬州慢》中的音韵格律、表现手法对比

（一）教学目标

（1）反复涵泳，感受两首词的声韵美。

（2）在比较阅读中把握两首词的意象、意境及艺术手法。

（3）认识古诗词的当代价值，了解文学的城市记忆功能，培养家国情怀。

（二）教学过程

学习活动一：抓住诗眼，把握基调

（1）请从柳永的《望海潮》和姜夔的《扬州慢》中，各选择一个词概括其所写城市的特点，并加以解释说明。

（2）请找出体现杭州城的"繁华"和扬州城的"萧条"的诗句（见表4-10）。

表4-10 体现杭州城的"繁华"和扬州城的"萧条"的诗句

杭州城的"繁华"	对应诗句
地理位置	
历史传统	
自然景观	
市井面貌	
百姓生活	

续 表

扬州城的"萧条"	对应诗句
城市荒芜	
人心惶惶	
音乐变调	
无繁华热闹声	
无赏花之人	

学习活动二：赏析技法，对比鉴赏

请反复诵读品味，比较词人在意象选取和意境营造上的不同（见表 4－11）。

表 4－11　两座城市的不同

篇目	城市		意象	意境	手法	情感
《望海潮》	杭州	城内风情				
		城外风光				
		士庶生活				
《扬州慢》	扬州	昔日				
		今日				

学习活动三：诵读感知，体味声韵

请找到《望海潮》和《扬州慢》的韵脚，并朗读体会。

学习活动四：布置课下作业

撰写城市推介词，传承城市记忆。

一座城市可以有丰富的旅游资源、厚重的人文历史、昂扬的城市精神和独特的城市魅力。城市是我们望得见的山、观得见的水、看得见的记忆，而这些记忆便是由一首首诗歌传承下来的，有了它们，我们才能感受到一座座城市背后的悠悠气韵。请大家结合今天的学习，查阅相关资料，为杭州或扬州写一篇"城市推介词"。

要求：至少使用一种修辞手法，至少引用一句古诗词，150 字左右。

第 8 课时　学写诗歌鉴赏

学习活动一：学习技巧

（1）换字法：将诗歌中一些关键的字词进行替换，把替换的结果和原诗比较，比较两者的艺术效果。

例 1："海上明月共潮生"中的"生"字换为"升"字；"不知江月待何人"中的"待"字换为"等"字；"可怜楼上月徘徊"中的"徘徊"换为"移动"，对比新字，原字有何好处？

（2）填补法：通过再造想象填补诗人留下的空白。

例 2："挥手自兹去，萧萧班马鸣"没有直接抒发感慨而是以景作结，含蓄而韵味悠长，尝试把诗人想表达的感慨填补出来。

（3）联想法：调动自己的已知，去丰富诗歌内容，再现情境，体会意境，纵观或横比，可以使自己的赏析有了依据，并且使赏析的内涵更加丰厚、饱满；有的还可以赏出优劣，判出高下，进行比较。

例 3："海上明月共潮生"，你从此处"生"字的妙用联想到了哪些诗句？

（4）还原法：发挥想象，通过还原将自身代入文本情境，发现"矛盾"，提出疑问，探究原因，对话文本，感悟作者情怀。

例 4：如《山居秋暝》（空山新雨后，天气晚来秋，明月松间照，清泉石上流）一诗，请同学们驱驰联想，展开想象，进行"还原式"鉴赏，体会"空""静"之美。

学习活动二：赏析李煜《相见欢》

参见表 4 – 12。

原文：

无言独上西楼，月如钩。寂寞梧桐深院锁清秋。

剪不断，理还乱，是离愁。别是一般滋味在心头。

表 4 – 12　四篇文章的优缺点

例文节选	分析优点或缺点
寂寞梧桐深院锁清秋，百年前的李煜是怎样的寂寞啊，在一方小小的天地中承担着帝王的身份，得权者本是享有全天下，有着无限的自由，可对于李煜而言，如今却只能在一个小院子里活动，他那自由的心该感到多么拥挤啊。或许几年前高居金銮殿之上的他也是这般，皇位越宽阔，他便越感到拥挤，因为他	

续 表

例文节选	分析优点或缺点
的心是属于艺术的，是属于诗歌的，我不禁想到更多充满悲情的历史人物，心升化境而身在人间的李白，三百杯酒便是三百份的落寞；为苍生忧虑而于不甘中命殒的杜甫，"文章憎命达"——当真是至理名言	
孤独的人默默无语，独自一人缓缓登上西楼。仰视天空，残月如钩。梧桐树寂寞地孤立院中，幽深的庭院被笼罩在清冷凄凉的秋色之中。那剪也剪不断，理也理不清，让人心乱如麻的，正是亡国之苦。这样的离别思念之愁，而今在心头上却又是另一般不同的滋味	
这首诗歌语言优美，生动形象，表现了后主李煜的悲伤……这首词还运用了融情于景的表现手法，用"梧桐""月"意象，渲染了当时感伤的氛围，且结构上为下文抒发愁情做了铺垫	
首句"无言独上西楼"将人物引入画面。"无言"二字活画出词人的愁苦神态，"独上"二字勾勒出作者孤身登楼的身影，孤独的词人默默无语，独自登楼。神态与动作的描写揭示了词人内心深处隐喻的多少不能倾诉的孤寂与凄婉啊！ 诗词中常借梧桐抒发内心的愁闷。温庭筠的"梧桐树，三更雨，不道离情正苦。一叶叶，一声声，空阶滴到明"（《更漏子》）；李清照的"梧桐更兼细雨，到黄昏点点滴滴。这次第，怎一个愁字了得"（《声声慢》）。以上俱是写景佳作。写雨中梧桐，能表现诗人内心的愁苦。写缺月梧桐，则又是一番境界。苏轼语"缺月挂疏桐，漏断人初静"（《卜算子》）。缺月、梧桐、深院、清秋，这一切无不渲染出一份凄凉的境界，反映出词人内心的孤寂之情，为抒情做好铺垫	

学习活动三：请在横线处补充完善鉴赏文字

《相见欢·无言独上西楼》赏析：

"无言独上西楼"将人物引入画面，"无言"二字活画出词人的愁苦神态，"独上"二字勾勒出作者孤身登楼的身影，孤独的词人默默无语，独自登上西楼。神态与动作的描写揭示了词人内心深处隐喻很多不能倾诉的孤寂与凄婉。

"月如钩，寂寞梧桐深院锁清秋"，寥寥 12 个字，形象地描绘出了词人登楼所见之景。仰视天空，缺月如钩。"如钩"不仅写出月形，表明时令，而且意味深长：_____。俯视庭院，茂密的梧桐叶已被无情的秋风扫荡殆尽，只剩下光秃秃的树干和几片残叶在秋风中瑟缩，词人不禁"寂寞"情生。然而，"寂寞"的不只是梧桐，即使是凄惨秋色，也要被"锁"于这高墙深院之中。而"锁"住的也不只是这满院秋色，落魄的人、孤寂的心、思乡的情、亡国的恨，都被这高墙深院禁锢起来，此景此情，用一个"愁"字是说不完的。

缺月、梧桐、深院、清秋，这一切无不渲染出一种凄凉的境界，反映出词人内心的孤寂之情，同时也为下片的抒情做好铺垫。作为一个亡国之君，一个苟延残喘的囚徒，他在下片中用极其婉转而又无奈的笔调，表达了心中复杂而又不可言喻的愁苦与悲伤。

"剪不断，理还乱，是离愁。"用丝喻愁，新颖而别致。前人以"丝"谐音"思"，用来比喻思念，_____（运用联想法进行补充）。然而丝长可以剪断，丝乱可以整理，而那千丝万缕的"离愁"却是"剪不断，理还乱"。这位昔日的南唐后主心中所涌动的离愁别绪，是追忆"红日已高三丈后，金炉次第添金兽，红锦地衣随步皱"（《浣溪沙》）的荣华富贵，是思恋"凤阁龙楼连霄汉，玉树琼枝作烟萝"（《破阵子》）的故国家园，是悔失"四十年来家国，三千里地山河"（《破阵子》）的帝王江山。然而，时过境迁，如今的李煜已是亡国奴、阶下囚，荣华富贵已成过眼烟云，故国家园亦是不堪回首，帝王江山毁于一旦。阅历了人间冷暖、世态炎凉，经受了国破家亡的痛苦折磨，这诸多的愁苦悲恨哽咽于词人的心头难以排遣。作者尝尽了愁的滋味，而这滋味，是难以言喻、难以说完的。

"别是一般滋味在心头"，紧承上句写出了李煜对愁的体验与感受。以滋味喻愁，_____（运用还原法对"别是""滋味"进行赏析），即使有满腹愁苦，也只能"无言独上西楼"，眼望残月如钩、梧桐清秋，将心头的哀愁、悲伤、痛苦、悔恨强压在心底。这种无言的哀伤更胜过痛哭流涕之悲。

李煜的这首词_____（对诗歌特色进行整体概述，注意分上下阕）。此外，运用声韵变化，做到声情合一。下片押两个仄声韵（"断""乱"），插在平韵中间，加强了顿挫的语气，似断似续；同时在三个短句之后接以九言长句，铿锵有力，富有韵律美，也恰当地表现了词人悲痛沉郁的感情。

学习活动四：布置课下作业

选择本单元所学的一首诗歌，或拓展阅读下列古代诗词，写一篇不少于800字的鉴赏文章。可以从语言、构思、情感等方面选择一两个角度，发现作者独特的艺术创造，分析自己阅读欣赏获得的审美体验。在此基础上，全班合作，编一本《古典诗词鉴赏集》。可以按不同的方式编排，如体式、题材、时代、风格流派等。

（1）温庭筠《菩萨蛮》（小山重叠金明灭）。

（2）周邦彦《苏幕遮》（燎沉香）。

（3）辛弃疾《青玉案·元夕》。

（4）刘克庄《贺新郎》（国脉微如缕）。

（5）王实甫《长亭送别》（［正宫］［端正好］）。

案例二：《对数与对数函数》单元教学设计

——人教版数学高中必修第一册（A版）第四章

熊利波　王双　张秋颖　高双杰　姜晓英　鞠芮

一、单元目标

（1）在研究了指数函数的问题后，从问题另一个角度生成对数概念，来逐步掌握对数的概念。

（2）通过指数式、对数式的相互转化明晰对数的运算法则，培养学生数学运算的核心素养。

（3）利用对数函数的概念解决实际问题，在此过程中培养学生数学建模、数学抽象的素养。

（4）使用类比的数学思想方法，借助研究指数函数的过程，来探究对数函数图象与性质，提升学生类比思想及自主探究的能力。

（5）使用描点法或计算工具画出对数函数图象，借助对数函数的图象来研究对数函数的单调性及特殊点，从而培养学生数形结合的思想，对学生进行对称美、简洁美的审美教育，感知数学之美。

（6）灵活应用对数函数图象与性质，利用其解决比较大小、实际问题等，培养学生运算求解、化归转化的能力。

（7）利用指对之间的关系，得到指数对数函数互为反函数，理解它们的定义域与值域之间的关系。

二、教学目标

（1）通过具体实例了解对数概念，借助对数的概念会求对数值。

（2）根据指对互化，加深对数概念的理解，学会知二求一。

（3）运用对数的运算性质和换底公式进行化简求值。

（4）根据对数函数的定义求函数的定义域、参数的值或取值范围。

（5）使用描点法或计算工具画出对数函数的图象。

（6）利用对数函数的单调性，特殊点等解决比大小及实际问题。

（7）知道指数对数函数互为反函数并探究两个函数的对称关系。

三、单元知识结构图

参见图 4 - 2。

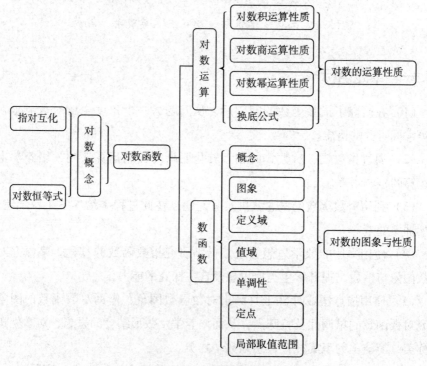

图 4 - 2　对数函数框架

四、单元核心任务

（1）通过指对互化，理解对数的概念。

（2）探究对数运算性质，应用对数运算性质进行对数运算。

（3）通过具体实例，了解对数函数的概念。

（4）利用描点法或借助计算工具，画出对数函数的图象。

（5）利用对数函数的图象，探究对数函数的单调性与特殊点。

五、单元教学流程

参见图 4 - 3。

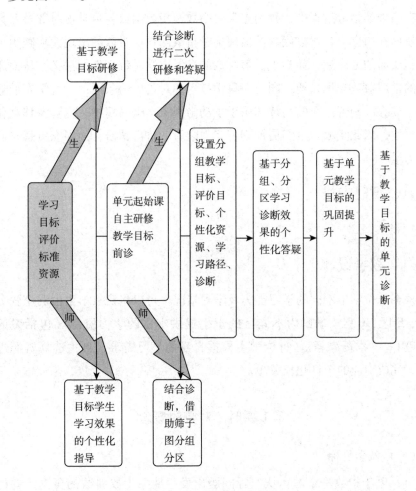

图 4 - 3　单元教学流程

六、单元核心素养

（1）数学抽象：从实际问题中及指对关系中生成对数概念。

（2）逻辑推理：指数式和对数式的相互转化。

（3）直观想象：指数与对数、指数函数与对数函数之间的关系。

（4）数学建模：在实际问题中建立对数的概念及利用对数函数模型解决实际问题。

（5）数学运算：化简求值，比较大小，求定义域、值域、定点等。

七、学科思政

在高中的学习过程中，我们先学习指数及指数函数，再学习对数及对数函数，然而在历史上，对数函数的出现早于指数函数。对数的出现大大减少了计算乘积所需的工作量，让学生了解对数的发展史和对数产生的意义，从而激发学生的学习对数知识兴趣。同时在科学技术相对落后的条件下，科学家们遇到困难不放弃、刻苦钻研的精神和乐于主动为国家奉献的精神，也会潜移默化地感染学生，以此激励学生们更加刻苦努力学习、拼搏钻研，为国家贡献自己的一分力量。

八、课时安排

4 课时。

九、教学设计

根据每位学生不同的学习能力及学习情况，可以将班级学生由弱至强分为 A 区、B 区、C 区。教师为不同区的学生提供丰富的学习资源（包括微课视频、PPT、文本资源等）。每位学生根据自身的学习需求，自主选择资源进行学习，完成对应的个性化任务单。

第 1 课时　对数的概念

（一）教学目标

（1）基于指数幂学习，从实际问题出发，抽象生成对数的概念，并能熟练地进行指数式和对数式之间的互化。

（2）根据对数式和指数式之间的关系及其对数的性质，进行化简求值。

（3）对数符号是直接引入的，是比较抽象的一种符号，加强学生对对数符号的认识。

（二）教学重难点

教学重点：对数式的化简求值。

教学难点：对数符号的理解。

（三）教学目标与评价标准

参见表4－13、表4－14。

表4－13　教学目标

教学目标	学习路径
通过对指数及其运算性质的复习，达到了了解对数的概念的教学目标	阅读教材、小组讨论、个别答疑
通过对数式的学习，达到了指数式与对数式之间的互化的教学目标	阅读教材、小组讨论、个别答疑
通过指对数之间的关系及其对数的性质，达到化简求值的教学目标	阅读教材、小组讨论、个别答疑

表4－14　评价标准

评价标准	评价方式
1. 能正确书写对数的表现形式（A） 2. 从实际问题中抽象出对数的概念，并能正确书写对数的表达形式（B） 3. 从实际问题中抽象出对数的概念，并能正确书写对数的表达形式，同时理解底数、真数的取值范围的意义（C）	任务单、课堂观察、课后作业、研究性学习任务
能灵活准确地进行指数式和对数式之间的互化（ABC）	任务单、课堂观察、课后作业、研究性学习任务
1. 根据指对数之间的关系，求对数值，知二求一（A） 2. 利用对数的性质，进行化简求值（B） 3. 根据对数的概念及其性质，能够总结出解决某一类问题的通法（C）	任务单、课堂观察、课后作业、研究性学习任务

（四）教学过程

教学环节一：创设情境，引入课题

对数的概念，首先是由苏格兰数学家 John Napier（纳皮尔，1550—1617）提出的。在当时，天文学是热门学科。可是由于数学的局限性，天文学家不得不花费很大精力去计算那些繁杂的"天文数字"，浪费了若干年甚至毕生的宝贵时间。Napier 也是一位天文爱好者，他认为"没有什么会比数学的演算更加令人烦恼……诸如一些大数的乘、除、平方、立方、开方……因此我开始考虑……怎样才能排除这些障碍"。经过 20 年潜心研究大数的计算技术，他终于独立发明了对数，并于 1614 年出版的名著《奇妙的对数定律说明书》中阐明了对数原理，后人称之为纳皮尔对数。

想一想：对数的主要作用是什么？（提示：简化运算）

设计意图：了解对数的发展史和对数产生的意义，激发学生的学习兴趣。同时在科学技术相对落后的情况下，科学家们的钻研不放弃的精神和为国家奉献的精神是值得每个人去学习的，以此激励学生要更加努力奋斗拼搏，落实学科思政教育。

教学环节二：探索交流，解决问题

问题 1：某种细胞分裂时，由 1 个分裂成 2 个，2 个分裂成 4 个，4 个分裂成 8 个……

（1）那么 1 个这样的细胞分裂 x 次得到细胞个数 N 是多少？分裂多少次得到细胞个数为 16 个、256 个呢？

如果已知细胞分裂后的个数 N，如何求分裂次数呢？

（2）由 $2^x = N$ 可知，当 N 已知时，x 的值即为分裂次数。

学生自主研修，完成任务单 1。

概念辨析：

根据对数的定义，判断对错。

① 若 $3^x = 2$，则 $x = \log_2 3$。（ ）

② 若 $(-2)^3 = -8$，则 $\log_{(-2)}(-8) = 3$。（ ）

将下列指数式写成对数式，对数式写成指数式。

① $5^3 = 125$；② $2^{-4} = \dfrac{1}{16}$；③ $\left(\dfrac{1}{3}\right)^n = 6.12$；④ $\log_{\frac{1}{2}} 32 = -5$；

⑤ $\lg 0.001 = -3$；⑥ $\ln 10 = 2.303$。

设计意图：由问题引发学生思考，已知底数和幂，如何求指数？凸显学习新运算的必要性，培养学生数学抽象的核心素养。

教学环节三：对数的概念

（1）对数。

一般地，如果 $a^x = N(a > 0，a \neq 1)$，那么数 x 叫作以 a 为底 N 的对数，记作 $x = \log_a N$，其中 a 叫作对数的底数，N 叫作真数。

（2）概念的深度剖析。

① 指数式 $a^x = N$ 中 a 的取值在对数式中 $x = \log_a N$ 中一样，不会发生改变，都是 $a > 0$，且 $a \neq 1$。

指数函数值域为 $(0，+\infty)$，所以真数 N 的取值是 $(0，+\infty)$。

② 常用对数与自然对数：

以 10 为底的对数叫作常用对数，记作 $\log_{10} N$，可简记为 $\lg N$；

以 e（$e = 2.718\,28\cdots\cdots$）为底的对数称为自然对数，记作 $\log_e N$，可简记为 $\ln N$。

③ 指数式和对数式的关系：

若 $a > 0$，且 $a \neq 1$，则 $a^x = N \Leftrightarrow \log_a N = x$。

探究 1：指数式和对数式互化时不变的量是哪个？

提示：底数。

设计意图：通过指数式与对数式的相互转化，加深学生对对数的理解，培养学生逻辑思维能力。

教学环节四：对数的性质

思考：

（1）对数的概念中，真数 N 需满足什么条件？为什么？

提示：真数 N 需满足 $N > 0$ 由对数的定义：$a^x = N(a > 0，a \neq 1)$，则总有 $N > 0$，所以转化为对数式 $x = \log_a N$ 时，不存在 $N \leq 0$ 的情况。

（2）对数的概念中，如果 $N = 1$，x 的值是多少？$N = a$ 时呢？

提示：$x = 0$，$x = 1$。

（3）如果将对数式 $x = \log_a N$ 代入到指数式 $a^x = N$ 中会得到哪个式子？

提示：$a^{\log_a N} = N$。

对数性质总结：

（1）0 和负数没有对数。

（2）1 的对数为 0，即 $\log_a 1 = 0$。

（3）底数的对数为 1，即 $\log_a a = 1$。

（4）对数恒等式：$a^{\log_a N} = N$。

完成任务单 2。

---

1. 求值。

（1）$\log_4 16$；

（2）$\log_{0.5} 1$；

（3）$\ln \dfrac{1}{e^2}$；

（4）$\lg 0.01$。

2. 求下列各式中的 x 值。

（1）$\log_{27} x = -\dfrac{2}{3}$；

（2）$\log_x 32 = 5$；

（3）$\lg 1000 = x$；

（4）$-\ln e^3 = x$；

（5）$\log_x 8 = 3$；

（6）$\log_x 25 = 2$；

（7）$2^{\log_3 x} = 4$；

（8）$\log_3 (\log_2 x) = 1$。

设计意图： 充分利用指数式和对数式的互化，得出对数的性质，培养学生数学抽象的核心素养。同时通过具体的例子，帮助学生掌握对数的性质，培养学生的运算能力。

教学环节五：对数的概念及性质的综合应用（完成对点练习）

（1）若对数 $\log_{(x-1)}(2x-3)$ 有意义，则 x 的取值范围是_____。

（2）将下列指数式与对数式互化。

① $\log_2 16 = 4$；② $\log_{\frac{1}{3}} 27 = -3$；③ $4^3 = 64$；④ $\left(\dfrac{1}{4}\right)^{-2} = 16$。

（3）求下列各式中 x 的值。

① $\log_{64} x = -\dfrac{2}{3}$；② $\log_x 8 = 6$；③ $\lg 100 = x$。

（4）求下列各式中 x 的值。

① $\log_2 (\log_5 x) = 0$；② $\log_3 (\lg x) = 1$；③ $x = 7^{1-\log_7 5}$。

类题通法：

（1）此类题型应利用对数的基本性质从整体入手，由外到内逐层深入来解决问题。

$\log_a N = 0 \Rightarrow N = 1$；$\log_a N = 1 \Rightarrow N = a$ 使用频繁，应在理解的基础

上牢记。

（2）符合对数恒等式的，可以直接应用对数恒等式：$a^{\log_a N} = N$，$\log_a a^N = N$。

设计意图：通过课堂达标练习，巩固本节学习的内容。

教学环节六：课堂小结，反思感悟

知识总结（见图4－4）。

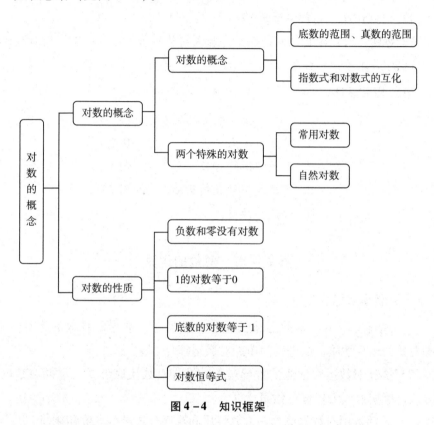

图4－4　知识框架

学生反思：

（1）通过这节课，你学到了什么知识？

（2）在解决问题时，你用到了哪些数学思想？

设计意图：通过课堂小结，有利于学生对本节内容形成知识网络，并纳入自己的知识体系。

教学环节七：布置作业

（1）研究性学习作业：请同学们查阅资料，对数在物理（测量声音的分贝）、化学（求 pH）、生物（半衰期）、地理地震强度等领域都有应用，举例说明。

（2）数学史方面的作业：在数学发展史上，指对数的产生和发展的顺序是怎样的？

（3）分层作业。

① 完成教材第 123 页的练习 1、2、3（A 基础部分）。

② 巩固提升卷（BC）。

（4）研修作业（对数的运算）。

设计意图：构建学科之间的联系，形成完整的知识体系；了解指对数发展史，落实学科思政；加强练习，巩固提升。

（五）板书设计

4.3.1　对数的概念

1. 对数的定义	例题：
2. 两种常用的对数	例 1
3. 指数式与对数式互化	例 2
4. 对数的性质	

第 2 课时　对数的运算

（一）教学目标

（1）通过复习指数幂的运算性质和对数概念，推导出对数的运算性质。掌握对数的运算性质，能进行简单的对数运算。

（2）类比对数运算性质的推导过程，推导对数换底公式。掌握对数的换底公式，能用换底公式进行化简计算。

（3）灵活运用对数的概念、运算性质和换底公式进行求值和化简。

（二）教学重难点

教学重点：对数的运算性质和换底公式及其应用。

教学难点：灵活运用对数的运算性质和换底公式进行求值和化简。

（三）教学过程

教学环节一：复习回顾，引入课题

教师活动：这节课我们学习对数的运算，说起对数同学们知道什么是对数，说起运算大家也有很多经验。那你们有没有想过对数可以运算吗？对数可以进行什么运算？对数运算有什么性质？这和以往的运算有什么不同？让我们带着这些疑问开始今天的学习。

要研究对数的运算性质就要对对数的概念十分熟悉。让我们跟着××同学一起回顾一下上节课学习的对数概念。（播放学生讲解的复习回顾视频）。

他总结得好不好？（好）那我们给他一些掌声。对数这个概念对我们来说是全新的，他在教室里讲了好几遍视频才达到这样流畅自然的效果，前几次都有大大小小的问题，但每一次重复他都会比前一次做得更好。同学们在学习数学时也是一样，刚开始不能立即熟练应用，但只要坚持练习就一定会有进步收获让自己满意的成果。

学生活动： 某同学带领学生复习对数的概念，开始对数的运算的学习。

设计意图： 复习对数的概念、指数与对数的关系及指数幂运算性质，为探索对数运算性质打下基础。

教学环节二：探索交流，解决问题

教师活动： 让我们回到对数运算的学习。学习对数概念时最重要的就是对数和指数的关系，关于指数我们学习过指数幂的运算。对数我们熟悉，和对数联系最紧密的指数运算我们也学习过，那我们今天研究对数运算的基础在哪呢？（指数幂运算性质）

观察指数幂的运算性质可以发现，幂进行乘法运算时，指数进行的是加法运算。幂进行乘方运算的时候，指数进行的是乘法运算。为什么要强调幂进行的运算与指数进行的运算呢？在复习过对数的概念与对数与指数的关系之后，你能找到其中的联系吗？

> 指数幂运算性质：
>
> 同底数幂乘法：$a^m \cdot a^n = a^{m+n}$（$a > 0$，m，$n \in \mathbf{R}$），
>
> 幂的乘方：$(a^m)^n = a^{mn}$（$a > 0$，m，$n \in \mathbf{R}$），
>
> 积的乘方：$(ab)^n = a^n b^n$（$a > 0$，$b > 0$，$n \in \mathbf{R}$）。

生：对数式和指数式可以互换，指数式的幂是对数式的真数，指数式的指数是对数式的对数。可以通过对数式和指数式的互换把指数幂的运算转换为对数式的运算。

问题1： 能否借助指数幂的运算性质推导 $\log_a(MN) = \log_a M + \log_a N$？

教师活动： 对数运算要借助指数的运算法则，所以把对数中的真数设为指数幂的形式。（设 $M = a^m$，$N = a^n$）对数分别等价于两个式子中的指数，要推

导的等式右边是对数相加就等价于指数相加，因此要用到同底数幂的乘法 $a^m a^n = a^{m+n}$，替换得到 $MN = a^{m+n}$，把这三个指数式 $M = a^m$，$N = a^n$，$MN = a^{m+n}$ 分别写成对数式得到 $\log_a M = m$，$\log_a N = n$，$\log_a(MN) = m + n$。把前两个式子代入第三个式子，证得 $\log_a(MN) = \log_a M + \log_a N$。等式右边是两个对数的和，在指数式 $a^m a^n = a^{m+n}$ 中的含义为指数的和，等式左边是乘积的对数，是同底数幂乘积的指数。从根本上来说，这个等式表示的是指数和的两种表达形式相等。

解：设 $M = a^m$，$N = a^n$，$\because a^m a^n = a^{m+n}$，$\therefore MN = a^{m+n}$。

根据指数与对数关系可得，$\log_a M = m$，$\log_a N = n$，$\log_a\ (MN)\ = m + n$。

$\therefore \log_a(MN) = \log_a M + \log_a N$。

师：证明的方法并不唯一，我们再举一个例子。直接设 $m = \log_a M$，$n = \log_a N$，化为指数式 $M = a^m$，$N = a^n$，同样用到同底数幂的乘法 $a^m a^n = a^{m+n}$，替换得到 $MN = a^{m+n}$，转换为对数式 $\log_a(MN) = m + n = \log_a M + \log_a N$。

这种证明方式是将对数式翻译为指数式，第一种证明方式是将指数式翻译为对数式，两种方法都用到了同底数幂的乘法。和同底数幂乘法类似的同底数幂除法、指数幂的其他运算性质等又能得到哪些结论呢？请动笔尝试完成任务 1 和任务 2。

学生活动：

任务 1：推导 $\log_a \dfrac{M}{N} = \log_a M - \log_a N$（A 组）。

任务 2：推导 $\log_a M^n = n\log_a M (n \in \mathbf{R})$（B 组）。

投影展示学生的推导过程，指出关键步骤。

师：推导任务 1 中的结论用到了同底数幂的除法，通过指数式与对数式互换得到 $\log_a \dfrac{M}{N} = \log_a M - \log_a N$，从根本上来说是 $a^m \div a^n = a^{m-n}$ 中的指数的差的两种表达形式相等。推导任务 2 中的结论用到了幂的乘方，通过指数式与对数式互换得到 $\log_a M^n = n\log_a M (n \in \mathbf{R})$，从根本上来说是 $(a^m)^n = a^{nm}$ 中指数的乘法的两种表达形式相等。

设计意图：进一步建立指数与对数的关系，通过推导提升学生逻辑推理能力。

教学环节三：对数的运算性质

教师活动：根据学生的探究总结对数性质，并提出问题2。

对数积、商、幂的运算性质：

$$\log_a(MN) = \log_a M + \log_a N$$

$$\log_a \frac{M}{N} = \log_a M - \log_a N$$

$$\log_a M^n = n\log_a M(n \in \mathbf{R})$$

问题 2：在满足什么条件时才能使用这些运算性质？

生：当 $a > 0$，且 $a \neq 1$，$M > 0$，$N > 0$。

（1）在利用对数的运算性质进行运算时，必须底数相同才可以。

（2）真数大于 0，是 $M > 0$，$N > 0$，并不是 $MN > 0$。

师：在三个结论的证明过程中的一个关键是指数与对数的联系，有时把指数式化为对数式，有时把对数式化为指数式。另一个关键是对于对数这个概念的理解。

$\log_a(MN) = \log_a M + \log_a N$ 的等号左边是同底数幂的指数，等号右边是指数之和，它用两种形式表示了指数之和。$\log_a \frac{M}{N} = \log_a M - \log_a N$ 是用两种形式表示了指数之差。$\log_a M^n = n\log_a M(n \in \mathbf{R})$ 是用两种形式表示了指数的乘积。

设计意图：对运算性质的深度剖析，使学生对对数运算性质理解更深刻。

学生活动：完成例 1、例 2。

例 1：求下列各式的值。

（1）$\lg \sqrt[5]{100}$；

（2）$\log_2 (4^2 \times 2^5)$。

类题通法：对数式化简与求值的基本原则和方法。

（1）基本原则：对数式的化简求值一般是正用或逆用公式，对真数进行处理，选哪种策略化简，取决于问题的实际情况，一般本着便于真数化简的原则进行。

（2）两种常用的方法。

①"收"，将同底的两对数的和（差）收成积（商）的对数；

②"拆"，将积（商）的对数拆成同底的两对数的和（差）。

例 2：计算：①$\log_3 45 - \log_3 5 = $ _____；②$\log_2 (4^7 \div 2^5) = $ _____；

设计意图：注意只有当式子中所有的对数都有意义时，等式才成立。通过计算加深学生对对数运算性质的理解。

师：观察对数运算性质的三个等式，等式左边分别进行的是乘法、除法、乘方运算，等式右边进行的是加法、减法、乘法运算，从运算的级别来看，这几个等式降低了运算的级别，从而简化了运算。在数学史上，人们发现了对数的这个优势，制作了常用对数表和自然对数表，经过查表就可以求出任意正数的常用对数或自然对数，很好地解决了大数运算的问题。

那么遇到底数不是 10 或 e 的对数运算时要如何解决呢？

教学环节四：推导对数的换底公式

$$\log_a b = \frac{\log_c b}{\log_c a} \ (a>0,\ 且\ a\neq1;\ c>0,\ 且\ c\neq1;\ b>0)$$

教师活动：设 $x = \log_a b$，则 $a^x = b$，两边同时取以 c 为底的对数得 $\log_c a^x = \log_c b$，即 $x\log_c a = \log_c b$，则 $\log_a b = \frac{\log_c b}{\log_c a}$。

这样就把以 a 为底 b 的对数转换为以 c 为底 b 的对数比上以 c 为底 a 的对数，也就是将以 a 为底 b 的对数转换为了两个同底的对数值的商。分数是真数的对数、分母是原来对数的底为真数的对数。这个公式也可以逆运用。

思考：能利用 lg2，lg3 表示 $\log_2 3$ 吗？

生：$\log_2 3 = \frac{\lg2}{\lg3}$。

例 3：计算：$\log_3 4 \times \log_4 5 \times \log_5 6 \times \log_6 9$

师：这是四个对数相乘的形式，而且这四个对数的底数都不相同，没有对应的运算法则，可以用对数的换底公式进行计算。换成谁为底呢？任意大于 0 且不等于 1 的数为底都是可以的，为了写起来方便我们通常换成以 10 为底或以 e 为底的。例如以 10 为底 $\log_3 4 = \frac{\lg4}{\lg3}$，$\log_4 5 = \frac{\lg5}{\lg4}$，$\log_5 6 = \frac{\lg6}{\lg5}$，$\log_6 9 = \frac{\lg9}{\lg6}$，约分后得到 $\frac{\lg9}{\lg3}$，化简得到 2。

类题通法：利用换底公式化简与求值的思路（见图 4-5）。

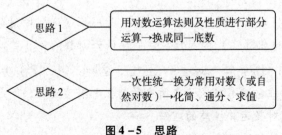

图 4-5 思路

例 4：已知 $\lg 3 = a$，$\lg 5 = b$，求（1）$\log_3 25$；（2）$\log_3 20$。

类题通法：利用对数式与指数式互化求值的方法。在对数式、指数式的互化运算中，要注意灵活运用定义、性质和运算法则，尤其要注意条件和结论之间的关系，进行正确的相互转化。

任务 3：（1）$\log_2 3 \times \log_3 4 \times \log_4 2$。

（2）已知 $\lg 2 = a$，$\lg 3 = b$，求（1）$\log_3 5$；（2）$\log_3 24$

设计意图：通过例题应用换底公式进行计算，总结利用换底公式化简与求值的思路和利用对数式与指数式互化求值的方法，培养学生的转化思想。

教学环节五：课堂小结，反思感悟

知识总结（见图 4 - 6）。

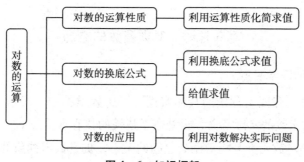

图 4 - 6　知识框架

学生反思：

（1）通过这节课，你学到了什么知识？

（2）在解决问题时，你用到了哪些数学思想？

（四）教学板书设计

4.3.2　对数的运算

1. 对数运算性质：$a > 0$，且 $a \neq 1$，$M > 0$，$N > 0$

$$\log_a(MN) = \log_a M + \log_a N;$$

$$\log_a \frac{M}{N} = \log_a M - \log_a N;$$

$$\log_a M^n = n\log_a M\,(n \in \mathbf{R})$$

2. 对数的换底公式：（$a > 0$，且 $a \neq 1$；$c > 0$，且 $c \neq 1$；$b > 0$）

$$\log_a b = \frac{\log_c b}{\log_c a}$$

（五）课时作业设计

1. 研究性学习作业（二选一）

（1）尝试用几何画板或其他画图软件画出几个对数函数的图象，分析一下它们可以分为几种类型，有什么特征？

（2）从运算角度指数与对数互为逆运算，那么它们的函数图象有什么关系？

2. 巩固作业

（1）基础练习：教材第 126 页的练习第 1，2，3 题。

（2）巩固提升：教材第 127 页题 4.3 的题 4，5，6，7。

（3）拓广探索：教材第 127 页习题 4.3 的题 7，8，9，10。

第 3 课时　对数函数的概念

（一）课时教学目标

（1）通过具有现实背景的具体实例，经历数学抽象，理解对数函数的概念，了解对数函数的实际意义，提升数学建模的核心素养。

（2）理解对数函数与指数函数之间的关系，提升数学抽象的核心素养。

（3）会判断给定函数是不是对数函数。

（4）能借助对数函数定义域来求解"对数函数型"的复合函数的定义域。

（二）教学重难点

教学重点：对数函数的概念，包括定义、底数 a 的取值范围、定义域。

教学难点：由指数函数 $y = a^x (a > 0$ 且 $a \neq 1)$，能想到 x 也是 y 的函数，总结归纳出对数函数的概念。

（三）教学过程

教学环节一：情境创设，引入新课

教师活动：播放视频，前半部分的神舟十三号载人飞船 100 秒返回再现，让学生感受中国航空航天技术力量的强大和中国综合国力的提升，明确当下的教学目标和人生目标，同时进行必要的爱国主义教育。视频的后一部分提及苏联科学家康斯坦丁·齐奥尔科夫斯基，他是现代宇宙航行学的奠基人，被称为"航天之父"。因为他提出了用他名字命名的齐奥尔科夫斯基火箭公式，这个公式涉及对数函数，从而引出本节课主题，激发学生的学习兴趣。

教学环节二：复习旧知，导入新课

教师活动：提出问题1——在4.2.1的问题2中，我们已经研究了死亡生物体内碳14的含量 y 随死亡时间 x 的变化而衰减的规律是函数 $y = \left(\left(\frac{1}{2} \right)^{\frac{1}{5730}} \right)^x$，$x \geq 0$。进一步地，死亡时间 x 是碳14的含量 y 的函数吗？

追问1：解决这个问题，显然要依据函数的定义。那么依据函数定义应该怎样进行判断呢？教师引导学生先回忆函数的定义，然后再确定判断方法。

学生活动：回顾函数的定义。

函数的定义：设 A，B 是非空的实数集，如果对于集合 A 中的任意一个数 x，按照某种确定的对应关系 f，在集合 B 中都有唯一确定的数 y 和它对应，那么就称 f：$A \rightarrow B$ 为从集合 A 到集合 B 的一个函数，记作 $y = f(x)$，$x \in A$。

所以要判断死亡时间 x 是否是碳14的含量 y 的函数，就要确定，对于任意一个 $y \in (0, 1]$，是否都有唯一确定的 x 与其对应？

追问2：若已知死亡生物体内碳14的含量，如何得知它死亡了多长时间呢？如图4-7所示，观察函数 $y = \left(\left(\frac{1}{2} \right)^{\frac{1}{5730}} \right)^x$，$x \geq 0$ 的图象，过 y 轴正半轴上任意一点 $(0, y_0)$，$(0 < y_0 \leq 1)$ 作 x 轴的平行线，观察与函数 $y = \left(\left(\frac{1}{2} \right)^{\frac{1}{5730}} \right)^x$，$x \geq 0$ 的图象有几个交点？这说明对任意一个 $y \in (0, 1]$，都有几个 x 与其对应？能否将 x 看成是 y 的函数？

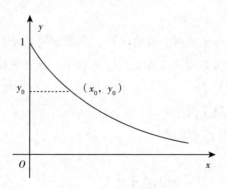

图4-7 函数图象

师生活动：按照追问1确定的办法，先由学生分析，之后教师用软件进行演示，直观呈现对任意一个 $y \in (0, 1]$，都有唯一确定的 x 与其对应。根据函数的定义可知，能将 x 看成是 y 的函数。

追问 3：能否求出生物死亡年数随体内碳 14 含量变化的函数解析式？

师生活动：学生应该有足够能力解决此问题。通过指数与对数的运算关系，可以将 $y = \left(\left(\frac{1}{2} \right)^{\frac{1}{5730}} \right)^x$ 这种对应关系，改写为 $x = \log_{5730\sqrt[5730]{\frac{1}{2}}} y$。习惯上用 x 表示自变量，用 y 表示函数值，于是就得到函数 $y = \log_{5730\sqrt[5730]{\frac{1}{2}}} x$，$x \in (0, 1]$ 来刻画时间 y 随碳 14 含量 x 的衰减而变化的规律。

设计意图：通过再次分析 4.2.1 的问题 2，并与指数函数进行比较，形成对比，从另外的角度刻画其中蕴含的规律，引出用函数的方式描述问题，为抽象得到对数函数做准备。

问题 2：对于一般的指数函数 $y = a^x (a > 0$ 且 $a \neq 1)$，根据指数与对数的运算关系，转换成 $x = \log_a y (a > 0$ 且 $a \neq 1)$，能否将 x 看成是 y 的函数？

师生活动：利用解决问题 1 的经验，先由学生解答这个问题，之后师生一起完善。

教师讲授：通常，我们用 x 表示自变量，y 表示函数。为此，可将 $x = \log_a y (a > 0$ 且 $a \neq 1)$ 改写为：$y = \log_a x (a > 0$ 且 $a \neq 1)$。这就是对数函数。

追问 1：通过与指数函数对比，函数 $y = \log_a x (a > 0$ 且 $a \neq 1)$ 的定义域是什么？

师生活动：根据指数函数的定义可知，在对数函数中，自变量的取值范围是 $(0, +\infty)$。

定义：一般地，函数 $y = \log_a x (a > 0$ 且 $a \neq 1)$ 叫作对数函数，其中 x 是自变量，定义域是 $(0, +\infty)$。

设计意图：通过从特殊到一般的过程，抽象出对数函数的基本形式，得出对数函数的概念，并在与指数函数对比的基础上，建立关联，得出对数函数的定义域。

教学环节三：应用定义

例 1：求下列函数的定义域。

（1）$y = \log_3 x^2$；

（2）$y = \log_a (4 - x) (a > 0$ 且 $a \neq 1)$。

问：求解的依据是什么？求解的步骤是什么？

师生活动：教师利用追问引导学生，一切从定义出发。对数函数 $y = \log_a x (a > 0$ 且 $a \neq 1)$ 的定义域是 $(0, +\infty)$，那么（1）中的 x^2 和（2）中的 $(4 - x)$ 的取值范围就是 $(0, +\infty)$，于是得到不等式，将定义域问题转化为解不等式问题，进而求出定义域。

设计意图：通过求函数定义域，进一步理解对数函数定义域的特殊性。在中学阶段，对数函数是为数不多的定义域不是实数集 R 的函数，这属于一个特殊情况。此前遇到的特殊情况还包括分母不能为 0，二次根式下不能为负数。可以前后形成对比，加深对函数定义域和一些特殊情况的理解。

练习 1：已知集合 $A = \{1, 2, 3, 4, \cdots\}$，集合 $B = \{2, 4, 8, 16, \cdots\}$，下列函数能体现集合 A 与 B 对应关系的是①$y = 2^x$；②$y = x^2$；③$y = \log_2 x$；④$y = 2x$。

设计意图：通过列数据的方式，将对数函数、指数函数、一次函数、二次函数进行对比，初步体会对数函数与指数函数增长的差异，感受不同类型的数据增长应选取合适的函数模型来刻画其变化规律，为之后的内容作铺垫。

练习 2：下列函数是对数函数的是（　　　）。

A. $y = \ln x$　　　　　　　　　B. $y = \ln(x + 1)$

C. $y = \log_x e$　　　　　　　　D. $y = \log_x x$

设计意图：让学生通过概念辨析，感知对数函数概念的"形式美"。

练习 3：求下列函数的定义域。

（1）$y = \ln(1 - x)$；（2）$y = \dfrac{1}{\lg x}$；

（3）$y = \log_7 \dfrac{1}{1 - 3x}$；（4）$y = \log_a |x|$（$a > 0$，且 $a \neq 1$）。

练习 4：画出下列函数的图象（数形结合）。

（1）$y = \lg 10^x$；　　　　　　（2）$y = 10^{\lg x}$。

解：（1）如图 4-8；（2）如图 4-9。

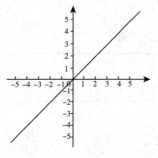

图 4-8　$y = \lg 10^x$ 函数图象

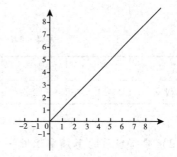

图 4-9　$y = 10^{\lg x}$ 函数图象

设计意图：通过对数函数与分式、绝对值等多种形式的结合，并利用函数的解析式法、图象法，从不同角度推动学生对对数函数定义域的理解，进一步明确概念，体会对数函数定义域的特殊性。

教学环节四：典例剖析，数学建模

例2：假设某地初始物价为1，每年以5%的增长率递增，经过 y 年后的物价为 x。

（1）该地的物价经过几年后会翻一番？

（2）填写表4－15，并根据表中的数据，说明该地物价的变化规律。

表4－15　物价发展记录表

物价 x	1	2	3	4	5	6	7	8	9	10
年数 y	0									

师生活动：引导学生，顺着题意，理清思路，进行解答。对于（1），先写出 x 关于 y 的函数，再根据对数与指数间的关系，转换为 y 关于 x 的函数。对于（2），利用计算工具，快速填好表格，探索发现，随着 x 的增长，y 的增长在减缓。

设计意图：在充分理解了引入概念的实例基础上，利用对数函数概念进一步解决类似的实际问题，从而巩固概念，进一步理解概念。并在此基础上，通过列表的方式，初步体会对数函数的性质，为下一节内容作铺垫。

练习5：某地由于人们健康水平的不断提高，某种疾病的患病率正以每年25%的比例降低。假设初始患病率为1，经过 y 年后该地的患病率为 x。

（1）填写表4－16，并根据表中的数据，分析一下该地患病率的变化规律。

表4－16　患病率变化统计表

患病率 x						
年数 y	1	2	3	4	5	6

（2）要将当前的患病率降低一半，需要多少年？（参考数据：$\dfrac{\lg 0.5}{\lg 0.75} \approx 3$）

设计意图：在充分理解引入概念的实例基础上，让学生独立自主完成"数学建模"的过程，进一步加深对对数函数概念的理解。

教学环节五：归纳总结

教师引导学生回顾本课时学习内容，并回答下列问题。

（1）概述本节课得到对数函数概念的基本过程。

（2）类比"指数函数概念"的形成过程，结合"对数函数概念"的形成过程，归纳总结我们研究函数概念的一般思路。

（3）对数函数的现实背景是什么？

师生活动：提出问题后，先让学生思考并做适当交流，再让学生发言，教师帮助完善。

（1）先通过 4.2.1 的问题 2 中所阐述的实际问题，利用图象上 x 与 y 的对应关系，理解 x 是 y 的函数，再利用指数与对数的运算关系，依据函数的定义，从交换自变量与函数值"地位"的方向进行研究，得到对数函数的概念。

（2）通过从特殊到一般的过程，抽象出对数函数的基本形式，得出对数函数的概念，并在与指数函数对比的基础上，建立关联，得出对数函数的定义域。

（3）对数函数与指数函数是密不可分的。对于呈指数增长或衰减变化的问题，我们可以用指数函数进行描述，还可以从对数函数的角度进行描述，从而能够更全面地研究其中蕴含的规律。

设计意图： ①得到对数函数概念的基本过程，是函数研究套路"背景—概念—图象与性质—应用"中的"背景—概念"环节。通过不断重复这一过程，学生能逐步掌握研究一个数学对象的基本套路。②明确对数函数的现实背景，可以使学生明白这类函数区别于其他初等函数的主要特征，为对数函数的图象性质和应用奠定基础。

（四）板书设计

4.4.1　对数函数的概念

1. 复习函数的概念　　　　3. 例题讲解

2. 对数函数　　　　　　　4. 归纳总结

定义辨析：

（五）作业设计

个性化作业单。（标♣的为选做题）

1. 对数函数的图象过点 $M(16,4)$，求此对数函数的解析式。

2. 求下列函数的定义域。

（1）$y = \dfrac{\ln(4-x)}{x-3}$；（2）$y = \log_2 \sqrt{16-4^x} + \dfrac{1}{\sqrt{x-1}}$。

3. 某工厂生产一种溶液，市场要求其杂质含量不超过 0.1%，若开始时溶液中含杂质 2%，每过滤一次可使杂质含量减少 $\dfrac{1}{3}$，则至少应过滤多少次才能达到市场要求。（已知 $\lg2 \approx 0.3010$，$\lg3 \approx 0.4771$）

♣4. 声强级 L_1（单位：dB）由公式：$L_1 = 10\lg\left(\dfrac{I}{10^{-12}}\right)$ 给出，其中 I 为声强（单位：W/m^2）。

（1）一般正常人听觉能忍受的最高声强为 1W/m^2，能听到的最低声强为 10^{-12}W/m^2。求人听觉的声强级范围。

（2）平时常人交谈时的声强约为 10^{-6}W/m^2，求其声强级。

第 4 课时　对数函数的图象与性质

（一）课时教学目标

（1）能利用描点法或借助信息技术（计算器或计算机）画出具体对数函数的图象。

（2）引导学生结合图象类比指数函数，探索研究对数函数的性质；培养学生数形结合的思想方法，学会研究函数性质的方法。

（3）能够利用对数函数的图象和性质解决一些综合问题，从而培养学生分析问题和解决问题的能力。

（二）教学重难点

教学重点：对数函数的图象和性质。

教学难点：对数函数性质的归纳及简单应用。

（三）教学目标及其评价标准

参见表 4 - 17。

表 4 - 17　教学目标和评价标准

教学目标	评价标准	可选择路径及资源（可多选）	诊断	自我评价
会画具体对数函数的图象	能够利用描点法或借助信息技术（计算器或电脑）画出具体对数函数的图象，具有一定的作图能力	路径1□：自主研修教材P132 - 133； 路径2□：利用计算器或电脑； 路径3□：与小组同学讨论； 路径4□：个别化答疑	基于标准的诊断	达成□ 未达成□ 是否答疑： 是□否□
能够类比指数函数，探索研究对数函数的性质	能够结合图象类比指数函数，探索研究对数函数图象特征，得出对数函数的性质（定义域、值域、定点、奇偶性、单调性等）；培养数形结合的思想方法，学会研究函数性质的方法	路径1□：自主研修教材 P133； 路径2□：与小组同学讨论； 路径3□：借助 geogebra 绘图软件，直观感受函数图象特征； 路径4□：个别化答疑		达成□ 未达成□ 是否答疑： 是□否□
能够利用对数函数的图象和性质解决一些综合问题	1. 会借助对数函数单调性进行比较大小； 2. 会借助对数函数单调性进行求解"对数型"不等式； 3. 会借助复合函数单调性判断的方法来分析具体的"对数型"复合函数的单调性； 4. 会求"对数型"复合函数所过定点的坐标； 5. 渗透分类讨论思想、培养分析问题和解决问题的能力	路径1□：自主研修教材 P133； 路径2□：与小组同学讨论； 路径3□：电脑例题 PPT 参考； 路径4□：个别化答疑		达成□ 未达成□ 是否答疑： 是□否□

（四）教学过程

教学环节一：复习旧知，导入新课

问题1：回顾对数函数的概念。

设计意图：为讲解对数函数性质做基础知识准备。

问题2：学习指数函数时，对其性质研究了哪些内容，采取怎样的方法？

设计意图：借助指数函数的图象及性质的复习回顾，渗透类比学习方法，让学生熟知函数性质的研究内容以及研究函数性质的方法，借助图象研究性质，为更好地研究对数函数的图象和性质的学习做好预设。

教学环节二：动手操作，探究新知

问题：你能类比前面讨论指数函数性质的思路，提出研究对数函数性质的内容和方法吗？

研究方法：画出函数的图象，结合图象研究函数的性质。

研究内容：定义域、值域、特殊点、单调性、最大（小）值、奇偶性等。

任务一：绘制对数函数的图象。

学习路径：自主研修教材 P132 – 133；小组讨论；利用计算器或电脑；寻求教师帮助。

探索研究：在同一坐标系中画出下列对数函数的图象（见图 4 – 10）。

（可用描点法，也可借助科学计算器或计算机）

（1）$y = \log_2 x$；（2）$y = \log_{\frac{1}{2}} x$；

（3）$y = \log_3 x$；（4）$y = \log_{\frac{1}{3}} x$。

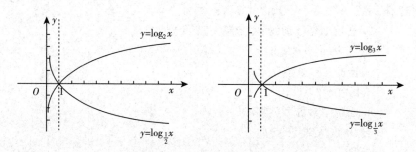

图 4 – 10　函数图象示意图

设计意图：在任务一中，要求学生能用描点法正确作出具体对数函数的图象，培养学生的动手操作的能力；通过四个小组绘制的底数不同类型的对数函数图象并做展示解读，培养学生的观察能力、小组合作能力与语言表达能力。

任务二：根据对数函数的图象，探索、归纳、总结对数函数的性质。

学习路径：自主研修教材 P133；小组讨论；利用计算器或电脑；寻求教师帮助。

讨论交流：类比指数函数图象和性质的研究，研究对数函数的性质并填写表 4 - 18。

表 4 - 18　对数函数的性质

图象特征		函数性质	
$a > 1$	$0 < a < 1$	$a > 1$	$0 < a < 1$
函数图象都在 y 轴右侧		函数的定义域为 $(0, +\infty)$	
图象关于原点和 y 轴不对称		非奇非偶函数	
向 y 轴正负方向无限延伸		函数的值域为 **R**	
函数图象都过定点 $(1, 0)$		$x = 1$ 时 $\log_a 1 = 0(a > 0$ 且 $a \neq 1)$	
自左向右看，图象逐渐上升	自左向右看，图象逐渐下降	增函数	减函数
在 $(1, 0)$ 点右边的纵坐标都大于 0	在 $(1, 0)$ 点右边的纵坐标都小于 0	$x > 1, \log_a x > 0$	$x > 1, \log_a x < 0$
在 $(1, 0)$ 点左边的纵坐标都小于 0	在 $(1, 0)$ 点左边的纵坐标都大于 0	$0 < x < 1, \log_a x < 0$	$0 < x < 1, \log_a x > 0$

任务三：结合对数函数图象及性质，进一步探究不同底数对对数函数图象的影响。

学习路径：小组讨论；利用计算器或电脑；寻求教师帮助。

思考探究：底数 a 是如何影响函数 $y = \log_a x$ 的？并完成以下练习部分。

参考规律 1：在第一象限内，自左向右，图象对应的对数函数的底数逐渐变大。

参考规律 2：①对数函数 $y = \log_a x$ 的底数 a 越大，函数图象在 x 轴上方部分越远离 y 轴的正方向，即 "底大图右"（见图 4 - 11）。

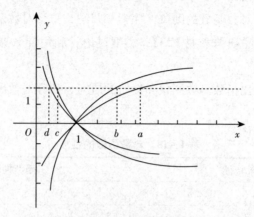

图 4 - 11 对数函数图象

② 两个单调性相同的对数函数，它们的图象在位于直线 $x = 1$ 右侧的部分是"底大图低"（见图 4 - 12）。

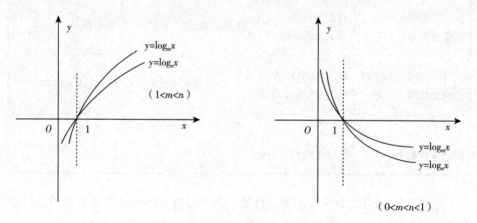

图 4 - 12 两个单调性相同的对数函数图象

练习部分：

（1）函数 $y = \log_a x$ 与 $y = \log_{\frac{1}{a}} x$ $(a > 0，且 a \neq 0)$ 有什么关系？图象之间又有什么特殊的关系？

（2）对数函数 $y = \log_a x$，$y = \log_b x$，$y = \log_c x$，$y = \log_d x$ 的图象如图4 - 13 所示，则 a，b，c，d 与 1 的大小关系为_____。

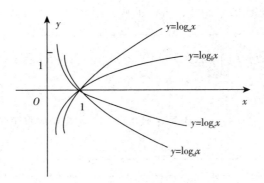

图 4 – 13　三个对数函数图象

设计意图： 在任务三和任务四的学生活动中，通过类比法完成探索、归纳、总结对数函数的性质；在数形结合的过程中，借助 geogebra 绘图软件，直观感受函数图象特征，既提高学生的直观想象能力、探索能力，又增添了学生学习的趣味性，激发了学生学习数学的浓厚兴趣。

任务四：能够利用对数函数的图象和性质解决以下四类综合问题。

学习路径：小组讨论；利用电脑课件；寻求教师帮助。

（1）利用对数函数的单调性，进行比较大小。

---

1. 比较下列各组数中两个值的大小。

（1）$\log_2 3.4$，$\log_2 8.5$；

（2）$\log_{0.3} 1.8$，$\log_{0.3} 2.7$；

（3）$\log_a 5.1$，$\log_a 5.9$（$a > 0$，且 $a \neq 1$）。

2. 比较下列各组数中两个值的大小。

（1）$\log_{3.4} 2$，$\log_{8.5} 2$；　　　　（2）$\log_6 7$，$\log_7 6$。

总结规律：_____

设计意图： 进一步熟悉对数函数的性质，利用对数函数的单调性进行比较大小，根据问题的特点构造适当的对数函数是关键，并促进学生形成用函数观点解决问题的意识。

（2）利用对数函数单调性，进行求解"对数型"不等式。

---

1. 解不等式：（1）$\log_2(2x - 1) < \log_2(-x + 5)$；

（2）$\log_{\frac{1}{2}}(x - 1) > -1$。

2. 若 $\log_a \frac{3}{4} < 1(a > 0$ 且 $a \neq 1)$，则实数 a 的取值范围是____。

总结规律：_____

设计意图：类比对数函数单调性来分析"对数型复合函数"的单调性；会借助对数函数单调性进行求解"对数型"不等式；培养学生分类讨论的能力。

（3）"对数型复合函数"的定义域、单调区间。

例：$y = \log_3(x^2 - x)$

解析：	步骤：
函数 $y = \log_3(x^2 - x)$ 的定义域为 $(-\infty, 0) \cup (1, +\infty)$	①求出函数的定义域
令 $t = x^2 - x$，则 $y = \log_3 t$，$\because y = \log_3 t$ 为增函数	②将复合函数分解为内、外函数，③分别讨论内外函数的单调性，
$t = x^2 - x$ 在 $(-\infty, 0)$ 上为减函数，在 $(1, +\infty)$ 为增函数，	
$\therefore$ 函数 $y = \log_3(x^2 - x)$ 的单调递减区间为 $(-\infty, 0)$，单调递增区间为 $(1, +\infty)$	④根据复合函数单调性"同增异减"的原则，得到函数单调区间。

求下列函数的定义域、单调区间。

（1）$f(x) = \log_3(x^2 - 2x - 3)$；

（2）$f(x) = \log_{\frac{1}{3}}(-x^2 + x + 6)$。

总结规律：_____

设计意图：类比对数函数性质来求解"对数型复合函数"的性质，培养学生分析问题、解决问题的能力。

（4）"对数型复合函数"的定点问题。

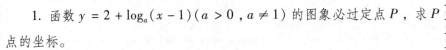

1. 函数 $y = 2 + \log_a(x - 1)(a > 0，a \neq 1)$ 的图象必过定点 P，求 P 点的坐标。

2. 函数 $y = m + \log_a(x - n)(a > 0$ 且 $a \neq 1)$ 的图象过定点 $P(3，4)$，求 $m，n$ 的值。

总结规律：_____

设计意图：结合对数函数图象来求解"对数函数型"的复合函数的定点问题。学会求给定函数解析式的"对数函数型"复合函数所过定点的坐标；会借助"对数函数型"复合函数所过定点的坐标来求解参数。

任务五：学以致用，自主诊断（任务诊断单形式）。

1. 比较大小。

（1）$\log_2 2$ _____ $\log_2 \sqrt{3}$ ；

（2）$\log_{0.5} 0.6$ _____ $\log_{0.5} 0.4$ ；

（3）$\log_a 1.1$ ，$\log_a 2.1 (a > 0$，且 $a \neq 1)$ ；

（4）已知 $a = \log_{0.7} 3$ ，$b = \log_{0.7} 0.3$ ，$c = 0.7^2$ ，则 $a，b，c$ 的大小关系为_____。

2. 解不等式。

（1）$\log_3(2x - 1) \leqslant 1$ ；

（2）$\log_{\frac{1}{2}} x - 1 > 0$ ；

（3）已知 $\log_{0.7} 2m < \log_{0.7}(m - 1)$ ，则实数 m 的取值范围是_____。

3. 求下列函数的单调区间。

（1）$f(x) = \ln(1 - x^2)$ ；

（2）$f(x) = \log_{\frac{1}{3}}(6 - x - x^2)$ 。

4. （1）函数 $f(x) = \log_a(2x - 1) + 3$（$a > 0$ 且 $a \neq 1$）恒过定点_____。

（2）若函数 $f(x) = \log_m(nx + 3) + 1$（$m > 0$ 且 $m \neq 1$）恒过定点（2，1），则实数 $n = $ _____．

教学环节三：归纳总结，学有所获

本节课课程流程构思：通过情境创设引入课题→通过小组探索、研究、绘制具体对数函数图象→小组代表展示作品，解读对数函数的图象特征，归纳总结对数函数的性质→结合绘图软件，进一步探究图象规律→利用对数函数的图象和性质解决四类综合问题→分层巩固练习。

（五）板书设计

4.4.2 对数函数的图象和性质

对数函数的定义：

1. 对数函数的图象

描点法：①列表；②描点；③用平滑曲线连接。

2. 对数函数的性质

定义域、值域、定点、单调性、最大（小）值、奇偶性等

3. 性质的应用

例1

例2

（六）作业设计

（1）《对数函数图象和性质》作业单。

（2）请你运用所学的数学知识和计算工具，小组探索并与同组同学讨论交流下列问题。

① 在同一直角坐标系中，画出指数函数 $y = 2^x$ 和对数函数 $y = \log_2 x$ 的图象，观察两个函数图象有什么对称关系？$y = 3^x$ 与 $y = \log_3 x$ 的图象是否也有此关系？$y = a^x$ 与 $y = \log_a x$ 呢？

② 在同一直角坐标系中，画出一次函数 $y = 2x$、对数函数 $y = \lg x$ 和指数函数 $y = 2^x$ 的图象，并比较它们的增长差异。以此试着概括一次函数 $y = kx$（$k > 0$）、对数函数 $y = \log_a x$（$a > 1$）和指数函数 $y = b^x$（$b > 1$）的增长差异，

从而体会"直线上升""对数增长""指数爆炸"的含义。

案例三：Space Exploration 教学设计
——人教版高中英语必修第三册 Unit 4

杨彬　张树菊　于琦　毛丹　余超　张骏成

一、设计思路

《普通高中课程方案（2017 年版）》首次采用"大概念"一词，指出要"重视以学科大概念为核心，使课程内容结构化，以主题为引领，使课程内容情境化，促进学科核心素养的落实"。大观念有助于教师在教学中把握立德树人的本质，帮助教师明确教学目标、重组教学内容、规划教学流程。帮助学生从知识点学习转向对内容和方法的学习；从碎片化转向整合关联，结构化学习，搭建学科知识网络、深化学科观念、提高迁移能力，从而有效推进学科核心素养的落地，指向深度学习。

王蕾老师指出，根据英语学科工具性和人文性的作用，大观念分为主题大观念和语言大观念。主题大观念为学生学习语言和探究主题意义提供语境，以使学生在完成学习后，能够基于主题建构并生成新的认知、解决问题的思想方法以及正确的价值观念。语言大观念指的是学生在学习和使用语言的过程中，感知与体悟关于语言是如何理解和表达意义的知识结构、方法策略和学习观念。

二、单元设计使用资源

（1）人教版高中英语必修三 Unit 4 Space Exploration（空间探索）。
（2）重大版选择性必修四 Unit 4 Space Exploration。
（3）南风网：中国航天发展历程视频。
（4）*China Daily*：*China's astronauts prepare for a new era of exploration.*

三、学科思政

树立青年的航天梦，体会团结奋进、坚持不懈的航空精神。

四、核心素养导向的大单元整体教学设计流程

（1）依据课程标准，研读文章，分析单元内容，提炼单元主题大观念和语言大观念；明确语篇所属主题群及主题内容；确定语篇类型、语篇内容、文化知识、主题意义，作者的写作意图，反映的情感态度价值观；根据文本特征梳理语言特点及语言知识；确定使用的语言技能及学习策略；形成单元知识图。

本单元分为9个模块。在深入研读和分析本单元的多模态文本后，识别和确定本单元围绕"太空探索"这一主题展开，内容涉及人类探索太空的历史与成就（包括我国航天事业的发展和成就）、宇航员的选拔、太空中的生活、火星探索计划、天文百科知识，以及关于"人类耗费时间和金钱去探索太空是否值得"这一话题的讨论。

课程内容六要素如图4-14所示。

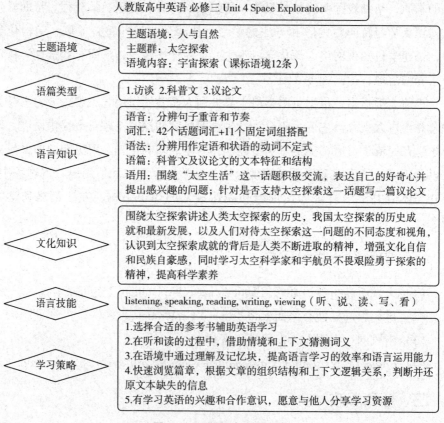

图4-14　课程内容六要素

根据对单元内容和课程思政的分析，提炼单元主题大观念（见图 4 - 15）。

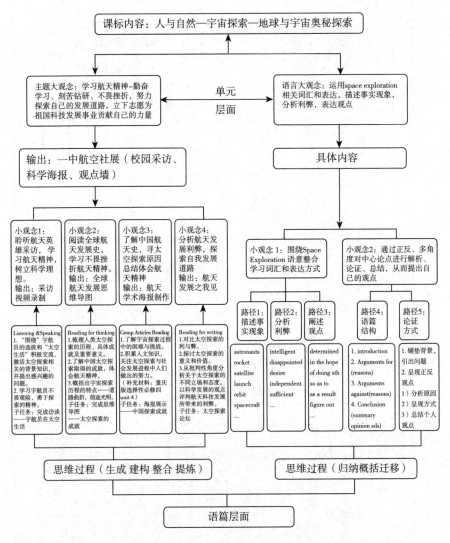

图 4 - 15　单元大概念提取示意图

（2）梳理单元与单语篇教学之间的关系，提炼各语篇的子主题/小观念，与单元大观念建立关联。

依据单元大观念，确定单元大目标：让学生关注人类太空探索的进程。这不仅是为了开阔学生的视野、增长其见识、积累相关的语言，更重要的是让学生感受和体会科学家以及宇航员们为航空航天事业的发展不断努力、勇于开拓的精神。本单元设计为 5 课时，每课时的子主题（小观念）如表 4 - 19。

表4-19 大单元整体教学设计

Book 3 Unit 4 Space Exploration 大单元教学设计

	单元学习目标	核心任务	语篇及课时	课时学习目标	子任务	连接线索
初步了解太空航员及太空生活	能够围绕"太空生活"这一话题积极交流,表达自己的好奇心并提出感兴趣的问题	活动主题"太空生活":由学生自发组织的含5个展区的"校园航天展" 活动目的:了解中国太空生活	lesson 1听说课 Listening and speaking	通过听访谈对话,我能了解杨利伟如何通过宇航员的选拔以及我国宇航员的选拔标准等实事信息,积累相关话题同汇,体会成为一名宇航员的艰苦努力 通过捕捉数字,我能有效获取关键信息,提高对数字的敏感度 通过分析听力文本,掌握采访者与被采访者所需的技能 团队合作,运用所学采访内容和技能角色扮演完成宇航员专访	聆听航天英雄采访,学习宇航天精神,树立科学理想 输出:采访视频录制	太空及宇航员
深入了解太空探索的历史	阅读关于太空探索的科普文,梳理人类太空探索的历史及重要意义	探索历史上的太空最新发展及成就,认识到太空探索成就背后是人类不断进取的精神,激励青少年学习	lesson 2阅读课 reading and thinking	学习能力:根据文章组织结构和上下文逻辑关系判断并还原文本中缺失的信息;能够准确地归纳段落大意 文化意识:了解人类太空探索的历史成就;了解我国太空探索的历史发展;学习太空科学家和宇航员们勇于探索的精神 思维品质:能够梳理人类太空探索的历史发展、成就及重要意义	阅读全球航天发展史,学习航天历程 不畏挫折航天精神 输出:全球航天发展思维导图	太空探索历程
深入理解太空探索的观点	阅读探讨太空探索的意义和价值的议论文,能够全面判断太空探索科技发展所带来的观点	阅读探讨太空探索的意义和价值的议论文,能评判太空探索发展所带来的利弊,同时增强文化自信民族自豪感	lesson 3读写课 reading for writing	通过梳理文本,清楚议论文结构,通过探讨,明白太空探索的意义和价值 通过团队合作,以批判性角度分析关于航天发展的不同立场和态度;以科学发展度评判航天科发展所带来的利弊,并完成议论文写作	分析航天发展,探索发展目标,探索发展道路 利弊 输出:航天发展之我见	对"太空探索"的不同观点

续表

Book 3 Unit 4 Space Exploration 大单元教学设计

单元学习目标	核心任务	语篇及课时	课时学习目标	子任务	连接线索
了解火星探索、星素 阅读火星移民、哈勃望远镜、量子卫星、火星等基本常识，积累天文百科，提高科学素养		Lesson 4 群文泛读	根据中国探索太空的时间顺序，列出中国太空的里程碑和重要成就 了解宇宙探索过程中的困难与挑战，谈论追求太空梦的态度 解释人类探索太空的原因和制作中国太空探索的学术海报并展示	了解中国航天史，找寻太空探索原因，总结会航天精神 输出：航天学术海报制作	火星
增强文化自信和民族自豪感 了解人类太空探索的历史及我国在太空领域探索所取得的辉煌成就和人类对太空探索事业的贡献		lesson 5 项目式学习	熟练运用单元语言知识完成一项大单元子任务 与团友精诚合作，为团队贡献自己的智慧、时间、技术、帮助、耐心。 能按照评价标准客观评价各组作品	合作完成大单元核心任务——校园航天展 输出：录制一份对航天展的新闻报道视频	大空探索成就

（3）深入研读语篇，建构各语篇的结构化知识。

（4）准确诊断学生的已知知识、教学难点和发展点，整体规划单元目标与课时目标。

学生分析：所教授的学生层级明确。优秀学生能够较好地提早完成自主研修任务，课堂上较独立，能够有效且快速地获取课堂重点，并且能够快速地记忆、运用和演绎。中层的学生在自主研修过程中存在问题，尤其是在新语言知识内容和文本结构的掌握方面，课堂上需要教师利用各种活动对重难点进行反复操练和强化。基础较弱及学习习惯不良的学生无法完成自研任务，需要通过课堂上小组合作和教师协助完成较简单的基础性任务，如分类、记忆等，确保其在课堂上有所收获。

（5）围绕大、小观念精细且有梯度地设计教学环节和学生活动。

课标要求教师应基于对语篇的解读和对学情的把握，灵活而有针对性地设计教学活动。教学都应体现出基于语篇的学习理解类活动、深入语篇的应用实践类活动、超越语篇的迁移创新类活动。在每类活动中有机融入语言知识学习、语言技能运用、学习策略应用、思维品质发展和文化意识培养，帮助学生积极主动地参与到探究主题意义的学习活动中，学会运用所学语言分析问题和解决问题，达到发展英语学科核心素养的课程目标。

单元主题核心任务：学校航空社展（校园采访、思维导图、科学海报、观点墙、新闻报道视频）。为了达成核心任务，要创设与话题意义密切相关的真实语境，推动学生对主题语境的深度学习。任务由浅入深、层层递进，使学生在知识建构中逐步形成对单元话题的深层认识，提升英语学科核心素养。本单元设计了 5 个连续的、有层次的子任务，详见"单元大概念提取示意图"。

（6）基于目标和学情，合理设计评价活动和评价指标，实践英语活动观。

大单元教学强调目标设计、方法设计和评价设计三位一体，追求目标、活动和评价的统一。评价方式采用逆向设计，从教学目标出发，思考如何设置教学评价来反映学生对学习内容的掌握情况；接着具体设计活动以落实任务评价。在设计活动时，以"教学评一体化"为载体，为子任务提供"怎么做""做到什么程度"的路径和评价标准，聚焦学生"不想做、不能做、做不好"的问题解决。关注学生活动过程和活动行为，在活动设计中给予资源、路径、要求、提示，帮助学生跨越障碍，高品质地"做事"和解决问题，让核心素养在课堂学生身上真实发生。

五、单元大概念提取

大单元整体教学课时评价量表如表 4–20 所示。

表4-20 学习效果自我评价表

姓名

自我评价指标	课时学习目标	杰出	好	一般	需要改进	我的复习和改进计划
Lesson 1 Listening speaking and talking	1.通过听访谈对话，我能了解杨利伟如何通过宇航员的选拔以及我国宇航员的选拔标准等事实信息，积累相关话题词汇，体会成为一名宇航员的艰苦努力					
	2.通过捕捉数字，我能有效获取关键信息，提高对数字的敏感度					
	3.通过分析听力文本，掌握采访与被采访者所需的技能					
	4.团队合作，运用所学采访内容和技能完成角色扮演完成宇航员专访					
Lesson 2 Reading and thinking	1.学习能力：根据文章组织结构和上下文逻辑关系判断并还原原文本中缺失的信息；能够准确地归纳段落大意					
	2.文化意识：了解人类太空探索的历史发展；了解我国太空探索的历史成就及最新发展；学习太空科学家科学家们勇于探索的精神					
	3.思维品质：能够梳理人类太空探索的历史发展，成就及重要意义					
Lesson 3 Reading and writing	1.通过梳理文本，清楚议论文结构，对比太空探索的意义与价值					
	2.通过探讨，明白太空探索的意义与价值					
	3.通过团队合作，从批判性角度分析关于太空探索的不同立场和态度。以科学发展的观点评判航天科发展所带来的利弊，并完成议论文写作					
Lesson 4 Group-article reading	1.根据中国探索太空的时间顺序，列出中国太空的里程碑和重要成就					
	2.了解宇宙探索过程中的困难与挑战，谈论追求太空梦的态度					
	3.解释人类探索太空的原因和制作中国太空探索的学术海报并展示					
Lesson 5 Project	1.熟练运用单元语言知识完成一项大单元子任务					
	2.与同学精诚合作，为团队贡献自己的智慧，时间，技术，帮助，耐心					
	3.能按照评价标准客观评价各组作品					
自研项目 Grammar	1.我能识别句子中不定式做定语还是状语，通过观察，发现与归纳，说明其功能					
	2.我能在特定语境中使用不定式					
	3.我能用做定语或状况描述式描述已知的太空事实以及太空探索历史上的事件和成就					

六、教学设计

第 1 课时　Listening and Speaking

（一）教学目标

（1）听采访录音列出成为宇航员的要求。

（2）精听数字，了解数字起到的作用。

（3）分析听力文本，掌握采访活动中采访者与被采访者所需的技能。

（4）团队合作，运用所学采访内容和技能角色扮演完成一份宇航员专访。

（二）教学过程

Activity 1：Activate background knowledge relating to astronomy and astronauts.

本活动旨在为落实课时目标 1 作铺垫。

Q：How do you feel after watching the video?

S1：Happy.

S2：Proud.

S3：Complex feelings.

Q：What do you know about these astronauts?

S1：Amsterdam, the first man to travel to space.

S2：Gagarin, the first person to walk on the moon.

S3：Valentina, the first woman to go into space.

S4：Yang Liwei, the first Chinese astronaut.

Q：They are outstanding astronauts. Do you know anything about the selection procedure（选拔过程）for astronauts like them?

S1：Healthy and strong.

S2：Take a lot of training.

S3：Strong-willed.

S4：Well-educated.

设计意图：此活动是热身环节，引导学生关注中国航天成就，自然引入宇航员的主题，为学生初步了解文章的主要内容作铺垫。

Activity 2：Listen for the structure, content and details（especially numbers）．

本活动旨在为落实课时目标 2 作铺垫。

Q：Listen for the first time. What requirements are mentioned to be an astronaut?

S1：Education background.

S2：Courses.

S3：Experience.

S4：Health condition.

Q：Listen for the second time. Fill in the blanks.

精听活动任务单见如表 4 – 21 所示。

表 4 – 21　精听活动任务表

Interviewer	Interviewee（Yang Liwei）	Requirements
1. Did you always want to be an astronaut?	___1___ becoming an astronaut when I was young graduated from college at the age of ___2___ worked as a fighter pilot for around ___3___ years became China's first astronaut when I was ___4___ years old	___5___ Education background ___6___
2. Do you think that（being a really ___7___ pilot）was one of the reasons why you were chosen for the space programme?	had ___8___ hours of flight experience, which really helped	Experience
3. So how ___9___ was it to join the space programme?	___10___ of pilots were chosen from among ___11___ pilots to train for space flights	
4. Did you also have to be a certain size and weight?	be shorter than ___12___ cm in height be less than ___13___ kg in weight be in perfect heatlth and shape	Health condition
5. But you also had to ___14___ a lot, too, right?	had to learn ___15___ science and astronomy had to practice using ___16___ equipment do a lot of mental and physical training	Courses Special training

Q：Look at No. 2，3，4，8，10，11，12，13，what is important when you are listening?

S：Numbers.

Q：From these numbers，what can you infer about being an astronaut?

S1：It's quite difficult to be an astronaut.

Q：(Hand out the text) read the text，how many parts does an interview have?

S1：Opening. Body (Q & A session). Closing (Acknowledgement).

设计意图：此活动的目的，一是对采访这一语言活动有框架性认知，二是掌握精听数字的听力技能，感知宇航员的专业、艰辛。

Activity 3：Analyse language style for an "interview".

本活动旨在为落实课时目标 3 作铺垫。

Q：Read carefully. What should be paid attention to in their language as an interviewer or interviewee? Have a discussion.

S1：As an interviewer，he should lead an interview in an organized way and make good transitions.

S2：In the beginning，welcome the interviewee.

S3：Raise open questions in a logical way.

S4：Make compliments.

S5：Give proper feedback.

S6：Confirm what the interviewer says by repeating.

S1：As an interviewee，his answer should provide enough information.

S2：His language should be polite.

S3：Logical.

S4：Provide additional details.

S5：Direct.

S6：Using reference such as "it".

设计意图：研读文本，研究"采访"这一活动必要的语言技巧，一方面锻炼学生解读文本、深入挖掘的能力，另一方面为后续做访谈进行语言铺垫。

Activity 4：Make an interview and evaluate it.

本活动旨在为落实课时目标 4 作铺垫。

(1) Make preparations. For interviewers，list your questions logically；organize your dialogue. For interviewees，figure out the answers and prepare additional infor-

mation.

（2）Practise.（Keep the transitional words in mind and express curiosity.）

（3）Present and evaluate.

Individualized evaluations：

1. What impresses me most is that...

2. Advantage：I think they did a good job because...

3. Disadvantage：they need to improve their...

（4）Q：What spirit does it take to become a success?

S1：Perseverance.

S2：Hard work.

S3：Personal choices.

设计意图：通过角色扮演做一个"采访"的输出，一方面检验学生前期输入（包括采访的结构、语言、听数字等）是否有效，锻炼其学习能力、语言技能，另一方面锻炼学生的逻辑性、批判性思维。

Assignment：

Compulsory：

1. List the questions you want to know about life in space；

2. Search for the answers on the Internet；

3. Make a phone call to your partner and record it；

4. Send the recording to Luckyyuqi@ gmail. com.

Optional：

Make a video of your interview.

Pay attention to：①your tones and stress；②your facial expressions and gestures.

The best one will be broadcast on the Air Show.

设计意图：个性化作业旨在引导学生运用课堂所学完成"采访"，巩固主题内容，完成自主创作，提升学习积极性及合作、分享、技术能力。

第 2 课时 Reading and Thinking

（一）教学目标

（1）根据文章组织结构和上下文逻辑关系判断并还原文本中缺失的信息；能够准确地归纳段落大意。

（2）了解人类太空探索的历史成就，积累天文百科知识，提高科学素养；了解我国太空探索的历史成就以及最新发展，增强文化自信和民族自豪感；学习太空科学家和宇航员们不畏艰险、勇于探索的精神。

（3）梳理人类太空探索的历史发展、成就及其重要意义。

（二）教学过程

Activity 1：Activate background knowledge relating to astronomy

本活动旨在为落实课时目标 2 作铺垫。

T：After watching the video, why do you think humans explore space?

S1：Curiosity.

S2：For resources.

S3：To find another planet to live on.

T：Read Para. 1, can you find the reasons for space exploration?

S1："Are we alone?" means people wish to discover if there is other life in space.

S2："What's out there?" means people want to discover useful information.

S3："Discover other planets that are suitable" means people want to find other planets that humans could live on.

设计意图：此环节是热身环节，教师呈现人类探索太空的视频，引导学生头脑风暴太空探索的原因，为后文人类的探索历程作铺垫。锻炼学生的语言表达能力，增加其对主题内容的了解。

Activity 2：Read in detail to make out the structure and the main idea of each paragraph.

本活动旨在为落实课时目标 1、2 作铺垫。

（1）Fill in the missing blanks.（B－D－A－C）

A. also; to find; to discover

B. However; succeed in

C. Although；accidents；still

D. Remain；plan to further；despite

（2）Summarize the main idea of each paragraph.

Para. 1：Mankind is exploring space to find out more about the universe.

Para. 2：Mankind has made some important achievements in space exploration.

Para. 3：Mankind will carry on space exploration despite huge risks.

Para. 4：China has made rapid and great progress in space exploration.

Para. 5：Space exploration has a bright future.

（3）Infer：What is the text type？（Popular science article）

Where can you find it？（science magazine/newspaper/website）

How is it developed？（Time：in the past/now/future）

设计意图：学生对文本进行整体阅读，了解文本大意，确定语篇类型，理清文章结构，从宏观上把握语篇内容以及梳理脉络。教师引导学生关注段落中功能性衔接词"also/although/however/still/remain"等在梳理内容时的重要性，学会填补缺失信息句。通过定位此类信号词引导学生关注段落间、句子间的逻辑关系，提高学生运用有效阅读策略把握文本结构的能力。另外，查找、概括段落大意旨在锻炼学生提炼、加工并用自己的语言概括信息的能力，运用理解、整合、概括等思维策略来提升学生的思辨能力。

Activity 3：Personalized reading for vocabulary，implied information，questions，and implications.

本活动旨在为落实课时目标 2 作铺垫。

Reading circle：each student is in charge of one part；prepare and share.

阅读圈活动任务单见如表 4 - 22 所示。

表 4 - 22　阅读圈活动任务表

Student 1. — Discussion Leader	Student 2. —Word Master
a. Raise two questions based on the text and write down your answers.（You may ask questions about the details，the underlying meanings，the writing technology（写作手法）or the author's attitude to sth.） b. Share the questions in your group and make sure your group members can answer them.	a. Collect words or phrases related to space exploration. Choose at least 3 words，prepare explanations for each word，and talk about the reasons for choosing them. b. Share your words in your group. Choose one word and explain why you have added that word to your list.

c. Ask your group to comment on your questions and invite them to help you improve the questions. d. Organise your group discussion	c. Ask your group members to add more words
Student 3. —Interviewer You will raise questions to other groups on behalf of（代表）your group. a. Prepare two questions to ask other groups, for example, things that you don't understand in the text or something else you would like to know in their part. b. Discuss your questions with your group members and ask them for possible answers. c. Act out the interview. For example, you say, "May I ask you some questions? Could you explain why..."	Student 4. —Connector a. Write down your feelings after reading the text and what the text made you think about. You can connect the text with real life. What can you learn from the text? What can you do? b. Share your connections in your group. c. Ask your group members what they have thought about after reading the text

设计意图：通过团队合作，学生个性化地提问和解答，最大限度地发挥学生的自主性、创造性。学生通过自主阅读，自主挖掘文本，提出相关问题，分享并解答，锻炼自主探究、自主合作的能力，保护学习的兴趣。

Activity 4：Post reading activity. Make and share your mind map.

本活动旨在为落实课时目标 3 作铺垫。

（1）Draw a mind map of the development of space exploration.

（2）Present your mind map by role play as a guide and a visitor in your Aviation Fair.

设计意图：引导学生充分利用课文内容，对结构、词汇、表达进行迁移运用，结合前半节课所学的功能性词语，生成一份关于太空探索的思维导图，展示环节与大单元核心任务"校园航天展"相连，体现了单元整体性教学。

Activity 5：Free talk about the open questions.

Q：Why is space the final frontier? Or why isn't it?

S1：No. We went out of earth, to the moon, to the Mars, to the Jupiter and more far away, further and further. The desire to explore never died.

Q：Can you conclude the spirit of space exploration after learning?

S2：Scientists' work and study. /Perseverance and participation. /Advanced technology. /Cost and construction. /Effort and expectation.

Q：What's your expectation of space exploration?

S3：Go to Mars one day.

设计意图：引导学生进行深入思考，回归文章标题，理解内涵深意，畅谈未来想象，立志学习航天精神，锲而不舍，为中国的航天事业奋斗，完成立德树人的根本目标。

Assignment：

（1）Beautify your mind map.

（2）Search the internet for China's achievement in space exploration and reasons for space exploration. Make a short report（2 minutes）in next class.

设计意图：美化润色思维导图，为核心任务航空展做准备。补充学习路径，利用网络增加学生输入，拓宽视野。

第 3 课时 Group Article Reading

（一）教学目标

（1）根据中国探索太空的时间顺序，列出中国太空的里程碑和重要成就。

（2）了解宇宙探索过程中的困难与挑战，谈论追求太空梦的态度。

（3）解释人类探索太空的原因，制作中国太空探索的学术海报并展示。

（二）教学过程

Activity 1：Activate aviation knowledge.

Aviation Knowledge Challenge：

T：What may an academic poster consist of?

S：Title；members；introduction；objectives；research problems；methods；result/conclusion；discussion；future study；acknowledgement.

设计意图：通过小组竞赛，引导学生快速回忆上节课的知识；利用中国航空知识匹配，引导学生聚焦本节课的主题。

Activity 2：

Step 1：Write down your title.

T：Watch the video and list suggestions to make a good academic poster.

S：Graphic and figures；400 words；bullet points；colors...

T：Read titles of your reading materials and requirements from WeChat. Write down your own title of your academic poster on your group poster. （2 min）

设计意图：通过教师提问，引导学生梳理学术海报要素；利用小组积分赛提升学生的兴趣；通过微课的学习引导学生关注学术海报的特点；引用数据、使用图标、要点简单、多色突出重点，为后续的学术海报制作作铺垫。

Step 2：Dig out research problems

T：Read requirements from WeChat and Write down your groups' research questions （2 min）

Q2：What milestones and achievements of space exploration do China have?

Q3：Why does China's government stick to exploring space?

Step 3：Conclusion and Discussion

T：Read two passages again and finish the following chain questions. Then discuss with your partners and finish the reflection part of your poster. （8 min）

Q4：What do you think have been the main difficulties when China has been trying hard to realize its space dreams through the decades?

Q5：How did they overcome the difficulties?

Q6：What can you learn from it?

Q7：Do you have a strong desire to explore space?

Q8：Apart from these three reasons, can you give more reasons for space exploration?

Q9：What does the author say about the disadvantages of exploring space? Do you agree with him?

Q10：What will you research next?

设计意图：通过学术海报的制作引导学生提出问题，带着自己的问题去阅读文本寻找文本中的关键信息，并且能在问题串的引导下对自己的研究过程进行总结和反思。通过海报展示活动了解学术本堂课的收获。

Step 4：Make your group poster

Tips for presentation.

（1）Don't read your poster, use it as a visual tools.

（2）Be prepared.

（3）Handouts are good, and put some details on another paper.

（4）Make viewer responsible for further follow up. You are welcome to leave your email address.

（5）Admit what you do not know. You can talk why you do not know and how you will research it in the future.

（6）Viewers first.

Step 5：Evaluate and make a conclusion.

学术海报汇报评价量表见如表4-23。

表4-23　学术海报汇报评价量表

Achievement	Rating	Improvement
Our group can introduce China's achievements in space exploration		
The introduction gets readers interested in the topic		
Each part begins with a topic sentence		
Our group can explain the reasons for mankind to explore space		
Our group has decorated the poster		
Our group has clearly answered the questions		

5 = Exceeding（超过）expectations　4 = Meeting expectations

3 = Approaching expectations　2 = Partially（部分）meeting expectations

1 = Not meeting expectations

Make a conclusion.

Step 1：write down your title.

Step 2：dig out research problems.

Step 3：conclusion and result.

Step 4：discussion.

Step 5：make your group poster.

Step 6：give a presentation.

T：Q11. What's the spirit of China's space exploration?

设计意图：以评促学，学生通过评价量表明晰对学术海报展示的要求，按照要求完成海报，准备展示，促进任务的高效高质完成。

Assignment：

Work in groups to choose one from the following topic and surf the internet for further information and make you new academic poster and then share your findings with your classmates.

（1）The significance of China's space dream.

（2）The famous people who have made great contributions to China's space exploration.

（3）The legends or stories about the space dream or exploration in ancient China.

第 4 课时　Reading for Writing

（一）教学目标

（1）通过梳理文本，清楚议论文结构，对比太空探索的利与弊。

（2）通过探讨，明白太空探索的意义和价值。

（3）通过团队合作，从批判性角度分析关于太空探索的不同立场和态度；以科学发展的观点评判航天科发展所带来的利弊，并完成议论文写作。

（二）教学过程

Activity 1：Activate background knowledge relating to the space exploration.

T：How much money has China spent on its space program?

S：A lot.

T：However, the earth is still facing poverty, hunger, pollution, disease...Should we continue to explore space?

S：...

设计意图：此活动是热身环节，借助图片和问题激发学生进行对比，思考太空探索的利弊；了解标题的含义并预测文本内容。

Activity 2：Read for the structure and read for the method of writing.

Pre-reading：

Q1：What genre is it?

An argumentative essay.

Q2：What is the issue? Is exploring space a waste or not?

Q3：Pick out the topic sentence of each paragraph.

Para. 1：countries around the globe are spending billions of dollars and lots of time on various space missions, whether to Mars or other planets much further away.

Para. 2：firstly, exploring space has already made a difference in the fight a-gainst world hunger.

Para. 3：secondly, space exploration has already promoted technological im-provements that benefit us all.

Para. 4：finally, sending astronauts into space has helped people to think about the world's problems and even to find ways to solve them.

Para. 5：in closing, exploring space provides the world with many different bene-fits.

Read for structure and writing method.

Q4：How many parts can this essay be divided into?

The structure of the passage is general – particular – general. （总—分—总）

Q5：What does each part mainly talk about?

Q6：How does the writer support the argument?

议论文语篇分析任务单如表 4 – 24 所示。

表 4 – 24　Argumentative essay

Structure	Purpose	Arguments	Details	Writing method
Introduction （Para. 1）	Tell the readers about your opinion about the topic. （背景句 + 话题引出 + 亮出观点）	different points	—	—
Body （Para. 2 ~ 4）	Give three reasons and details information to support each argument	P2 save hunger （论点 1）	record data, pro-vide recommenda-tion and advice, grow enough food	By examples. （data can provide useful advice）
		P3 promote tech-nology （论点 2）	new material, ma-chine, changing our lives	By giving examples
		P4 help to find out solutions （论点 3）	picture, recourse, Mars	By giving examples

Structure	Purpose	Arguments	Details	Writing method
Ending (Para. 5)	End by restating the main idea and the importance of space exploration	—	—	—

Tip 1：Topic sentence is usually the first or the last sentence.

Tip 2：In order to make our argument strong, we need to provide suitable supporting detail.

Tip 3：In order to make our article more coherent, we should express our opinion and end in the closing part properly.

Tip 4：To make our article more logical, we should use some linking words：firstly；secondly；thirdly；finally；in addition；furthermore.

设计意图：通过问题链和思维导图，借助主题句或关键信息，并结合功能性语言归纳每段段落大意，理解并掌握归纳议论文结构的阅读策略和写作技巧。

Activity 3：Writing.

T：International Model United Nations 2023 with the theme of "Should We Continue to Explore Space?" will be hosted in the Air Show. Suppose you are going to attend it. Please write an essay to give your opinion on this issue.

1. Outlining

Write an outline of the passage firstly.

2. Drafting

Write our own compositions based on the expressions we get from above activities and keep a watchful eye on spelling, grammar, punctuation and so on.

3. Editing

（1）Go through our writing to correct mistakes in spelling and grammar.

（2）Exchange our passage with each other and correct mistakes in spelling and grammar and also give suggestions about polishing with each other.

4. Display and Evaluation

The teacher will invite some students to share their passage to the whole class and guide other students to evaluate these passages, then the teacher will make a conclusion.

T：With many difficulties, we still have a long way to go to explore the space, but we will continue it to realize "Chinese Aerospace Dream".

设计意图： 通过开展论坛活动，引导学生表达自己对于太空探索的态度。

Assignment：

Polish your draft and finish the whole argumentation after class.

To know more about China's efforts and achievements in space exploration

设计意图： 了解更多关于太空探索的利弊；完成一份完整的议论文写作；培养学生的语言能力、思维品质、学习能力和文化意识。

第 5 课时 Project

（一）教学目标

（1）熟练运用单元语言知识完成一项大单元子任务。

（2）与队友精诚合作，为团队的目标贡献自己的智慧、时间、技术、帮助、耐心。

（3）按照评价标准客观评价各组作品。

（二）教学过程

Activity 1：State clearly the requirements and steps of making a news video on Aviation Fair（two weeks before this class）.

（1）The requirements for a news video on Aviation Fair.

新闻视频制作要求如表 4 – 25 所示。

表 4 – 25　新闻视频制作要求

Time limit	5 ~ 8 minutes
Process duration	2 weeks.（from Oct. 9th to Oct. 22rd）
Language	English only
Technical requirements	No more than 2G. mp 4 form. At least 1080p definition. With subtitles
Content	Opening words. Body（an interview on an astronaut / an introduction to space exploration through mind map / stating supportive or opposing arguments on space exploration/further discussion on space exploration using academic poster）. Transitional words. Ending words

（2）Steps of making this video.

新闻视频制作过程指导如表4-26。

表4-26 新闻视频制作过程指导

Step 1	Build a shooting team of 10 and assign tasks for everyone
Step 2	Prepare the draft for each of the interview
Step 3	Shoot the video and edit it

设计意图：为达到大单元整体教学的总目标，在 Project 制作前明确要求，指导步骤，提高效率。

Activity 2：Prepare, shoot, and edit the video（during the two weeks）.

新闻视频制作时间安排表如表4-27所示。

表4-27 新闻视频制作时间安排表

Task (2 members)	Prepare (Oct. 9th—14th)	Shoot (Oct. 15th)	Edit (Oct. 16th—22rd)
1	Write the interview words for both the interviewer and the astronaut. Act it out	shoot	—
2	Polish the mind map. Write the introduction to the mind map for both the guide and the visitor. Act it out	shoot	—
3	Polish the academic poster. Write the introduction to the poster for both the guide and the visitor. Act it out	shoot	—
4	Write the arguments for both sides. (Argue for or against space exploration) Act it out	shoot	—
Technical support	Prepare devices, scenes, tools	Direct shooting	Edit the video

设计意图：分工明确，落实到人，提高质量与效率，使整个导演团队熟知项目进度，做出合理安排，使任务有条不紊地进行。

Activity 3：Present and evaluate the works（in this class）.

（3）Evaluation procedures.

Step 1：make evaluations in this class.

Step 2：school television broadcast for a week and make a vote on Dingding across the school.

Step 3：winning team get the chance to be broadcast on school's TV news.

（4）Evaluation criterion.

新闻视频评价标准如表4－28所示。

表4－28　新闻视频评价标准

评价维度	评价等级及标准				建议与反馈
	优秀	良好	合格	未达标	
新闻视频评价量规	1. 紧扣主题，中心突出 2. 内容充实，结构严谨 3. 语言能够使用恰当的句式和正确的表达 4. 画质、字幕清晰，声音洪亮、语音语调流畅 5. 有创造力，能持续吸引观看者，传递正能量	1. 能围绕主题，但中心不够突出 2. 叙事内容较充实，结构完整 3. 基本能正确使用句式和时态，偶有错误 4. 画质较清晰，声音较洪亮、语音语调较流畅 5. 较有创造力，较能持续吸引观看者，传递正能量	1. 能围绕主题，但没有中心 2. 叙事涵盖基础内容，但不丰富 3. 基本能正确使用时态，句式单一，偶有时态或句式的错误 4. 画质较清晰，声音较洪亮、语音语调不流畅且有少量错误 5. 少量体现创造力，能偶尔吸引观看者，传递正能量	1. 条理不清，思路混乱 2. 叙事条理不清，语句支离破碎 3. 句式结构单一，大部分句子有严重的语法错误 4. 画质不清晰，声音不洪亮、语音语调不流畅且有大量错误 5. 无创造力，不能吸引观看者、传递正能量	

设计意图：科学合理公平的评价过程、评价标准确保学生的获得感，激发学生的创作欲、参与度。

Assignment：

Preview Unit 5（finish the worksheet）.

设计意图：为下一单元的学习做好准备，打好词汇、语言的基础。

七、结语

以学科大观念为基础的高中英语大单元教学设计，教师要挖掘单元主题下反映育人价值的大观念，将学科核心素养目标具体化、可视化和可实现化。要把教师要教的转化为学生要学的，把学生要学的转化为学生能参与的，把学生能参与的转化为学生能展示的。

正如本单元教学设计，教师团队研读教材上的音视频、文字、图片等多模态文本，参照同一话题下的其他教材，对所有教学材料进行资源整合，提炼出本单元的单元大观念：学习航天精神——勤奋学习，刻苦钻研，不畏挫折，努力探索自己的发展道路，立下志愿为祖国科技发展贡献自己的力量。在这一大观念下，将学科素养目标具体到每一课时中。例如：思维品质中"批判性思维"的培养主要体现在第四课时的论述利弊上；学习能力中学习策略之"关注数字"的培养体现在第一课时听说课中，体现了学科核心素养具体化、可视化和可实现化。大单元教学设计要求教师要教的转化为学生要学的，把学生要学的转化为学生能参与的，把学生能参与的转化为学生能展示的。因此，本单元的核心任务设置为航天展的筹备、展示，把航空展分为几个模块，即子任务：采访实录——了解宇航员生活及成为宇航员的要求；思维导图——梳理中外航天发展成就；学术海报——中国太空探索的成就；观点墙——太空探索之我见（支持还是反对）。最后的 Project 是为整个航天展录制一份新闻报道的视频。核心任务统领整个单元，五个子任务围绕核心任务，环环相扣又层次分明，是本单元整体教学设计的核心，做到了把教师"要教的"转化为学生"要学的"，把学生"要学的"转化为学生"能参与的"，把学生"能参与的"转化为学生"能展示的"。

而所有的核心任务和子任务的设置都应是对主题意义的探究。本单元的主题意义是什么？除了前文提及的"促使学生多维度深入了解太空探索这一前沿科学探究行为，引导学生看待太空探索对人类发展的深远意义，梳理正确的科学观"以外，在当前复杂的国内外形势下，中国的科技领域，尤其是前沿的高科技领域需要有志青年立志报国、投身其中。正确的引导应当是润物无声的，青年学子们想知道，为什么要发展航空科技？航空科技发展的成就有哪些？科研人员是如何克服重重困难的？科技人才的生活是怎样的？航天科技发展的利与弊有哪些？以航天科技为例，引导学子们埋下立志成为爱国报国的高科技领域人才的种子。

如何对主题意义进行探究？主题意义的探究不是空谈，更不是浮于表面，而是基于子任务中语言知识、语言技能、文化意识、思维品质的层层铺垫，通过子任务逐一落到实处。例如，读写课中，航天科技的发展有哪些利弊？学生通过讨论提出自己的看法，教师应当引导学生思考得更加深入。不占领高科技领域会发生什么？高额的时间、资金的投入值得吗？为什么值得？教师根据这些问题再帮助学生把想法正确地写出来。

最终效果如何？一方面，每一课时的评价量表对学生的学习情况进行监控调整；另一方面，通过学习成果展示评价主题意义探究的最终成果。例如，学生在学术海报制作时想一个合适的标题；课后指导学生自主探究中国在芯片领域、新能源领域、无人驾驶领域、通信领域等所取得的成就与面临的挑战。

综上，本单元的单元整体教学设计把对主题意义的探究视为教与学的核心任务，并以此整合学习内容，引领学生核心素养融合发展，通过课时目标的逐一完成，实现了"促使学生多维度深入了解太空探索这一前沿科学探究行为，引导学生看待太空探索对人类发展的深远意义，树立正确的科学观，引导学子们埋下立志成为爱国报国的高科技领域人才的种子"这一单元大观念。

参考文献

[1] 徐浩，屈凌云. 聚焦英语学科核心素养［M］. 北京：外语教学与研究出版社，2019.

[2] 王春易等. 从教走向学 在课堂上落实核心素养［M］. 北京：中国人民大学出版社，2021.

[3] 葛炳芳. 高中英语阅读文本解读与教学指导［M］. 北京：人民教育出版社，2022.

[4] 中华人民共和国教育部. 普通高中英语课程标准（2017 年版 2020 年修订）［S］. 北京：人民教育出版社，2020.

[5] 王蔷，周密，蒋京丽. 基于大观念的英语学科教学设计探析［J］. 课程·教材·教法，2020，40（11）：99－108.

案例四：中国航天与千年飞天梦

——人教版高中物理必修第二册第七章

摆文新　张小平　王立彦　林忠花　广蕊　邓帅

一、教学内容分析

《万有引力定律与宇宙航行》是《普通高中物理课程标准（2017 年版 2020 年修订）》必修课程必修 2 模块中的"曲线运动与万有引力定律"主题下的内容，内容要求为：通过史实，了解万有引力定律的发现过程，认识发现万有引力定律的重要意义；知道万有引力定律，会计算人造地球卫星的环绕速度，知道第二宇宙速度和第三宇宙速度。《普通高中物理课程标准（2017 年版 2020 年修订）解读》对该内容的解读为：通过史实，了解万有引力定律的发现过程；知道万有引力定律；认识发现万有引力定律的重要意义；认识科学定律对人类探索未知世界的作用；会计算人造地球卫星的环绕速度；知道第二宇宙速度和第三宇宙速度。

本节课要求学生能够结合万有引力定律和匀速圆周运动的知识，计算人造卫星的环绕速度，建构人造卫星发射和运行的空间模型。还应该通过对万有引力和卫星速度变化情况的进一步推理，了解什么是第二宇宙速度和第三宇宙速度。这些内容比较容易引发学生兴趣，相关的资源也很丰富，如有关人造地球卫星、航天飞机、空间站的视频资料等。可以充分利用这些资源，进一步激发学生学习物理的内在动机，开阔学生的视野，引导其关注人类航天事业的最新进展。

二、学情分析

学生已经学习了与本章内容相关的知识，如牛顿第二定律、圆周的线速度、周期、离心运动、向心运动、开普勒三定律等，理论上已经具备了接受万有引力定律与宇宙航行的能力。同时，近几年我国在航天事业上成就突飞猛进，这对学生学习关于宇宙、航天、卫星等相关知识有极大的促进作用。通过上一节课的探究太阳与行星间引力的规律，学生已经有一定的天文学与物理学的基础，具备一定的思维能力，为本章的学习打下了基础。同时激发了学生对天体运动知识的学习兴趣，挑起了学生的求知欲望，有助于培养学生"大胆假设、合理推广、小心求证"的科学品质和像科学家一样思考、探究的能力。

三、单元知识框架

大单元设计架构如表 4 - 29 所示。

表 4 - 29   大单元设计架构

单元大概念	相互作用与运动的关系
大单元主题	中国航天与千年飞天梦
单元内容	第 2 节：万有引力定律 第 3 节：万有引力理论的成就 第 4 节：宇宙航行
单元核心素养目标	1. 研究月球绕地球的运动规律，能用牛顿第二定律和开普勒第三定律从动力学角度，提出问题、推导得出引力表达式，并能演绎、假设推理得出万有引力定律（科学思维、科学探究） 2. 通过物理模型的建构，设计测量"地球的质量"，演绎测算所有天体质量的方法，能在得到天体质量的基础上推导出测天体密度的方法，并延伸到未知天体的发现。认识万有引力理论的成就，在天体中认识运动与相互作用的观念（物理观念） 3. 通过模型的建构，能推导出卫星的发射、变轨及进入轨道的运行过程，认识万有引力理论的成就，体会科学在航天中的迷人魅力（科学态度与责任） 4. 通过学生汇报，展示中国卫星的发射、变轨及进入轨道的运行过程，感受中国航天的发展及科学家们不断探究的科学精神和态度
课时安排	6 课时
单元核心任务	根据本单元的知识和规律设计制作一本在我国西昌卫星发射中心发射一颗卫星的操作手册。 要求： （1）发射的这个卫星主要用于通信、导航； （2）操作手册中应当包含从发射到进入轨道后运行的全过程（过程可以根据需要进行合理的模型化和简化），手册的侧重点可以小组自己确定

续 表

单元子任务及课时划分	子任务1：探究月球的运动 月球为什么能绕地球转？——从动力学角度探究行星运动的原因（第1课时） 为什么月球绕地球公转的周期约为27天？——探究行星运动规律（第2课时） 子任务2：探究地面上的苹果的运动 地上的苹果和空中的月球受力相同吗？——万有引力和重力的关系（第3课时） 子任务3：万有引力定律的应用 如何"称量"地球的质量？——万有引力的理论成就（第4课时） 抛出去的苹果能绕地球转吗？——万有引力的实践成就（第5课时） 大单元核心任务反馈与评价（学生作品展示）（第6课时）

四、教学设计

第1课时　月球为什么能绕地球转？
——从动力学角度探究行星运动的原因

（一）教学目标

（1）认识太阳对行星的引力是行星做圆周运动的动力学原因。

（2）知道根据牛顿第二定律和开普勒第三定律推导万有引力定律的过程。

（3）知道万有引力定律的内容及意义和表达式的适用范围。

（4）知道引力常量的测量原理和方法。

（二）教学重难点

教学重点：万有引力定律的推理与计算。

教学难点：建立模型的思想与推导过程。

（三）教学过程

活动一：探究月球与地球间的引力

问题情景：月球相对地球如何运动？

月球绕地球公转而不飞离地球，一定需要向心力，谁在提供向心力？

猜想1：

猜想2：

猜想3：

......

建立模型：椭圆—圆。

思考1：月球的实际运动是椭圆运动，但我们还不了解椭圆运动规律，那应该怎么办？能把它简化成什么运动呢？

思考2：既然把月球绕地球的运动简化为圆周运动，那么行星绕太阳运动可看成匀速圆周运动还是变速圆周运动？

思考3：行星绕太阳做匀速圆周运动需要向心力，那什么力来做向心力？这个力的方向是什么？

思考4：地球对月球的引力提供作为向心力，那这个力的大小与哪些因素有关呢？

科学探究。

问题：地球对月球的引力大小的相关因素？

事实：八大行星的运动快慢。

猜想：1. 质量；2. 间距；3.……

建模：匀速圆周运动。

推理：$F_{引} = F_{向}$

结论：$F = G\dfrac{m_1 m_2}{r^2}$

类比：天上的力与地下的力。

活动二：探究引力的统一性

问题情境：播放苹果落地和月球绕地球运动小视频。

目的：验证地球对地面上苹果的引力和地球对月球的引力。

思路：

（1）假定猜想成立，理论推导。

（2）实际测量。

结论：若二者结果一致，则假设成立。

若二者结果不一致，则假设不成立。

理论推导：

实际测量："天上的力"：$a_1 = 4\pi^2 r/T^2$，"地上的力"：$a_2 = R^2 g/r^2$

计算可得 $a_1 = a_2 = 2.72^{-3} \text{m/s}^2$

大胆设想：万有引力——宇宙中的一切物体间都有相互作用的引力。

活动三：理解万有引力定律

问题情境：如图 4-16 所示。

（1）图 4-16 中两个物体之间是否存在万有引力，若存在，能否使用 $F = G\dfrac{m_1 m_2}{r^2}$ 求引力大小？

图 4-16　示意图

（2）"两个物体的距离 r" 到底是指物体哪两部分的距离？

活动四：了解引力常量 G 的测定及其意义

问题情境：请同学们观察课本第 53 页的卡文迪什实验示意图，了解装置的每个部件以及其工作原理，并思考下列问题。

（1）能否通过实验测量两个物体间的万有引力，从而得到引力常量 G 的数值？这样做的困难之处是什么？

（2）卡文迪什扭秤实验是如何将微小的力测量出来？引力常量 G 的值是多少？单位如何？

课后任务：

体验一下：引力的力量。

1. 太阳与地球之间的万有引力是多大呢？（已知太阳质量 $m_太 = 2 \times 10^{30}\text{kg}$，地球质量 $m_地 = 6 \times 10^{24}\text{kg}$，日地距离 $r = 1.5 \times 10^{11}\text{m}$）

2. 月球与地球之间的万有引力是多大呢？（已知月球与地球中心之间的距离 $r = 3.8 \times 10^8\text{m}$，地球质量 $m_地 = 6 \times 10^{24}\text{kg}$，月球质量 $m_月 = 7 \times 10^{22}\text{kg}$）

3. 你与地球之间的万有引力又是多大呢？（已知地球半径 $R = 6.4 \times 10^6 \mathrm{m}$，地球质量 $m_{地} = 6 \times 10^{24} \mathrm{kg}$）

体验一下：推理的力量。

万有引力定律和牛顿第二定律说明：开普勒第三定律中 k 是一个与行星无关，只与太阳有关的常量。

第 2 课时　为什么月球绕地球公转的周期约为 27 天？
——探究行星运动规律

（一）教学目标

（1）能通过情境问题从动力学角度设计出探究月球公转周期 27 天的基本思路。

（2）能通过情境问题从动力学角度探究出卫星轨道的特点。

（3）能通过情境问题从动力学角度探究同步卫星高度、线速度。

（4）能通过情境问题从动力学角度探究天宫空间站中万有引力、重力、向心力关系和完全失重现象。

（二）教学重难点

教学重点：环绕天体的轨道半径、周期、角速度、线速度、向心加速度。

教学难点：同步卫星的参数，完全失重。

（三）教学过程

活动一：探究月球绕地球公转周期约为 27 天

科学小知识：

（1）地球是距离太阳的第三颗行星，也是人类已知的唯一孕育和支持生命的天体。地球的表面大约 29.2% 是由大陆和岛屿组成的陆地，剩余的 70.8% 被水、冰川覆盖，地球的质量约为 $5.965 \times 10^{14} \mathrm{kg}$。

（2）地球不是一个规则的物体。首先，它不是正球体，而是椭球体，地球自转的效应使得沿贯穿两极的地轴方向稍扁，赤道附近略有隆起；其次，地球的南极、北极也不对称，就海平面来说，北极稍凸，南极略凹；最后，地球的外部地形起伏多变。这些因素对测量地球半径是有影响的，地球半径平均大约 6371.393km。

（3）月球质量则接近 7.342×10^{22}kg，相当于地球的 0.0123 倍。

（4）月球其平均半径约为 1737.10km，相当于地球半径的 0.273 倍。

（5）月球与地球近地点的距离 36.3 万千米，远地点的距离 40.6 万 km，地、月球的平均距离 384403.9km.

请同学们从小知识中获取有用信息，探究为什么月球公转周期约为 27 天。

活动二：探究卫星轨道的特点

问题情境：如图 4－17 所示，a、b、c 三条可能存在的卫星轨道。

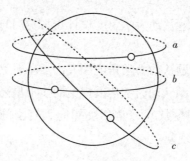

图 4－17　卫星轨道

（1）哪些可能是卫星轨道？请说明原因。

（2）哪条轨道可能不是卫星轨道？请说明原因。

活动三：探究同步卫星位置、高度、线速度.

问题情境：

（1）如 4－17 图所示，b、c 两条卫星轨道中，哪条轨道满足同步卫星轨道的条件？请说明原因。

（2）如图 4－18 所示，与地球赤道处于同一平面内的 a、b 两条轨道都是同步卫星轨道吗？请说明原因。

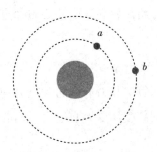

图 4 – 18 卫星轨道平面图

科学小知识：

① 地球的质量约为 5.965×10^{14} kg。

② 地球的外部地形起伏多变（这对测量地球半径是有影响的），平均大约 6371.393km。

请同学们从小知识中获取有用信息，探究同步卫星距离地面的高度和同步卫星的线速度。

活动四：万有引力、向心力关系和完全失重现象

问题情景：天宫空间站中宇航员王亚平最潮发型"一发冲天"说明什么问题？你如何理解空间站中万有引力、向心力关系和完全失重现象？

课后任务：

天宫空间站轨道高度约为400km，请利用"科学小知识"中有效信息估算天宫空间站的①速度；②周期；③角速度；④向心加速度；⑤宇航员王亚平的引力。

第3课时 地上的苹果和空中的月球受力相同吗？
——万有引力和重力的关系

（一）教学目标

（1）能猜想出物体在地球上不同位置重力不同的原因。

（2）能通过处理实际数据发现重力仅是地球对地面物体万有引力的一个分力，并验证另一个分力是物体随地球自转所需的向心力。

（3）会利用力的示意图画出地球上的物体在不同纬度所受万有引力、向心力、重力三者的关系；分析出物体所受向心力和重力取最大值和最小值时所处的位置。

（二）教学重难点

教学重点：通过数据运算寻找万有引力和重力的关系。

教学难点：分析出不同纬度所受万有引力、向心力、重力三者的关系。

（三）教学过程

活动一：万有引力和重力是一个力吗

（1）问题情境：我们学完第 1 课时月–地检验的学习，证实了地球对地球上物体的吸引力与地球对月球的吸引力属于同一种性质的力。根据万有引力定律 $F = \dfrac{Gm_1m_2}{r^2} = G_1$ 分析知，在地球上不同位置重力应该都是一样大的。可事实上，地球不同纬度位置测量的重力加速度 g 并不相同，也就是说，重力大小随着纬度在发生着变化，这是为什么呢？

提出猜想：你猜想是什么原因使物体在地球不同纬度所受重力不同？

① $F = \dfrac{Gm_1m_2}{r^2}$ 与 G_1 不是同种性质的力。第 1 课时观点是错的……

② $F = \dfrac{Gm_1m_2}{r^2}$ 与 G_1 是同种性质的力。只是还有些问题我们没有发现解决，我们需要修正……

（2）理论推导：在赤道处的台秤上放一静止的物体。

① 台秤受到的压力、物体受到的支持力、重力有什么关系？

② 物体受到的引力、支持力和向心力有什么关系？

试推导关系：＿＿＿＿＿＿＿＿＿＿＿

（3）实践验证。

> 科普小知识：
> ① 地球赤道附近重力加速度约为 $g_赤 \approx 9.78\text{m/s}^2$。
> ② 地球的外部地形起伏多变，半径大约 $R_地 \approx 6.37 \times 10^6\text{m}$；质量大约 $M_地 = 5.97 \times 10^{24}\text{kg}$。
> ③ 地球自转周期 $T_自 \approx 24\text{h}$。

假设赤道上有一个质量为 10kg 的西瓜，请各小组从科普小知识中获取有用信息，计算出西瓜受到的万有引力、重力、向心力，验证它们的关系是否成立。

（4）小组展示得出结论：

① 地面上的物体真实受到的是和。

② 重力是万有引力的一个力，另一个效果力是自转所需的。

（5）外推：从赤道外推到任意位置。

① 如图 4 - 19 所示，如果将物体放在地球上任意位置，画出万有引力、重力和向心力的力的示意图？

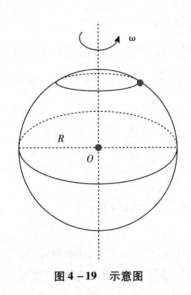

图 4 - 19　示意图

② 物体实际受到的是哪些力？

③ 如何从合力和分力的角度理解这些力之间的关系？

（6）课后任务：

① 说出地球表面重力加速度的变化规律，并解释原因。

② 将一个质量为 m 的物体在地球北极和赤道测得其重量分别为 G 和 G'，地球半径为 R，请推测地球自转周期的表达式。

第 4 课时 如何 "称重" 地球的质量？
——万有引力的理论成就

（一）教学目标

（1）通过情境问题引导，设计理论 "称重" 地球质量的基本思路，并推导测量地球质量和密度。

（2）通过情境问题设计，小组讨论理论测太阳质量的基本思路，并推导测量太阳质量和密度。

（3）能将天体问题中的对象和过程转化成物理模型进行类比，测量任意天体质量和密度。

（4）根据万有引力定律计算发现海王星和预测哈雷彗星的再次回归，感受万有引力定律的理论作用和意义。

（二）教学重难点

教学重点：设计天体质量和密度的测量方案。

教学难点：测天体质量和密度的理论推导。

（三）教学过程

活动一：如何 "称量" 地球的质量

问题情境：

（1）在初中，我们知道生活中物体的质量常用电子秤或台秤来称量，比如一瓶水、一支笔、一个橘子、一辆卡车等。那么，我们能否用这种方法 "称量" 一下地球的质量呢？存在什么困难？

（2）能否利用地球上的物体与地球之间的万有引力，从万有引力定律的角度，测量地球的质量？

（3）为了测出地球的质量，我们需要做怎样的简化模型？

（4）"称量" 地球质量需要测量的是哪些量？

小组讨论展示。

小组比赛。

科学小知识：

① 国际上将纬度 45° 的海平面精确测得物体的重力加速度 $g = 9.8\mathrm{m/s^2}$ 作为重力加速度的标准值。

② 地球的外部地形起伏多变，半径 $R_{地} \approx 6.37 \times 10^6\mathrm{m}$；

③ 引力常数 $G = 6.67 \times 10^{-11}\mathrm{Nm^2/kg^2}$。

根据科学小知识，试推导地球质量的表达式并计算其质量。你如何理解卡文迪什把测量 G 的实验称为"称量"地球的质量？小组代表进行展示。

地球知识小科普：地球的重量约为 $5.965 \times 10^{24}\mathrm{kg}$。差不多就是 60 万亿亿吨。地球是太阳系八大行星之一，按离太阳由近及远的次序排为第三颗，也是太阳系中直径、质量和密度最大的类地行星，距离太阳 1.5 亿 km。地球自西向东自转，同时围绕太阳公转。现有 40~46 亿岁，它有一个天然卫星——月球，二者组成一个天体系统——地月系统，46 亿年以前起源于原始太阳星云。

活动二：如何测量太阳的质量？

问题情境：

（1）我们能不能用称量地球质量的方法计算太阳的质量？困难在哪？

（2）那我们可不可以借助行星绕太阳的运行，利用牛顿第二定律测量出太阳的质量？

（3）为了运用牛顿第二定律，我们需要寻找怎样的可观测的情境？

（4）为了计算太阳的质量，我们又需要做怎样的简化？需要测量哪些物理量？

（5）此方法是否可以测算地球的质量、火星的质量、月球的质量？需要的条件是什么？

（6）对比两种测量天体质量的方法，其会从哪些方面带来误差？

（7）上述两种方法能否测量出环绕体的质量？为什么？

（8）在推导测太阳质量的表达式过程，你是否发现或解释开普勒第三定律 k 值由中心体 M 质量决定？

（9）小组讨论：能否在以上两种测质量的方法基础上进一步测出天体的

密度?

小组讨论展示:科学研究无极限,今天仅是用笔尖拉开万有引力的理论成就序幕……测量远不止这些,我们还需继续……

活动三:发现未知天体及其他成就

(1) 18 世纪,人们发现天王星的运动轨道有些"古怪":根据万有引力定律计算出来的轨道与实际观测的结果总有一些偏差。你认为这可能是因为什么?

(2) 海王星为什么被称为"笔尖上发现的行星"?

(3) 彗星是怎样从神秘的现象回归到正常的天文现象的?

(4) 你是怎样理解"科学真迷人"这句话的?

课后任务:

(1) 课下查阅关于太阳的科学小知识,测量出太阳的质量和密度。

(2) 相比其他行星,火星与地球最为相似,火星与地球最为相似的是 24.62 小时的自转周期,这只比地球 24 小时的自转周期慢了 30 多分钟,火星具有类似地球的昼夜交替现象,这为未来人类移民火星生活提供了便利。请通过查阅火星资料获取信息数据,测量出火星的质量和密度。

第 5 课时　抛出去的苹果能绕地球转吗?
——万有引力的实践成就

(一) 教学目标

(1) 通过对抛出去的苹果的运动研究和讨论,了解人造地球卫星的最初构想,建立宇宙速度的概念,理解第一宇宙速度、第二宇宙速度、第三宇宙速度的物理含义。

(2) 借助"苹果情境",利用平抛知识推导第一宇宙速度,培养抽象建模和推理论证的物理思维,从建立"匀速圆周运动模型"的最大环绕速度与第一宇宙速度大小相等再次体验能量守恒的思想。

(3) 体会从苹果到卫星的模型建立过程,了解发射速度与环绕速度的区别和联系。

(4) 通过物体受到的万有引力和所需向心力的关系解决卫星变轨问题,建立与万有引力定律相关的运动和相互作用观。

（二）教学重难点

教学重点：理解并计算第一宇宙速度。

教学难点：人造卫星运行速度与卫星发射速度的区别。

（三）教学过程

活动一：在忽略空气阻力的情况下，在高山上水平抛出去的苹果做什么运动？

小组讨论后，写下你的想法，画一画你想象中苹果的运动示意图：

活动二：研究以多大的速度将苹果抛出，它才会成为绕地球运动的卫星呢？

由于发射一个近地卫星最为容易，所以我们先讨论：以多大的速度将苹果抛出，它才会成为绕地球表面运动的卫星？请同学们结合平抛运动和数学知识进行推导。

结论：以大于第一宇宙速度的速度将苹果抛出，它才会成为绕地球表面运动的卫星（近地卫星）。

想把卫星发射到更高的轨道上，那么需要的发射速度就越大，因此想在地球上发射一颗卫星，最小的发射速度约为 7.9km/s，这就是地球的第一宇宙速度。

算一算：根据本单元第 2 课时所学知识，计算一下苹果成为绕地球表面运动的卫星后，它环绕的线速度是多大呢？

已知常量：地球半径 $R = 6400$km，引力常量 $G = 6.67 \times 10^{-11} \mathrm{N} \cdot \mathrm{m}^2/\mathrm{kg}^2$，地球质量 $M = 5.97 \times 10^{24}$kg，苹果质量 $m = 0.25$kg

分析与思考：

（1）这里计算出的绕地球表面运动的卫星（近地卫星）的环绕速度为什么等于发射卫星的最小的发射速度？

（2）把卫星发射到越高的轨道上需要越大的发射速度，但是在越高的轨道其环绕速度越小，为什么？

探究：若卫星的发射速度大于 7.9km/s，会怎样呢？

当物体受到万有引力物体所需向心力，做离心运动。

当物体受到万有引力物体所需向心力，做近心运动。

小结：

发射速度满足：$v < 7.9$km/s，物体运动情况为＿＿＿＿＿＿＿＿＿＿＿。

发射速度满足：$v = 7.9 \mathrm{km/s}$，物体运动情况为＿＿＿＿＿＿＿＿＿＿。

发射速度满足：$7.9 \mathrm{km/s} < v < 11.2 \mathrm{km/s}$，物体运动情况为＿＿＿＿＿＿。

发射速度满足：$11.2 \mathrm{km/s} \leqslant v < 16.7 \mathrm{km/s}$，物体运动情况为＿＿＿＿。

发射速度满足：$16.7 \mathrm{km/s} \leqslant v$，物体运动情况为＿＿＿＿＿＿＿＿。

自评标准：能快速回答且答对 1 空得 1 分，我的得分为＿＿＿＿＿＿分。

活动三：研究卫星如何变轨

思考：人造卫星在低轨道上运行，要想让其在高轨道上运行，应采取什么措施？

思路引导（见图 4 - 20）。

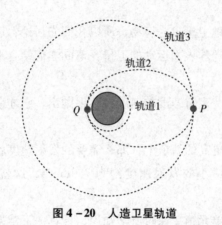

图 4 - 20 人造卫星轨道

（1）在轨道 1 做圆周运动时，万有引力与卫星所需向心力在 Q 点应满足怎样的关系？

（2）如果要在 Q 点变到椭圆轨道 2 上运动，则在 Q 点就要做什么运动运动？万有引力与卫星所需向心力在 Q 点应满足怎样的关系？由此可见，速度 v_2、v_1 之间满足怎样的关系？因此，卫星需要在 Q 点进行怎样的操作？

（3）在轨道 2 做椭圆运动时，在远地点 P 点做的是什么运动？如果要在 P 点变到更高的圆轨道 3 上运动，则 P 点就要做什么运动？万有引力与卫星所需向心力在 Q 点应满足怎样的关系？由此可见，速度 v_2、v_1 之间满足怎样的关系？因此，卫星需要在 Q 点进行怎样的操作？

课后任务：

（1）课后思考（选作）。

① 分析上图中卫星在轨道 1 上经过 Q 点和在轨道 2 上经过 Q 点的加速度大小关系。

② 图 4－20 中的卫星在轨道 3 上运动，如果想要回收这颗卫星，你认为应该怎样操作呢？

③ 阅读人教版高中物理必修二教材第 64—65 页的资料，了解航天事业如何改变人类生活。

（2）单元核心任务（必做）。

根据本课时所学知识，继续完善单元核心任务作品，期待下节课你们的展示！

第 6 课时　中国卫星的发射、变轨及进入轨道是怎样一个运行过程？

（一）教学目标

（1）合作完成卫星发射的整个过程解说。

（2）根据本单元的知识和规律设计制作一本发射一颗卫星的操作指导手册。

（3）操作手册中应当包含从发射到进入轨道后运行的全过程（过程可以根据需要进行合理的模型化和简化），手册的侧重点可以小组自己确定。

（二）教学重难点

教学重点：卫星的发射与变轨问题。

教学难点：宇宙速度与环绕速度的区别。

（三）教学过程

第一组学生展示：同步卫星的功能及作用

通信卫星是指在地球轨道上作为无线电通信中继站的人造地球卫星。通信卫星一般采用地球静止轨道，这条轨道位于地球赤道上空 35786km 处。通信卫星是卫星通信系统的空间部分。一颗地球静止轨道通信卫星大约能够覆盖 40% 的地球表面，使覆盖区内的任何地面、海上、空中的通信站能同时相互通信。

第二组学生展示：同步卫星的运行规律及特点

（1）轨道平面一定：轨道平面和赤道平面重合。

（2）周期一定：与地球自转周期相同，即 $t = 24\text{h}$。

（3）角速度一定：与地球自转的角速度相同。

（4）高度一定：据 $\dfrac{GMm}{r^2} = \dfrac{m4\pi^2}{T^2} \cdot r$ 得 $r = 4.24 \times 10^4\,\text{km}$ 卫星离地面高度

$h = r - R = 6R$

（5）速率一定：运动速度大小 $v = 3.08$km/s（为恒量）。

（6）绕行方向一定：与地球自转的方向一致。

第三组学生展示：同步卫星的发射全过程

卫星发射一共有以下 8 个步骤：

（1）发射前准备。

（2）点火。

（3）整流罩脱离。

（4）一级脱离。

（5）二级脱离。

（6）三级脱离。

（7）进入预定轨道。

（8）卫星开始运行。

第四组学生展示：定性分析同步卫星的变轨发射过程

（1）卫星行驶轨道。

团队思考：人造卫星在低轨道上运行，要想让其在高轨道上运行，应采取什么措施？

在低轨道上加速，使其沿椭圆轨道运行，当行至椭圆轨道的远点处时再次加速，即可使其沿高轨道运行。

（2）卫星的回收。

团队思考：人造卫星在地球静止轨道，要想让其回到地球，应采取什么措施？

在地球静止轨道减速，使卫星进入椭圆轨道在椭圆轨道近地端再次减速进入近地轨道在近地轨道减速到零使卫星安全落回地面。

第五组学生展示：定量分析同步卫星的变轨发射过程

（1）发射到近地圆轨道（$v = 7.9$km/s）。

（2）启动卫星自带的发动机使卫星加速一段时间，加速完成之后卫星进入椭圆轨道（v 从 7.9km/s 加速到 10.4km/s）。

（3）当卫星到达椭圆轨道远地点时，再次启动发动机，卫星进入同步轨道（远地点速率减小到 1.57km/s，加速使得 $v = 3.1$km/s）。

第六组学生展示：应用动力学规律分析同步卫星的发射与运行

（1）卫星从近地点运动到远地点的过程中，速度不断减小，动能不断变小。

（2）卫星从近地点运动到远地点的过程中，和地球的相对高度不断增大，引力势能不断增大。

（3）卫星在绕地球运动过程中，没有受到任何阻力作用，机械能守恒。

（4）卫星的加速度是由地球对卫星的引力提供的。

（5）卫星由近地点向远地点运行时，距离越来越远，引力越来越小，所以，加速度越来越小。

（6）卫星在近地点时引力加速度和近地圆轨道上的相同，即 $a_1 \approx 9.80214 m/s^2$。

（7）卫星在远地点时引力加速度和静止轨道上的相同，即 $a_2 \approx 0.2216148 m/s^2$。

其实，卫星在运动过程中，本来就已经接近于完全失重状态。若是匀速圆周运动，那就是处于完全失重状态。

（四）教学评价

核心任务展示评价量规如表 4 – 30 所示。

表 4 – 30　核心任务展示评价量规

维度	三星☆☆☆	二星☆☆	一星☆	评价星级
学科核心素养呈现	参与单元核心任务实施，并设计制作一本在我国西昌卫星发射中心发射一颗卫星的操作手册，手册中包含该卫星的用途；能基于相互作用观、运动观、能量观对卫星从发射到进入轨道后运行的全过程进行分析	参与单元核心任务实施，并能设计制作一本在我国西昌卫星发射中心发射一颗卫星的操作手册，手册中应当包含该卫星的用途，并对卫星从发射到进入轨道后运行的全过程进行详细分析	参与单元核心任务实施，并能设计制作一本在我国西昌卫星发射中心发射一颗卫星的操作手册，手册中能对卫星从发射到进入轨道后运行的全过程进行简单介绍	
核心任务呈现	设计精美，模型构建准确，运动过程和受力分析正确，PPT 制作精美，书写清楚，其他小组能通过 PPT 清晰看出所要表达的结论和支撑证据	设计合理，模型构建恰当，运动过程和受力分析正确，能使用 PPT 的形式梳理小组观点，其他小组能通过 PPT 看出所要表达的观点	运动过程和受力分析不准确，物理量观点不清晰或不合理，且 PPT 内容制作混乱	

续 表

维度	三星☆☆☆	二星☆☆	一星☆	评价星级
小组合作展示呈现	表达流畅、思路清晰、自信大方，小组分工明确，共同完成	比较完整地介绍作品，能体现小组合作	内容单薄，且没有体现小组合作	

案例五：《烃的衍生物》教学设计

——人教版高中化学选择性必修 3 第三章

蔡霞　陈璐　姜姿伊　周倩

一、主题单元框架图

参见图 4 – 21。

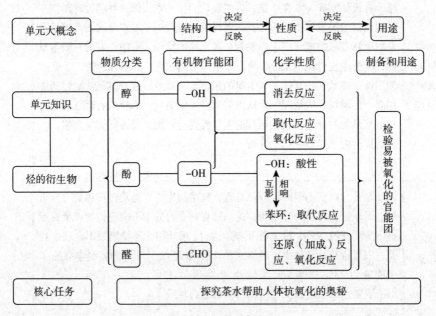

图 4 – 21　单元框架

二、单元大概念

物质的结构决定性质，性质决定用途。

三、单元核心任务

探究茶水帮助人体抗氧化的奥秘。

四、单元蕴含的思政元素

茶文化起源于中国，中国是茶的故乡，以茶文化为背景，有助于树立学生的民族共同体意识和文化自信，而文化的认同感则能够降低学生对复杂化学知识的抵触；茶文化中的茶疗养生知识易于激发学生的探究欲，其抗氧化功效与本单元中有机化合物的官能团性质有密切联系，有助于串联大单元知识体系，是符合新课标要求的情境问题。

五、单元教学目标

（1）通过认识茶叶中的易氧化官能团，从结构角度理解官能团能够体现有机化合物的化学性质，加深对结构决定性质的单元大概念的感悟和理解。

（2）通过对典型代表物乙醇、苯酚、乙醛的学习，分析和推断其他醇、酚、醛的化学性质。

（3）通过分析醇羟基、酚羟基、醛基等官能团的结构特点，领悟有机反应的重要特征是官能团的转化，并从断键和成键的角度认识有机化合物的转化，建立宏观与微观的联系。

（4）能够从官能团的结构角度，分析陌生有机化合物的结构和可能的物理性质、化学性质。

（5）能够应用相关化学知识，完成茶水中有机官能团的检验，并理解茶水抗氧化功效的化学原理。

（6）通过实验探究和分析讨论，感悟"结构决定性质，性质决定用途"的化学学科单元大概念，在应用"研究有机化学的一般方法和思路"的过程中，体验有机化学研究物质的过程和成就感，培养学生科学探究的意识和运用知识解决实际问题的能力。

（7）在从化学角度探究茶文化的氛围中，感悟中国传统文化魅力，厚植爱国情怀，树立文化自信，培养对中国文化、中华民族的认同感和归属感。

六、教学重难点

教学重点：

（1）根据醇羟基、酚羟基、醛基的结构特点，描述和分析乙醇、苯酚和乙醛的重要反应并写出相关的化学方程式。

（2）分析和推断醇、酚、醛的化学性质，并根据有关信息书写相应的化学方程式。

（3）综合应用相关知识，设计实验完成有机物的结构或性质检验，进一步熟悉研究有机化合物的一般方法。

（4）在传统文化氛围中，学习从科学探究的角度，理解物质的某些用途是其结构和性质的反映，继续构建"结构决定性质，性质决定用途"的单元大概念。

教学难点：

（1）构建"结构决定性质，性质决定用途"的单元大概念。

（2）设计实验进行有机化合物官能团的检验。

（3）总结和应用有机物研究的一般方法，解决实际问题。

七、教学目标

参见表 4－31。

表 4－31 课时教学目标

课时	子任务	课时目标
课时1：有机化学之茶韵清"醇"	研究茶叶中可能的易被氧化的结构——醇羟基	1. 通过认识茶叶中的醇类物质，关注生活，并学会利用已知的化学知识解释生活中的实际问题 2. 通过学习乙醇的化学反应，领悟有机反应的重要特征是官能团的转化，并从断键和成键的角度认识有机化合物的转化，建立宏观与微观的联系 3. 类比卤代烃的学习方法推测乙醇的性质，应用已知模型解释物质的结构、性质与变化，并得出合理的结论，发展证据推理意识 4. 通过对乙醇消去反应的发生条件及副反应的学习，领悟化学变化是有条件的，能从不同视角认识化学变化的多样性

续　表

课时	子任务	课时目标
课时2：有机化学之茶香"酚"芳	研究茶叶中可能的易被氧化的结构——酚羟基	1. 知道酚的组成及结构特点，能够辨识酚类物质 2. 知道苯酚的物理性质及用途 3. 能够基于苯酚的结构分析其化学性质，并且设计实验验证其化学性质 4. 能够有意识地从键的转化角度概括酚的化学性质，从苯环和羟基相互影响的角度分析苯酚的化学性质
课时3：有机化学之茶意缱"醛"	研究茶叶中可能的易被氧化的结构——醛基	1. 知道醛的组成及结构特点，能够辨识醛类物质 2. 知道醛的物理性质及用途 3. 能够基于醛的结构分析其化学性质，并且设计实验验证其化学性质
课时4：有机化学之探"茶"究竟	检验发酵熟茶中易被氧化的官能团	1. 通过观察官能团的结构特点，归纳并对比碳碳双键、醇羟基、酚羟基和醛基的化学性质 2. 能够应用有机化合物研究的一般方法，设计实验，检验有机化合物中的部分常见官能团 3. 应用所学知识，在真实情境中培养发现问题，解决问题的能力，体验科学探究的乐趣和价值

八、单元课时教学设计

第1课时　有机化学之茶韵清"醇"

（一）教学内容分析

本节内容出自人教版高中化学选择性必修3有机化学基础第三章《烃的衍生物》第二节"醇酚"，本节课从必修课程到选择性必修课程，教学内容是螺旋上升的，从典型代表物乙醇到醇类；从基于乙醇的具体性质等宏观现象的认识角度到基于乙醇分子化学键特点等微观结构的认识角度；从对乙醇性质的孤立认识到醇类性质和转化规律的整体认识，进而上升到对化学键与有机反应关系的系统认识。提炼"结构决定性质，性质决定用途"这一核心大概念，通过情境创设、活动设计，实现从知识到能力、从能力到素养的阶梯式发展。

（二）学情分析

（1）知识储备：学生在高一必修阶段已经学习了乙醇的结构、物理性质和部分的化学性质；在选择性必修阶段，已经学习了卤代烃的相关性质，知道初步的有机物性质研究方法，并具有一定运用所学知识解决问题的能力。

（2）认知特点：学生具备一定的实验探究能力，对于小组合作学习的方式表现积极，可以在教师的引导下类比迁移，初步具有学习有机物性质的基本思路，但缺少解决实际问题的经验和方法。

（3）心理特征：学生对于生活中的醇类物质有部分的接触，对于醇类性质在生活、生产中的应用有初步的了解。对于我国的茶文化易产生情感共鸣，对茶叶中含有的有机化合物表现出强烈的好奇心。

（三）教学重难点

教学重点：乙醇的结构特点和主要化学性质。

教学难点：依据有机化合物的结构预测其化学性质。

（四）教学过程

环节一：提出问题，假设猜想

教师活动：引入。近期老师在网络上看到一则视频，与同学们分享，茶水有帮助人体抗氧化的作用中国茶——神奇的东方树叶，历史悠久，包含万千。

学生活动：学生观看视频，通过视频了解饮用茶水对身体的益处之一是具有抗氧化作用。

思考：茶水帮助人体抗氧化，是否与茶叶中含有醇类物质有关？茶叶中可能的易被氧化的结构可能是醇羟基。

环节二：分析结构、预测性质

任务1：对比分析，模型认知。

请同学们写出乙烷、溴乙烷、乙醇的结构式，并搭建三者的球棍模型，对比三个物质结构的异同。教师总结，乙醇的化学性质与其他物质的不同主要是因为官能团的不同，因此，得出结论：醇的化学性质主要由官能团决定。

任务2：小组合作，讨论分析。

（1）写出我们学过的有关乙醇的化学方程式。

（2）搭建以上反应的球棍模型，并分析乙醇的哪些化学键发生了变化？

讲解：依据大家的分析，乙醇分子在铜或银作催化剂等条件下可以断裂氢氧键和碳氢键，失去氢原子，发生催化氧化反应，生成乙醛，实现由醇到醛的转化。

请同学们从分子结构角度思考，醇催化氧化为醛的条件是什么？

教师总结：与羟基直接相连的碳上有 2 个氢原子，醇可以发生氧化反应生成醛；与羟基直接相连的碳上有 1 个氢原子，醇可以发生氧化反应生成酮；与羟基直接相连的碳上无氢原子，醇不能发生催化氧化反应。

任务 3：对比分析，交流讨论。

对比溴乙烷的化学性质，通过分子结构的角度，推测乙醇可能还有哪些化学性质？

教师总结：乙醇分子中由于氧原子吸引电子能力比氢原子、碳原子强，氢氧键和碳氧键的电子都向氧原子偏移。因此，羟基在发生化学反应时，羟基中氢原子容易被取代。同样，碳氧键也容易断裂，可以发生取代或者消去反应。

环节三：实验验证，关注反应条件对化学反应的影响

任务 1：乙醇还能否被其他强氧化剂氧化呢？现在，我们用常见的氧化剂酸性重铬酸钾进行验证。

任务 2：通过对比结构，同学们推测乙醇分子中的碳氧键也可以断裂，乙醇可能像卤代烃一样发生消去反应和取代反应。接下来老师就用实验证明乙醇能否发生消去反应。教师介绍实验装置与药品，进行实验。

任务 3：问题思考——乙醇的消去反应实验。

（1）如何证明产物不饱和键的存在呢？

（2）为何使液体温度迅速升到 170℃？

（3）浓硫酸的作用是什么？

（4）NaOH 溶液的作用是什么？

（5）烧瓶内液体颜色逐渐加深，最后变黑的原因是什么？

（6）产生的乙烯气体用什么方法收集？

拓展延伸：对比溴乙烷与乙醇消去反应的异同，并引导学生书写多羟基醇的消去反应。

环节四：总结方法、整理提升

任务 1：通过今天的学习，请同学们思考自己通过什么方法学习了乙醇新的化学性质？

总结概括：通过分析有机物结构中官能团、化学键的异同预测可能的化学性质，判断反应类型，通过实验证明推测正确性。这一过程均采用类比已学物质和性质进行学习并迁移。通过本节课所学乙醇的化学性质，得出茶叶中易被氧化的结构是羟基这一结论。

任务2：以小组为单位使用有机化合物魔贴，构建乙醇的化学性质知识框架。

建议：从乙醇的分子结构入手，梳理化学键的断键位置与反应类型之间的联系，以及物质间的转化关系。

（五）作业设计

拓展学习：以下两个任务任选一项完成。

任务1：尝试利用有机化合物魔贴构建已学烃及烃的衍生物化学性质知识框架，从结构入手，总结化学键的断键位置、反应类型，梳理物质之间的转化关系。

任务2：假如你是茶叶品鉴师，请通过多种方法区分新茶与陈茶，撰写"新茶与陈茶鉴别指南"

第2课时　有机化学之茶香"酚"芳

（一）教学内容分析

苯酚，位于高中化学选择性必修3有机化学基础第三章第二节的第2课时。从教材结构上看，本节内容安排在"乙醇"之后，苯酚和乙醇的结构中都含羟基，学生已初步掌握了官能团对有机物特性的决定性作用，对乙醇中的官能团羟基的性质也有较深的理解和掌握，并且通过之前甲苯的学习初步形成了"分子内基团间相互影响"的思想。教材在这一基础上紧接着安排苯酚有其独特的作用，因为苯酚的结构中既含有苯环又含有羟基，通过苯酚性质的学习可进一步加强学生对羟基官能团性质的掌握。苯酚性质与乙醇、苯的性质又有一定的不同之处，从而使学生更加深入地理解基团间相互影响对物质性质带来的改变。

（二）学情分析

（1）知识储备：知道苯、甲苯及醇类物质的结构、性质及相关化学反应。

（2）能力储备：知道一些官能团对应的化学性质及反应类型，具备了一定的有机化合物结构和性质分析方法的基础，也具备了一定的实验操作能力。

（3）心理特征：酚和醇有着相同的官能团，为什么它们的性质却不一样？如此一来，课前学生就会有强烈的求知欲，也充分调动了学生的学习积极性。

（4）待提升的能力：

① 在分析陌生有机物时，能从键的极性角度进行结构和性质有序预测的方法。

② 基于基团之间相互影响进行分析，对有机化合物的性质如何造成影响。

（三）教学重难点

教学重点：基于苯酚的结构分析其化学性质，并且设计实验验证其化学性质。

教学难点：从苯环和羟基相互影响的角度分析苯酚的化学性质，完善从结构角度分析物质化学性质的思路方法。

（四）教学过程

环节一：趣味实验，引入新课

教师活动：化学魔术——茶水变葡萄汁，向 $FeCl_3$ 溶液中加入少量茶叶水，茶水变色的奥秘是什么呢？

学生活动：观看实验，思考茶水变葡萄汁的奥秘。

环节二：结构分析，预测性质

任务1：通过分析苯酚的结构，可以预测苯酚的溶解性如何？你的预测依据是什么呢？

任务2：根据苯酚的结构特点并结合已有知识，预测苯酚化学性质（见表4-32）。

表4-32　苯酚化学性质

	反应试剂及条件	断键部分	反应类型	反应产物
① ② 结构				
③ 结构				

环节三：分组实验，探究苯酚性质

任务1：探究羟基氢的活性，教师演示苯酚与钠反应的实验，引导学生从结构的角度（电子效应、氧氢键极性变化）分析苯酚中氧氢键的活性比乙醇中氧氢键的活性高。

任务2：探究苯环对羟基的影响，探究苯酚的酸性，组织学生设计实验方案，进行实验验证，得出实验结论。

任务3：如何比较苯酚的和碳酸的酸性强弱？

任务4：探究羟基对苯环的影响，以溴代反应为例（见表4-33）。

表4-33 溴代反应

项目	苯酚	苯
反应物		
反应条件		
产物		
结论		
原因		

环节四：总结提升

教师活动：展示苯酚在生产生活中的广泛用途。介绍苯酚软膏的使用说明书及注意事项体现了苯酚的什么性质？

（五）作业设计

课后小组作业：

（1）检验市面上出售的茶饮料中是否含有茶叶成分。

（2）尝试利用有机化合物魔贴构建苯酚化学性质知识框架，从结构入手，总结化学键的断键位置、反应类型，梳理物质之间的转化关系。

第3课时　有机化学之茶意缱"醛"

（一）教学内容分析

本节内容出自人教版高中化学选择性必修3有机化学基础第三章《烃的衍生物》第三节"醛酮"，本节内容主要包括醛和酮。根据课程标准的要求，教材重点介绍醛，简单介绍酮，由2课时完成。第一部分介绍乙醛的性质。先介绍乙醛的物理性质，紧接着分析醛基官能团的特点，介绍乙醛的化学性质，即加成反应和氧化反应。在介绍加成反应时，分别介绍了乙醛与氢气、氰化氢的加成反应。教材中乙醛的氧化反应包括 3 个典型反应，即银镜反应、与新制氢氧化铜的反应以及与氧气的反应。另外，教材通过"思考与讨论"栏目，要求学生运用有机反应规律说明乙醇、乙醛和乙酸三者之间的转化关系，进一步强调官能团的转化，关注有机化合物官能团转化的基本规律。

（二）学情分析

（1）知识储备：学生在学习本节之前，已经具有了卤代烃、醇、酚等烃的衍生物的学习经验，掌握了碳碳双键等官能团的特点，学会了从分子中化学键断裂的角度和化学键极性的角度推测物质性质的方法。

（2）认知特点：学生具备一定的实验探究能力，对于小组合作学习的方式表现积极，可以在教师的引导下类比迁移。

（3）心理特征：学生对于生活中的醛类物质有部分的接触，如甲醛在生活中对人类有害的一面和有用的一面。那么为什么会有这些方面呢？学生对利用已知的化学知识解释实际问题具有较高兴趣。

（三）教学重难点

教学重点：乙醛的结构特点和主要化学性质。

教学难点：乙醛的亲核加成原理，乙醛的氧化反应及相关化学方程式的书写。

（四）教学过程

环节一：提出问题，假设猜想

教师活动：引入。中国茶——东方神奇的树叶，历史悠久，包罗万千。最是一年春好处，唯有春茶不可负；品得春茶一口鲜，胜过人间三月天！那么新茶和陈茶又该如何鉴别呢？

学生活动：思考，回答。请同学们根据自己的生活常识鉴别哪袋是新茶？

环节二：分析结构、预测性质

任务 1：请同学们找出以下四种官能团中相同的结构，并回答问题。

问题 1：羰基中碳原子的杂化方式？形成的共价键类型有哪些？

问题 2：通过电负性分析羰基中的碳氧双键属于的共价键类型？（极性/非极性）

问题 3：分析羰基中碳原子和氧原子所带的电性。

任务 2：请同学们基于羰基的结构特点预测乙醛的反应位点和反应类型，小组讨论，合作完成表格。

教师总结：通过四个分析的角度得出乙醛由于含有不饱和键、键的极性、基团之间的相互影响可以找到有 3 个反应位点。

任务 3：根据反应机理推测产物。

请同学们先分析亲核反应的机理，根据机理推测产物，小组讨论，合作完成表格。

教师总结：亲核加成反应遵循电性匹配原则，羰基中的碳原子和氧原子的电负性差异，使得碳原子带部分单位的正电荷，氧原子带部分单位的负电荷，当氢氰酸、氨及其氨的衍生物、醇类、格氏试剂与之反应时，带负电性的亲核试剂将会进攻羰基的碳原子，发生加成反应。

任务 4：羟醛缩合反应在有机合成中有着重要的用途，它可以用来增长碳链，并能产生支链。巴豆醛（2 - 丁烯醛）是一种重要的有机合成中间体，用于制取环氧树脂原料、发泡剂、杀虫剂等。

目前，巴豆醛的制备普遍采用乙醛（CH_3CHO）为原料的液相缩合和脱水两步反应完成，请尝试写出制备过程中主要的 2 步反应的化学方程式以及反应类型。

学生活动：

（1）学生通过三个问题构建分析未知官能团结构的视角。

（2）基于羰基的结构特点预测乙醛的反应位点和反应类型，小组讨论，合作完成表 4 - 34。

表 4 - 34　乙醛的反应位点和反应类型

分析结构		预测性质			
		断键位置	反应试剂和条件	反应产物	反应类型
$\begin{array}{ccc} & H & O \\ & \mid & \mid\mid \\ H-C-&C-&H \\ & \mid & \\ & H & \\ & a & \end{array}$	分析的角度： ①官能团 ②是否含不饱和键 ③键的极性 ④基团之间的相互影响				

（3）根据亲核反应的机理推测产物，小组讨论，合作完成表4-35。

表4-35　反应产物

反应试剂	化学式	电荷分布 $\overset{\delta}{A}-\overset{\delta}{B}$	与乙醛加成后的产物 （乙醛的结构 $\overset{H\quad O}{H-\overset{\mid}{\underset{\mid}{C}}-\overset{\parallel}{C}-H}$ ）
氢氰酸	H—CN		
氨及氨的衍生物（以甲胺为例）（氨的衍生物指氨分子中的氢原子被其他原子团取代的物质）	H—NHCH₃		
醇类（以甲醇为例）	CH₃O—H		
格式试剂	CH₃—MgX		

（4）学生尝试书写制备反应方程式。

$$\underset{H}{\overset{O}{\underset{|}{CH_3CH}}}+CH_2CHO \xrightarrow[\text{室温}]{NaOH（少量）} \underset{\text{3-羟基丁醛}}{CH_3\overset{OH}{\underset{|}{CH}}CH_2CHO} \xrightarrow[\triangle]{H^+,\ H_2O} \underset{\text{2-丁烯醛（巴豆醛）}}{CH_3CH=CHCHO}$$

环节三：通过实验，验证性质

任务1：依据大家的分析，乙醛分子在强氧化剂（氧气、酸性高锰酸钾、溴水等）的条件下可以断裂碳氢键加入氧原子发生氧化反应，生成乙酸，实现由醛到酸的转化。

任务2：乙醛还能否被弱氧化剂氧化呢？现在，我们用常用的弱氧化剂（银氨溶液、新制氢氧化铜等）来进行验证。

学生活动：

（1）学生通过完成乙醛与酸性高锰酸钾、溴水的实验，得出乙醛可以被强氧化剂氧化为乙酸的结论。

（2）学生通过完成乙醛与银氨溶液、新制氢氧化铜的实验，得出乙醛可以被弱氧化剂氧化为乙酸的结论。

环节四：总结方法，整理提升

任务1：乙醇、乙醛和乙酸三者之间的转化关系：乙醇⇌乙醛⟶乙酸，请结合具体的反应以及三者分子结构和官能团的变化情况，谈谈有机反应中的氧化反应和还原反应的特点及转化关系。

任务2：通过本节课的学习，请同学们思考应该从哪些视角来分析未知官能团的结构，并预测其性质。

（五）作业设计

课后小组作业：查阅资料，分析乙醛能使溴水褪色而不能使溴的四氯化碳溶液褪色的原因。

第4课时 有机化学之探"茶"究竟

（一）教学内容分析

本节内容出自人教版高中化学选择性必修3第三章，课程标准中要求学生能够认识官能团的种类，从官能团的视角认识有机化合物的分类，认识官能团与有机化合物特征性质的关系，知道常见官能团的鉴别方法。

本节课的教学过程主要采用科学探究的方法。针对有机物中的官能团结构特点，设计符合其性质的实验方案用于进行鉴别和检验，帮助学生梳理常见官能团的化学性质和检验方法，在此过程中，通过反复应用"结构决定性质，性质决定用途，用途反映性质，性质反映结构"的化学学科大概念，建立起"结构—性质—用途"的学科思想，并在情境问题的导向下，熟悉有机物研究的一般方法，培养学生科学探究的精神和能力。

（二）学情分析

（1）知识储备：知道常见官能团（不饱和碳碳键、醇羟基、酚羟基、醛基）的化学性质，知道有机物研究的常见方法。

（2）认知特点：多数学生的探究焦点为物质变化过程的宏观表象，与其微观实质的联系需要在教师引导下产生。能够熟练通过已有的科学探究环节得出结论，但缺少"发现问题—查阅资料—设计实验—实践反思"的完整体验。

（3）心理特征：学生对身边常见的伪宣传假养生关注度高，而茶叶又是与每个人生活相关的物质，学生对其养生功效的真假兴趣浓烈。

（三）教学重难点

教学重点：了解常见官能团的检验方法；熟悉研究有机物研究的一般方法。

教学难点：在真实情境下，综合考虑常见官能团的性质及其他影响因素，制定合理的实验方案，并通过实验现象反证物质结构特点。

（四）教学过程

环节一：陈年熟普是否也具有抗氧化的功效

教师活动：视频引入——陈年熟普的功效及熟制过程的介绍。

任务1：梳理常见的易被氧化的官能团的化学性质。

任务2：根据官能团的化学性质，评价并设计合适的实验方案。

任务3：根据合理的实验方案，进行实验、记录现象并得出结论。

学生活动：观看视频，激发认知冲突——易被氧化的官能团是否会在熟制和保存过程中被反应掉，导致陈年熟普失去抗氧化功效？

活动1：小组分工，分别完成一种常见易被氧化的官能团的化学性质梳理，填写表格。

活动2：小组合作，完成下表中方案评价和实验设计。

活动3：小组合作，完成实验、记录现象并得出实验结论。

环节二：探究茶叶中提取的神秘抗氧化物质

教师活动：

任务1：回顾研究有机物的一般方法。

任务2：根据任务单，引导学生猜测该物质可能的结构。

任务3：根据猜想，设计实验，验证可能的结构。

学生活动：

活动1：独立回顾，完成任务单。

活动2：根据信息，计算未知有机物的分子式和不饱和度，推测其可能的官能团或结构特点。

活动3：小组合作，应用所学方法设计合理的实验方案，验证该物质的可能结构。

（五）作业设计

课后小组作业：根据信息推测该物质可能的结构。

案例六："免疫调节"教学设计

——人教版高中生物选择性必修 1 第四章

赵婷婷 赵官成 李康博 李金鞠 马芳

一、单元概念解析

参见表 4 – 36。

表 4 – 36 单元概念

生命观念	大概念	重要概念	一般概念
了解结构与功能观、稳态与平衡观	生命个体的结构与功能相适应，各结构协调统一共同完成复杂的生命活动，并通过一定的调节机制保持稳态	免疫系统能够抵御病原体的侵袭，识别并清除机体内衰老、死亡或异常的细胞，实现机体稳态	1. 举例说明免疫细胞、免疫器官和免疫活性物质等是免疫调节的结构与物质基础 2. 概述人体的免疫包括生来就有的非特异性免疫和后天获得的特异性免疫 3. 阐明特异性免疫是通过体液免疫和细胞免疫两种方式，针对特定病原体发生的免疫应答 4. 举例说明免疫功能异常可能引发疾病，如过敏、自身免疫病、艾滋病和先天性免疫缺陷病等

二、单元内容建构

参见图 4 – 22。

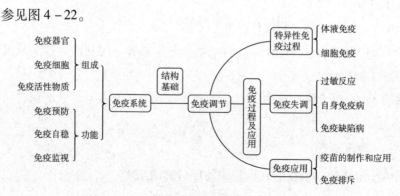

图 4 – 22 内容建构

三、单元情境及任务制定

连年流感的暴发，对人类健康造成了很大的威胁和伤害，流感病毒的强致病性、高传染性和易变异性都给人类防治流感提出了很大的挑战。流感病毒感染人体并导致患病和人体的免疫调节密不可分，为了更好地了解流感病毒侵入人体的过程并进行有效预防和治疗，制定本单元的学习任务如图4-23所示。

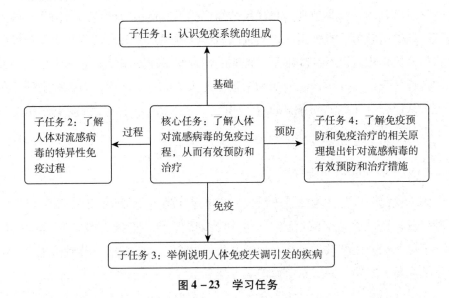

图4-23 学习任务

四、教学内容分析

本章从系统分析的视角，带领学生认识免疫系统在稳态维持中的作用及稳态是如何实现的。从系统的角度看，系统的组成是基础，教材首先介绍免疫系统的组成，其次是免疫系统的功能，最后是免疫系统的变化。免疫系统的功能包括免疫防御、免疫自稳和免疫监视。其中，免疫的防卫功能是本章的重点，也是难点，教材第2节以特异性免疫启动的过程为例来讲述。如果免疫系统的结构或功能发生异常，稳态就会被破坏，这就是免疫失调，涉及过敏反应、自身免疫病和免疫缺陷病等。最后是关于免疫学的应用，这涉及人们日常生活的方方面面，与人体的健康密切相关，学生对多数内容都有切身的体会。教材意在引导学生体会科学、技术与社会之间的关系是复杂的，科学和技术的发展促进了社会的进步，而社会的需求又推动着科学技术迅猛发展；科学技术并不能解决所有的问题。

五、学情分析

学生都有预防接种证，从小到大打过各种疫苗，知道生活中被狗咬伤要打预防狂犬病的疫苗。亲历流感，也让学生对抗原、抗体等有一定的认识，但抗体的本质、发挥作用的机理，学生并不十分清楚。体液免疫恰恰可以帮助学生解释生活中的这些问题，指导学生健康地生活。

学生已有的、与本节内容相联系的知识：①对蛋白质的空间结构及功能的认识。②细胞膜上具有糖蛋白，与细胞间的信号识别有关。这些知识是理解抗体如何发挥作用，以及巨噬细胞对抗原的识别和呈递的基础。③细胞分化和基因的选择性表达。④对神经递质和激素作为化学信号的认识，包括激素的作用机理的认识，会迁移到对细胞因子（淋巴因子）作为信号发挥调节作用的理解上来。

六、教学策略

因为这部分内容比较贴近生活，所以多采用情境化教学。让学生从已有的体验出发，通过学生交流讨论，积极回答问题，活跃学生思维，探究新的内容。本单元拟采用的教学方法包括讲授法、讨论法、探究法、模型构建等，结合生活实际、案例，完成本单元的学习任务。

七、教学目标

（1）生命观念：从结构与功能观、稳态与平衡观出发，分析说明人体免疫调节在维持内环境稳态中的作用。

（2）科学思维：运用归纳与概括、演绎与推理和批判性思维等方法，解释免疫调节的机制。

（3）科学探究：发现并提出生活中的免疫学问题，进行基于资料分析的探究，对探究结果进行交流和讨论。

（4）社会责任：关注公共健康事务，认同和主动宣传流感、艾滋病等公共健康事务的科学管理措施，选择健康的生活方式。

八、教学重难点

教学重点：

（1）免疫系统的组成。

（2）体液免疫和细胞免疫的过程及其相互配合。

（3）过敏反应的发生机理。

（4）HIV 感染人体的机理。

（5）疫苗发挥作用的原理。

教学难点：

（1）免疫系统的功能。

（2）神经系统、内分泌系统与免疫系统三大系统之间的联系。

（3）HIV 感染人体的机理。

九、课时安排

5 课时（新授课 4 课时、单元诊断 1 课时）。

十、单元评价量规

参见表 4 – 37。

表 4 – 37　评价量规

评价内容	评价指标	评价等级
课堂诊断 单元检测	试题正确率	A（优秀）：80 ~ 100 分 B（合格）：60 ~ 80 分 C（待提高）：低于 60 分
小组合作活动	1. 参与、合作程度 2. 任务完成情况 3. 展示、交流成果 包括自我评价（30%）～小组长评价（40%）～教师评价（30%）	A（优秀）：80 ~ 100 分 B（合格）：60 ~ 80 分 C（待提高）：低于 60 分
概念模型构建	1. 内容准确性 2. 内容完整性 3. 概念之间的关联性	A（优秀）：达到 1、2、3 B（合格）：达到 1、2 C（待提高）：未达到 1

续 表

评价内容	评价指标	评价等级
宣传展板设计	1. 内容正确 2. 内容丰富、生动 3. 布局合理、美观	A（优秀）：达到 1、2、3 B（合格）：达到 1 C（待提高）：未达到 1
课时作业	1. 完成度 2. 认真程度	A（优秀）：达到 1、2 B（合格）：达到 1 C（待提高）：未达到 1

十一、教学设计

子任务一：认识免疫系统的组成和基本功能
——免疫系统的组成和功能

（一）教学分析

"免疫系统的组成和功能"是人教版高中生物选择性必修 1 稳态与调节的第 4 章第 1 节的内容，主要包括免疫系统的组成和免疫系统的功能两部分内容。

（二）学情分析

学生在初中已学习了免疫的相关知识，在高中对内环境稳态及调节机制有一定的认识，但对具体调节过程及各系统之间的协调统一缺乏认识。大多数学生对现实生活中的免疫现象有一定了解，但缺乏专业化的认识，需要引导学生从已有知识入手，逐步认识免疫系统的基本组成及功能。

（三）教学目标

（1）生命观念：通过学习免疫系统的组成与功能，学生形成结构与功能观、稳态与平衡观等生命观念。

（2）科学思维：学会分析、归纳的学习方法；学会利用思维导图、概念模型等方法进行科学思考和学习。

（3）社会责任：认同并采纳健康文明的生活方式，主动向他人宣传传染病的防控措施等。

（四）教学策略

利用思维导图、概念模型、多媒体动画等措施，指导学生阅读资料，分析教材，构建免疫系统结构组成、功能等知识框架。

（五）教学重难点

教学重点：免疫系统组成；免疫系统的三大功能。

教学难点：能够通过举例方式说出免疫系统的组成；能够学会辨析免疫系统的三大功能。

（六）教学过程

第 1 课时教学过程见表 4 – 38。

表 4 – 38 第 1 课时教学过程

学习任务	教师活动	学生活动	设计意图
1. 创设情境，提出单元核心大概念。	创设情境：展示流感患者照片，提出问题。 (1) 流感病毒感染人体后，机体是否可以仅通过神经调节和体液调节的方式来清除流感病毒？ (2) 在病毒清除过程中，神经调节和体液调节会发挥作用吗？说明了什么？	思考讨论：神经调节和体液调节不能直接清除入侵的病原体，需要依靠免疫系统的免疫调节功能来实现对病原体的清除。神经调节和体液调节，可以协助免疫系统的免疫调节帮助机体清除入侵的病毒，最终保持机体的稳态	通过学生的科学思维，使学生理解生命个体的结构与功能相适应，各结构协调统一共同完成复杂的生命活动，并通过一定的调节机制保持稳态这一单元核心大概念
2. 教师提供思维导图模版，指导学生阅读课本，构建免疫系统组成思维导图，并分享、交流	过渡：病毒入侵机体后，需要免疫系统清除，那么免疫系统组成是怎样的？请大家阅读课本，根据提供的思维导图模版，完成免疫系统组成的学习	构建思维导图：根据课本内容，总结并构建免疫系统的组成思维导图并展示和交流（构建思维导图时学生的组内交流，学生与教师的个别交流及构建好后，学生上讲台与全班的分享交流）	尝试利用思维导图的方式对多而杂的知识进行梳理归纳。通过分享交流使学生深刻理解免疫系统组成
3. 对免疫系统组成学习效果的诊断	展示判断题，并随时与学生个别交流	思考与交流：学生完成判断题，并进行改错和交流（学生组内交流及学生与老师的个别交流）	通过判断题快速了解学生对免疫系统组成的知识点的掌握情况

续 表

学习任务	教师活动	学生活动	设计意图
4. 根据免疫系统组成的诊断中学生出现的问题，进行针对性讲解	精讲：教师总结评价学习结果，根据存在问题精细讲解免疫系统的组成中的相关知识	总结、梳理、补充。学生认真听讲，解决自己没有理解的或者没有总结出的知识点	解决没有学习到的知识点，拓展需要深挖的知识点
5. 思考流感流行期间，戴口罩，勤洗手等措施的科学依据	创设情境：流感病毒大流行时，人体有哪些屏障可以保护机体免受病毒的入侵？ 德育教育：提供真实数据，比较不同戴口罩情况下，流感感染率，使学生认识到戴口罩、勤洗手的科学依据，引导学生科学、理性的分析和看待社会现象和社会问题及政府措施，不盲从、不跟风，更不信谣、不传谣	思考讨论： （1）病毒首先接触到机体的哪些部位？这些部位如何防止病毒入侵？ （2）病毒突破皮肤和黏膜后，进入到什么机体的什么部位？该部位如何防止病毒继续侵入？ （3）如果病毒突破了上述的两道防线，机体又如何清除这些病毒。 （4）你能举例说明特异性免疫是个体在发育过程中与病原体接触后获得的吗？ （5）你如何看待流感流行期间勤洗手和戴口罩的要求？	通过病毒入侵机体的过程，总结出机体防御、清除病毒的三道防线，并加以区分。 通过学习机体对抗病毒的三道防线的知识，要正确认识到，在突发群体性公共卫生事件时，政府做出的措施的合理性。理性的分析和看待社会现象和社会问题，不盲从、不跟风，更不信谣、不传谣
6. 对学生学习免疫系统三道防线的结果诊断	展示诊断试题，并随时与学生个别交流	思考与讨论：学生做题，找出自己没有掌握或者没有正确理解的知识点，在和同组同学或者老师的讨论中解决问题	通过习题，快速了解学生对免疫系统三道防线知识点的掌握情况
7. 解决学生在学习免疫系统的三道防线中存在的问题	精讲：根据诊断结果和学生学习免疫系统的三道防线中出现的问题，进行针对性讲解	总结、梳理、补充：学生认真听讲，解决自己没有理解的或者没有总结出的知识点	解决没有学习到的知识点，拓展需要深挖的知识点

续 表

学习任务	教师活动	学生活动	设计意图
8. 指导学生阅读课本，以概念模型的方式总结免系统功能。	问题1：机体通过免疫系统的三道防线排除外来抗原性异物，这体现了免疫系统具有什么功能？ 问题2：机体清除自身衰老或损伤的细胞来维持内环境稳态，这体现了免疫系统具有什么功能？若该功能过强，可能发生什么疾病？ 问题3：机体识别和清除突变的细胞，防止肿瘤的发生。这体现了免疫系统具有什么功能？若该功能低下，可能发生什么疾病？ 问题4：机体清除自身衰老、损伤、突变、病毒感染的细胞，属于细胞凋亡还是细胞坏死？	思考与讨论：学生阅读课本，解决问题，根据问题构建免疫系统功能的概念图	通过构建免疫系统三大功能的概念图，达到理解和辨析免疫系统的三大功能。学会应用概念模型的方式分析、归纳从而解决复杂问题

（七）板书设计

4.1 免疫系统的组成和功能

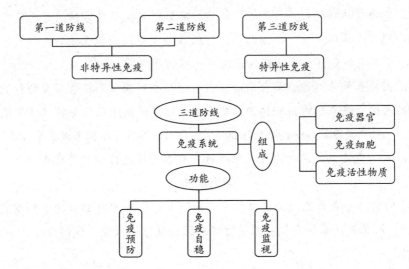

（八）作业设计

基础达标

1. 下列关于免疫系统组成的叙述，错误的是（　　　）

A. 骨髓、胸腺、脾、扁桃体、淋巴结都是免疫器官

B. T细胞、B细胞、吞噬细胞都是免疫细胞

C. 细胞因子、抗体、溶菌酶是免疫活性物质

D. 胸腺和骨髓分别是B细胞和T细胞成熟的场所

2. 下列关于抗原的叙述中，正确的是（　　　）

A. 机体自身的组织和细胞不可能成为抗原

B. 骨折后植入体内的钢板可成为抗原

C. 蛋白质及其水解产物都会引起特异性免疫反应

D. 抗原能与相应的抗体结合，发生特异性免疫反应

3. 关于人体非特异性免疫的叙述，正确的是（　　　）

A. 非特异性免疫是能够遗传的

B. 非特异性免疫是机体在个体发育过程中与病原体接触后获得的

C. 吞噬细胞只参与特异性免疫

D. 非特异性免疫只对特定的病原体起作用

4. 下列关于人体免疫系统基本功能的叙述，错误的是（　　　）

A. 免疫防御功能异常时，可能导致组织损伤或易被病原体感染

B. 免疫自稳功能正常时，机体对自身的抗原物质不产生免疫反应

C. 免疫监视功能低下或失调，机体会有肿瘤发生或持续的病毒感染

D. 通过人体的第一、二道防线，可以阻挡少数病原微生物的入侵

5. 下列有关免疫系统功能的说法不正确的是（　　　）

A. 人体免疫系统能监视并清除体内衰老或受到损伤而不能修复的细胞

B. 人体免疫系统能清除体内病变及异常增殖的细胞从而保持机体健康

C. 人体免疫系统能防御病原体的侵害，即防止病毒、细菌等病原体入侵

D. 人体免疫系统能对进入人体的所有有毒物质进行识别与解毒

能力提升

1. 回家后查看自己的免疫接种卡，看一下自己入学前都接种了哪些疫苗，谈一谈，人体免疫系统已经有三道防线来防止病原体入侵，我们为什么还要接种疫苗。

2. 如下图所示为人体皮肤在受到尖说物体刺伤后发生的炎定应答，请回答有关问题。

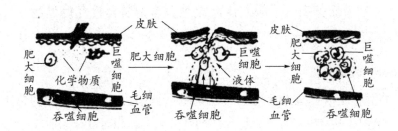

（1）由图可知，吞噬细胞生活的具体内环境有_____。

（2）据图分析，炎症发生时_____细胞释放化学物质，作用于附近的毛细血管，导致毛细血管扩张、通透性_____，局部组织液含量_____，致使伤口周围出现"红、肿、热"的现象，即炎症反应。此外，免疫细胞释放的化学物质还能吸引更多的_____，从而加速对病原体的清除，促进伤口愈合。

（3）炎症应答属于人体抵抗外来病原体的第_____道防线，其特点有_____。

（4）除参与炎症应答外，巨噬细胞在特异性免疫反应中也发挥重要作用，具有_____和呈递功能。

（九）教学评价

评价量规见表4-39。

表4-39　评价量规

评价内容	评价指标	评价等级
生命观念和科学思维	免疫系统组成思维导图、免疫系统功能概念模型 1. 内容准确性 2. 内容完整性 3. 概念之间的关联性	A（优秀）：达到1、2、3 B（合格）：达到1、2 C（待提高）：未达到1
	课堂诊断 试题正确率	A（优秀）：80-100分 B（合格）：60-80分 C（待提高）：<60分
社会责任	1. 能够正确认识传染病的防控措施 2. 能够主动宣传传染病的防控措施	A（优秀）：达到1和2 B（良好）：达到1

子任务二：了解人体对流感病毒的特异性免疫过程
——特异性免疫

（一）教学分析

"特异性免疫"是人教版高中生物选择性必修 1 稳态与调节的第 4 章第 2 节。本节课包括体液免疫和细胞免疫两部分内容，相对复杂和抽象。

（二）学情分析

通过上节课的学习，学生已经了解机体免疫的三道防线及其功能。

（三）教学目标

（1）生命观念：通过情境导入、类比推理和模型构建等活动帮助学生深刻理解特异性免疫的过程，渗透结构与功能观和稳态与平衡观等生命观念。

（2）科学思维：通过对比分析、演绎推理、归纳总结，建立体液免疫和细胞免疫的生物学概念模型，阐述特异性免疫的特点及其相互配合，发展学生的科学思维能力。

（3）社会责任：以流感为切入点，从系统的视角，阐明神经系统、内分泌系统、免疫系统之间的关系，运用神经—体液—免疫调节的观点、原理分析现实问题，预防疾病发生，树立健康生活理念。

（四）教学策略

运用情境创设、启发引导，充分发挥学生的主体作用，在学习过程中逐步深入，让学生对特异性免疫的相关细胞以及免疫过程能够产生充分的了解；通过学生自主探究和小组讨论的方式对特异性免疫的两个过程建立相关概念模型，并在班级内进行展示交流和分享；结合概念模型进一步梳理总结特异性免疫的特点及其相互配合，提升学生对于这一免疫方式的认识；联系流感，通过小组讨论的方式科学解释机体如何抵御流感病毒，从而激发学生树立热爱科学探究、关爱生命健康的意识。

（五）教学重难点

教学重点：

（1）概述体液免疫和细胞免疫的过程及其相互配合。

（2）神经系统、内分泌系统与免疫系统三大系统之间的联系。

教学难点：

（1）归纳总结体液免疫和细胞免疫的异同并建立相关概念模型。

（2）运用神经—体液—免疫调节的观点解释机体对流感病毒的抵御。

（六）教学过程

第2课时教学过程见表4–40，第3课时教学设计见表4–41。

表4–40　第2课时教学过程

学习任务	教师活动	学生活动	设计意图
1. 创设情境，导入免疫系统对病原体的识别	创设情境：讲述我们与流感病毒作斗争的故事，播放流感病毒感染人体的短片。当流感病毒侵入人体，免疫细胞是如何识别流感病毒的？我们的机体会对自身成分进行攻击吗? 为什么？	思考讨论：引出三道防线和免疫的概念	以流感导入新课，引起学生兴趣，激发学习热情，引导学生思考流感病毒如何层层突破人体防线，使学生关注生活实事
2. 体液免疫过程	创设情境：以流感病毒为抗原，播放对抗抗原的体液免疫途径的短片。精讲：讲解体液免疫的相关概念及过程，展示问题串	思考交流：回答问题串。思考讨论、构建概念模型：学生小组讨论体液免疫的过程，探讨体液中的病毒是如何被清除的。然后绘制体液免疫的过程图解。小组代表进行展示交流	以流感病毒作为实例，启发学生思考流感病毒是如何被人体清除的。小组思考、讨论、交流和构建概念模型，可以促进学生的思维能力、交流能力和动手能力，加深对体液免疫过程的理解
3. 二次免疫	创设情境，材料分析：小明不幸二次被流感击中，展示二次免疫的曲线	思考交流：分析材料，学习二次免疫的曲线，回答记忆细胞的作用，总结二次免疫的特点	二次免疫涉及后面知识疫苗的应用，因此要单独讲解。通过二次感染的实例，有利于创设学生思考的情境

续 表

学习任务	教师活动	学生活动	设计意图
4. 总结评价	完成课后题，点评：评价学生表现，补充并完善知识体系。德育教育：如何预防流感，增强学生的防范意识	总结梳理：完成课后拓展应用题，利用课后题的体液免疫图解，复述体液免疫过程。搜集资料，整理传染病的预防和治疗等相关知识，主动宣传接种疫苗的意义	做题和复述是对学习效果的及时反馈。让学生能够理性对待流感

板书设计：

4.2 特异性免疫

一、免疫系统对病原体的识别

分子标签、细胞表面的受体、三道防线

二、体液免疫

B 细胞、辅助性 T 细胞、浆细胞、抗体

三、二次免疫

记忆细胞、更快更强

作业设计：

基础达标

如下图表示 A、B 两妇女在 1 到 5 月的血浆中人乳头瘤状病毒抗体的相对含量（其中妇女 A 在 1 月份接种了相应的疫苗，两人均在 4 月份感染了人乳头瘤状病毒）。下列对曲线图的解释不成立的是（　　）

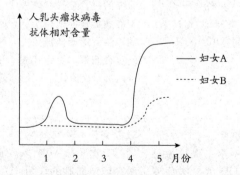

A. 妇女 A 在接种疫苗后，体内产生了相应的抗体和记忆细胞

B. 两人体内的 B 细胞需要在病原体和细胞因子的共同作用下才能增殖分化成浆细胞和记忆细胞

C. 两人在 5 月份抗体含量的差异是妇女 A 体内记忆细胞活动的结果

D. 两人体内辅助性 T 细胞分泌的细胞因子能够攻击被人乳头瘤状病毒入侵的靶细胞

续　表

能力提升

流感病毒的遗传物质是 RNA，患者初期症状为发热、乏力和干咳，并逐渐出现呼吸困难等严重表现。回答下列问题，

(1) 血液中的流感病毒通过＿＿＿＿＿填（"体液"或"细胞"）免疫清除，而进入细胞内的流感病毒通过＿＿＿＿＿（填"体液"或"细胞"）免疫将其释放出来，进而被吞噬、消灭。

(2) 流感病毒进入人体后，人体发热是由于机体的产热量大于散热量，而出现发热症状，人体产生的热量主要来源于细胞中的＿＿＿＿＿＿＿（填过程）。该病毒激发的体液免疫过程中产生的免疫活性物质有＿＿＿＿＿＿＿和抗体等，其中抗体可以与流感病毒结合，从而抑制病毒的繁殖或对人体细胞的黏附。

(3) 初次注射抗原后机体能产生记忆细胞，再次注射同种抗原后这些记忆细胞能够＿＿＿＿＿＿。

(4) 不考虑细胞中碱基之间的相互转换，假设流感病毒的核酸在宿主细胞内稳定存在并"复制"，请以体外培养的宿主细胞等为材料用同位素标记法设计实验，证明流感病毒的遗传物质是 RNA，而不是 DNA。（写出简要实验思路，不需要预测实验结果）＿＿＿＿＿＿＿

表 4－41　第 3 课时教学设计

学习任务	教师活动	学生活动	设计意图
1. 细胞免疫	创设情境：体液免疫是针对抗原在内环境中发挥作用，如果抗原进入细胞内部，免疫系统又是如何抵抗的呢？ 播放细胞免疫的短片。 精讲：讲解细胞免疫的相关概念及过程，展示问题串	思考交流：回答问题串。 思考讨论、构建概念模型： 学生小组讨论细胞免疫的过程，探讨细胞内的病毒是如何被清除的。然后绘制细胞免疫的过程图解。小组代表进行展示交流	用问题串引发学生的注意和思考。 小组合作构建概念模型，可以加深对细胞免疫过程的理解
2. 体液免疫和细胞免疫的协调配合	资料展示：展示教材 75 页体液免疫和细胞免疫的图解，提出问题：体液免疫和细胞免疫分别是如何体现针对特定病原体的？	模型构建：将小组构建的体液免疫和细胞免疫模型图进行整合，概括两种调节方式的共同作用机制，构建二者相互作用示意图并展示交流。 思考交流：填表	通过归纳总结建立念模型，从而构建完整的知识体系，进一步理解特异性免疫在稳态调节中的作用，形成局部和整体统一的观点

续 表

学习任务	教师活动	学生活动	设计意图
2. 体液免疫和细胞免疫的协调配合	体液免疫和细胞免疫之间的联系体现在什么地方？ 归纳总结：体液免疫和细胞免疫的联系和区别，以及特异性免疫的特点，展示对比表格		
3. 神经—体液—免疫调节网络	创设情境：在治疗流感患者时，有专家提出可借鉴SARS经验用糖皮质激素降低免疫能力，缓解免疫系统对肺部细胞的破坏；还有医学专家指出，焦虑、紧张等精神因素会使免疫能力下降，增加患病概率，建议面对病毒不要过度恐慌，说明什么？ 【总结归纳】 归纳比较神经调节、体液调节和免疫调节	思考交流：讨论交流神经系统和内分泌系统之间的相互作用	通过已有概念进行类比推理，理解三大调节系统之间的关系
4. 总结评价	总结归纳：总结体液免疫和细胞免疫、特异性免疫和非特异性免疫特点，建立三大调节系统相互作用示意图。 2023年诺贝尔生理学或医学奖的相关材料： 匈牙利科学家卡林·卡里科和美国科学家德鲁·韦斯曼在核苷碱基修饰方面的发现，使针对流感感染的核酸疫苗的开发成为可能。 探讨特异性免疫在流感治疗中的应用	总结归纳：构建知识网络。 联系生活：探讨特异性免疫治疗和预防流感的新方式	使学生能够构建模型，渗透结构与功能观、稳态与平衡观、局部与整体观。 树立崇尚科学研究、关爱生命健康的意识

板书设计：

4.2 特异性免疫

一、细胞免疫：细胞毒性 T 细胞、靶细胞

二、体液免疫和细胞免疫的协调配合

三、神经－体液－免疫调节网络：信号分子、受体

作业设计：

基础达标

1. 子宫颈癌是最常见的妇科恶性肿瘤之一，仅次于乳腺癌，在我国发病率占恶性肿瘤的第二位。健康人的子宫感染人乳头瘤病毒（HPV，一种 DNA 病毒）可能引发罹患子宫颈癌。HPV 入侵机体感染细胞 a 后，机体做出免疫应答，细胞 b 与细胞 a 结合，细胞 b 释放穿孔素和颗粒酶，颗粒酶通过细胞膜上的穿孔进入细胞，如图所示。下列叙述错误的是（　　）

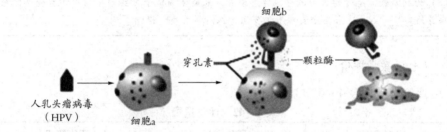

A. 细胞 b 是辅助性 T 细胞，穿孔素和颗粒酶属于细胞因子

B. 细胞 b 含较多的高尔基体，穿孔素和颗粒酶以胞吐方式分泌到细胞外

C. 颗粒酶进入细胞 a，可能激活细胞 a 启动细胞凋亡，暴露相关的抗原

D. HPV 的 DNA 可能整合到宿主细胞染色体中，导致相关基因发生突变

2. 下列关于人体内 T 淋巴细胞的说法，正确的是（　　）

A. 在胸腺、淋巴结、脾、扁桃体等淋巴器官中产生并成熟

B. 能释放淋巴因子，加强其他细胞的免疫功能

C. 受抗原刺激后分化形成致敏 T 细胞，与靶细胞亲密接触，直接将抗原消灭

D. 与 B 淋巴细胞完全相同

能力提升

流感病毒可通过表面的相关抗原与人呼吸道黏膜上皮细胞的受体结合，侵入人体，引起肺炎。图 1 为病毒侵入后，人体内发生的部分免疫反应示意图。单克隆抗体可阻断病毒的黏附或入侵，故抗体药物的研发已成为流感的研究热点之一。图 2 为筛选、制备抗 S 蛋白单克隆抗体的示意图。请据图回答下列问题：

续　表

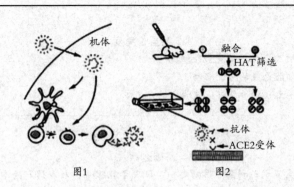

图1　　　　　　　　　　　图2

（1）图 1 中人体内抗原递呈细胞吞噬病毒，并将病毒的抗原暴露在细胞表面，被_____细胞表面的受体识别后激活该细胞。

（2）B 细胞识别入侵的病毒后，在细胞因子作用下，经过细胞的_____，形成_____细胞。

（3）为判断疑似患者是否为流感病毒感染者，采集鼻咽拭子主要用于病原学检查，检测病毒的_____；采集血液样本主要用于血清学检查，检测_____。

（七）教学评价

评价量规见表 4 - 42。

表 4 - 42　评价量规

评价内容		评价指标	评价等级
生命观念和科学思维	小组讨论交流	1. 参与、合作程度 2. 任务完成情况 3. 展示、交流成果 包括自我评价（30%） 小组长评价（40%） 教师评价（30%）	A（优秀）：80 - 100 分 B（合格）：60 - 80 分 C（待提高）：<60 分
	概念模型构建	1. 内容准确性 2. 内容完整性 3. 概念之间的关联性	A（优秀）：达到 1、2、3 B（合格）：达到 1、2 C（待提高）：未达到 1
社会责任		1. 对流感防控政策的认同 2. 能够主动宣传传染病的防控措施	A（优秀）：达到 1 和 2 B（良好）：达到 1
课时作业		1. 完成度 2. 认真程度	A（优秀）：达到 1、2 B（合格）：达到 1 C（待提高）：未达到 1

子任务三：举例说明人体免疫失调引发的疾病
——免疫失调

（一）教学分析

教材运用图文结合的形式，让学生容易接受过敏反应的机理；通过风湿性心脏病等实例，帮助学生认识自身免疫病；免疫缺陷病中重点讲述了艾滋病，通过思考与讨论活动，帮助学生理解艾滋病相关知识。

（二）学情分析

学生在日常生活中，对艾滋病、过敏反应等有所了解，因此对本节内容有着浓厚的兴趣。但学生对免疫失调病的原理知道较少，这是本节的重难点，教学中重点强化学习。

（三）教学目标

（1）生命观念：通过构建模型、总结归纳、阅读资料等方式掌握各类免疫失调症的发生机理，对免疫失调现象进行科学的解释，并举例说出免疫失调引发的疾病，初步建立起稳态与平衡观。

（2）科学思维：通过阅读过敏反应的发生过程图，建构过敏反应的概念模型。

（3）社会责任：通过了解国家预防艾滋的相关政策，认同国家政策和社会主义制度；能向他人宣传预防艾滋病的知识，形成关注健康、关爱生命的社会责任感。

（四）教学策略

以自系统性红斑狼疮患者为情境引入本节课，以免疫失调症的类型及免疫失调症的患者能否注射流感疫苗为核心问题。学生通过阅读教材，以生活中常见的过敏实例为情境，构建过敏反应模型，理解和掌握过敏反应的发生机理。根据多种自身免疫病发生过程，总结自身免疫病的发生机理。小组分析 HIV 感染人体的过程，明确艾滋病的发生机理，再通过观看预防艾滋病的宣传视频，掌握艾滋病的传播途径和预防方式。最后，通过对核心问题的深度思考和剖析，实现知识在生活中的迁移和应用。

（五）教学重难点

教学重点：过敏反应的发生机理；HIV 感染人体的机理。

教学难点：HIV 感染人体的机理。

（六）教学过程

第 4 课时免疫失调见表 4－43。

表 4－43　第 4 课时免疫失调教学过程

学习任务	教师活动	学生活动	设计意图
1. 问题导入，情境设置	创设情境：自身免疫病是由于免疫系统过度反应所致；艾滋病是由于免疫缺陷导致。 问题导学：免疫失调有哪些类型？免疫失调人群能否注射流感疫苗？	学生阅读资料，带着需要解决的实际问题开启本节课的学习	以免疫失调患者导入新课，让学生初步体会免疫系统功能过强或过弱都会导致稳态失调。 以核心问题串联整个课堂，提高学生解决实际问题的能力
2. 过敏反应的过程	模型构建：以 F 蛋白引起猫过敏为情境，引导学生阅读教材后构建 F 蛋白引起过敏反应的概念模型，明确过敏反应的机理及过敏原的概念。 分析总结：教师通过列举生活中的实例，引导学生总结过敏反应的特点；根据过敏反应的机理，引导学生分析过敏反应的预防措施 习题反馈：了解学生对于过敏反应知识的掌握情况，并进行针对性讲解	学生阅读教材中的图文，构建过敏反应的概念模型。 学生分析、总结相关问题。 学生完成习题	通过构建概念模型将复杂的过敏反应过程梳理清晰，明确过敏反应的发生机理。 结合生活实际，提高学生兴趣，并提高学生分析能力、知识应用能力
3. 自身免疫病	过渡：过敏反应是敏感体质的人对本应是非致病的"异己"过度反应，免疫系统会不会对"自己"成分也过度反应呢？	学生分析、总结出自身免疫病的概念和发病机理。 学生思考问题，明确自身免疫病与过敏反应的异同，并据此提出治疗措施	通过实例分析归纳总结出结论，会使学生印象更深刻；联系过敏反应，增强知识的连贯性；根据发病原理，提出治疗措施，提高学生的知识应用和迁移能力

学习任务	教师活动	学生活动	设计意图
3. 自身免疫病	分析归纳：PPT 图文资料展示三种自身免疫病的发病过程，引导学生总结出自身免疫病的概念和机理。 问题导学： （1）自身免疫病与过敏反应的异同点？ （2）根据自身免疫病的发病原理，应该如何治疗自身免疫病？ 教师点拨指导：引导学生通过分析两种疾病的致病机理，得出结论		
4. 免疫缺陷病	过渡：人体免疫功能过强或错误会导致过敏反应和自身免疫病，免疫功能是否会出现低下甚至丧失的情形？ 自主学习：学生自主学习免疫缺陷病的两种类型及实例 问题导学：阅读教材 P79资料 1，思考以下问题。 （1）HIV 攻击的主要是辅助性 T 细胞，辅助性 T 细胞的作用是什么？ （2）感染初期，患者体内的辅助性 T 细胞数量增多的原因是？ （3）为什么艾滋病患者最终死于严重感染或恶性肿瘤？ 教师点拨指导：教师引导学生对问题进行分析。	学生分析图像，思考、讨论，并回答相关问题，明确 HIV侵入人体引起艾滋病的机理。 学生观看视频，明确艾滋病的传播途径、预防艾滋病的主要措施。 学生说出国家出台该政策的原因及对个人的意义	通过设计由易到难的问题串，在讨论和教师的针对性指导下，逐步帮助学生理解艾滋病的发病机理，攻克本节课重点和难点。 艾滋病的传播途径和预防措施内容简单，视频更加形象生动，使学生印象深刻；通过了解国家政策，让学生更深刻体会到国家对抗艾滋病的决心，同时提高学生对国家政策、制度的认同感，培养学生的社会责任。 设计宣传标语或海报提高学生的社会责任感

续 表

学习任务	教师活动	学生活动	设计意图
4. 免疫缺陷病	视频学习：学生观看艾滋病预防宣传片，总结出艾滋病的传播途径、预防艾滋病的主要措施。 （1）思考我国防艾政策："发现就治疗，而且免费、自愿"的目的，体会我国政策、制度的优越性。 （2）设计预防艾滋病的宣传海报或宣传标语。 习题练习：了解学生对于艾滋病的掌握情况，并进行有针对性的分析讲解		
5. 课堂总结	问题导学：三类免疫失调症患者能否注射流感疫苗？ 学科思政：展示流感疫苗接种告知书中的提示，提醒学生仔细阅读，做自己健康的第一责任人。 小结：总结三类免疫失调症的主要发病机理 构建单元大概念：通过对免疫缺陷病的分析，体会单元大概念中的"生物体结构与功能相适应"；通过对三类免疫失调症引起稳态失调，体会大概念中的"机体的稳态需要神经 - 体液 - 免疫系统共同来调节，才能使各结构协调统一，共同完成复杂的生命"	学生根据三种免疫失调症的致病机理，思考分析	解决本节课核心任务，提高学生的知识迁移和应用能力，并培养学生做自己健康第一责任人的社会责任

（七）板书设计

4.3 免疫失调

发病原因		类型		常见病例
免疫功能过强	对外界物质免疫过强	过敏反应		对猫毛、花粉等过敏
	对自身结构错误攻击	自身免疫病		风湿性心脏病，类风湿性关节炎、系统性红斑狼疮
免疫功能过弱	免疫缺陷	免疫缺陷病	先天性免疫缺陷病	重症联合免疫缺陷病
			获得性免疫缺陷病	艾滋病

（八）作业设计

基础达标

1. 哮喘与个体过敏体质及外界环境的影响有关。外源性过敏原再次进入机体后，可促使肥大细胞释放出组胺、白三烯等物质，最终导致过敏者出现哮喘症状，相关机理如图所示。下列有关说法错误的是（   ）

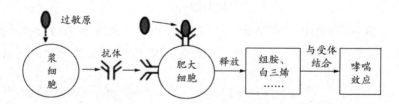

A. 浆细胞分泌的抗体能吸附在肥大细胞的表面

B. 过敏原与肥大细胞的自身受体结合后肥大细胞会释放组胺

C. 阻断白三烯与相应的受体结合是治疗哮喘的途径

D. 避免再次接触外源性过敏原是预防哮喘的主要措施

2. 某种链球菌的表面抗原与心脏瓣膜上的某物质结构相似。人体被该链球菌感染后，机体通过免疫系统抵御该菌的同时可能引发风湿性心脏病。与这种心脏病的致病机理最为相似的是（   ）

A. 先天无胸腺导致的免疫缺陷病

B. 花粉等过敏原引起的过敏反应

C. 疟原虫感染引起的疟疾

D. 自身抗体引发的系统性红斑狼疮

3. 艾滋病（AIDS）是由于感染 HIV 引起的一类传染病，人体感染 HIV 后体内 HIV 浓度和辅助性 T 淋巴细胞数量随时间变化如下图所示。下列相关说法中正确的是（　　）

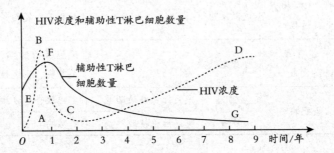

A. 曲线 AB 段 HIV 浓度上升主要是 HIV 在内环境中大量增殖的结果

B. 曲线 BC 段 HIV 浓度下降主要是体液免疫和细胞免疫共同作用的结果

C. 曲线 CD 段的初期不能通过检测血液中的相应抗体来诊断是否感染 HIV

D. 曲线 EF 段辅助性 T 淋巴细胞数量上升是淋巴干细胞在骨髓中快速分裂分化的结果

能力提升

1. 艾滋病是由 HIV（RNA 病毒）引起的一种致死率极高的恶性传染病，目前单纯依靠药物无法完全治愈。下图是 HIV 感染 T 细胞的过程，请回答问题：

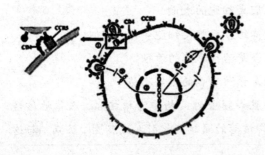

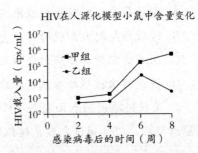

（1）由图可知，HIV 进入人体后，特异性识别靶细胞表面的＿＿＿＿＿＿＿，并在 CCR5 的帮助下与靶细胞膜融合，体现了细胞膜具有一定的＿＿＿＿＿。HIV 向胞内注入＿＿＿＿＿及能催化②过程的＿＿＿＿＿，以周围游离的 4 种＿＿＿＿＿为原料合成相应产物。

（2）研究结果显示 CD4 分子是 T 细胞正常行使功能所必需的，CCR5 不是其必需的。

① 科研人员为了阻止 HIV 对 T 细胞的侵染，提出可利用基因编辑技术（改变特定 DNA 片段碱基序列的一种生物技术）使_____（填"CD4"或"CCR5"）基因丧失功能。

② 构建人源化免疫系统的模型小鼠若干，平均随机分成甲、乙两组，分别注射等量的 HIV。当 HIV 在小鼠体内达到一定水平时，甲组注射一定量未经基因编辑的 T 细胞，乙组注射等量经过基因编辑的 T 细胞，结果如上图。

由图可知，注射 T 细胞时间为感染病毒后第_____周。从第 6 周开始，与甲组相比，乙组小鼠体内的病毒载量_____，推测原因可能是_____，体液中的 HIV 被抗体结合。此实验结果说明_____。

2. 请说明三种免疫失调症是否能够接种流感疫苗，并说明你的理由。

（九）教学评价

评价量规见表 4 - 44。

表 4 - 44　评价量规

评价内容		评价指标	评价等级
生命观念	课堂诊断	试题正确率	A（优秀）：80 - 100 分 B（合格）：60 - 80 分 C（待提高）：<60 分
	小组分析 HIV 感染人体的机理	1. 参与、合作程度 2. 任务完成情况 3. 展示、交流成果包括自我评价（30%）小组长评价（40%）教师评价（30%）	A（优秀）：80 - 100 分 B（合格）：60 - 80 分 C（待提高）：<60 分
	列举出三类免疫失调症的常见病例	1. 内容准确性 2. 内容完整性	A（优秀）：达到 1、2 B（合格）：达到 1 或 2 C（待提高）：未达到 1 或 2

续 表

评价内容		评价指标	评价等级
科学思维	构建过敏反应的概念模型	1. 内容准确性 2. 内容完整性 3. 概念之间的关联性	A（优秀）：达到1、2、3 B（合格）：达到1、2 C（待提高）：未达到1
社会责任	认同国家相关政策	1. 能说出国家出台预防艾滋相关政策的原因 2. 能说出国家出台预防艾滋相关政策对个人的意义。	A（优秀）：达到1、2 B（合格）：达到1或2 C（待提高）：未达到1或2
	设计预防艾滋病的宣传海报或宣传标语	1. 内容准确 2. 语言或画面优美	A（优秀）：达到1、2 B（合格）：达到1或2 C（待提高）：未达到1或2

子任务四：了解免疫预防和免疫治疗的相关原理
——免疫学的应用

（一）教学分析

"免疫学的应用"是人教版高中生物教材选择性必修1第4章第4节的内容。本节课侧重学生运用已有的概念解决问题，加强渗透社会责任感。从免疫学角度解释疫苗接种意义，提出提高器官移植存活率的科学方案，增强学生的社会责任感。

（二）学情分析

通过前面章节的学习，学生已掌握免疫学基本理论，能够对遇到的免疫学问题提出初步解决方案，并尝试运用所学的理论解决实际问题。流感病毒感染影响人们的正常工作、生活、学习，预防、治疗流感病毒感染，引发社会的广泛关注。探究流感病毒感染的诊断方法和流感疫苗的研制，理解治疗过程中的免疫学知识，能够帮助学生加深对特异性免疫原理的理解，强化生命观念的同时提升社会责任感，在生活中用生物学知识解决问题。

（三）教学目标

（1）生命观念：通过疫苗接种调查和科学史分析，说明疫苗的作用和本质，阐明疫苗的作用机制，形成稳态与平衡的生命观念。

（2）科学思维：讨论器官移植过程可能中存在的问题，解释免疫排斥的原理，尝试提出解决方案。

（3）社会责任：认同疫苗接种、器官捐献等治疗方式，主动科普宣传免疫学知识。

（四）教学策略

设置任务探究流感疫苗的本质。通过分析疫苗相关科学史、对比常见疫苗，总结疫苗的有效成分。设置任务探究流感疫苗如何发挥作用。通过绘制概念图、设计疫苗接种说明书等方式描述疫苗作用机制，解释接种实际问题。设置任务探究如何检测个体是否感染流感病毒。通过分析流感抗原检测试剂使用方式，描述抗体检测原理，进而理解判断待测者血型的原理。设置任务探究如何治疗流感患者。通过制定治疗方案，概括器官移植困境，提出解决办法。

（五）教学重难点

教学重点：疫苗发挥作用的原理；器官移植面临的困难。

教学难点：疫苗发挥作用的原理；器官移植和免疫排斥的关系。

（六）教学过程

第 5 课时教学过程见表 4 - 45。

表 4 - 45　第 5 课时教学过程

学习任务	教师活动	学生活动	设计意图
1. 探究流感疫苗的本质	创设情境： 活动 1：疫苗成分分析。介绍巴斯德研制狂犬疫苗过程，引导学生思考其有效成分是什么？列举学生接种过的疫苗，分析其有效成分	思考讨论：学生通过已有免疫学知识，说出不同种类的疫苗均能引起免疫反应，疫苗实质是抗原	引入科学史故事，结合学生的经历，总结疫苗的有效成分，为理解疫苗的本质和作用机制做铺垫
2. 探究流感疫苗如何发挥作用	创设情境： 活动 2：总结绘制概念图。教师引导学生概括疫苗作用机制，播放视频。 活动 3：整理疫苗接种说明书。开展做疫苗工程师活动。教师补充疫苗研制和应用相关进展	模型构建：梳理疫苗发挥作用的过程，并绘制概念图。 结合学案的补充资料，小组合作为流感疫苗整理一份简易版接种说明书，并进行展示	突破重难点，结合概念图分析疫苗作用机制，加深学生对特异性免疫的理解。开展学生活动，设计疫苗接种说明书，应用免疫学知识，利用所学知识解决实际问题，提升分析和小组合作能力，加强学生科技兴国的社会责任感

续 表

学习任务	教师活动	学生活动	设计意图
3. 探究如何检测某个个体是否感染流感病毒	创设情境： 活动4：流感病毒抗原、抗体检测试剂分析。流感病毒特异性抗体阳性的个体为疑似病例，对疑似病例要采取抗原检测、PCR核酸检测等方法检测判断。教师可展示流感感染抗原检测试剂盒，并介绍抗原检测试剂的正确使用方式。引导学生分析思考，如何检测个体是否携带流感病毒的特异性抗体？如何检测注射的流感疫苗是否发挥作用？ 血型鉴定应用了免疫诊断中抗原抗体特异性结合的原理。教师介绍人类的ABO血型，学生通过分析血型检测结果图，推测待测者的血型，来巩固学习结果	思考讨论：学生利用免疫学原理和抗原检测试剂分析，总结抗原检测原理。 类比抗原检测的原理，尝试设计抗体检测方案，与文献进行对比分析	分析抗原抗体检测试剂的使用过程及检测原理，总结免疫诊断原理，提升学生科学思维。血型分析进一步拓展免疫学在生活情境中的应用，提升学生在实际情境中分析问题的能力
4. 探究如何治疗流感患者	创设情境： 活动5：制定流感患者治疗方案。教师介绍我国肺移植治疗。展示我国器官移植现状、相关政策。 介绍国际关于器官移植的进展，美国纽约大学首次成功将猪的肾脏移植入人体，且未引发身体免疫排斥，基因编辑技术为异种器官移植开启了新思路	小组合作：学生结合课本资料开展小组讨论，为流感患者制定治疗方案，尝试提出使用免疫抑制剂、异种器官移植等方案	调动学生的日常知识，为流感患者提出治疗方案，同时开拓思维，多角度思考，提出器官移植过程中面临的困境的解决方案，提升学生的科学思维

续 表

学习任务	教师活动	学生活动	设计意图
5. 布置课后任务，设计科普海报	素质拓展：布置课后学习任务，科普免疫学知识。HPV 疫苗是第一例可以预防肿瘤的疫苗，但很多人不了解。布置任务让学生对 HPV 疫苗进行科普海报设计	自主学习：学生查阅资料，了解 HPV 疫苗的研制过程及作用机制，制作海报，向周围人科普 HPV 疫苗的免疫学知识	开放性作业帮助学生在生活情境中应用免疫学知识，宣传免疫学知识，深化学生社会责任感

（七）板书设计

4.4 免疫学的应用

1. 免疫预防

（1）疫苗的概念、作用、原理、接种意义

（2）器官移植：概念、成功关键、面临问题及希望

2. 免疫诊断：检测病原体（核酸检测）、肿瘤编织物等

3. 免疫治疗：化疗、放疗、免疫增强疗法、免疫抑制剂等

（八）课后作业

基础达标

1. 预防细菌或病毒感染最有效的方法是接种疫苗，疫苗本质上属于（　　）

A. 抗原　　　　　　　　　B. 抗体

C. 细胞因子　　　　　　　D. 抗原受体

2. 百日咳、白喉和破伤风是三种常见传染病，分别由三种致病菌导致。我国政府在儿童中推广"百白破"三联体疫苗的免费接种，大大降低了发病率，接种后（　　）

A. 只引发体液免疫而不发生细胞免疫

B. 辅助性 T 细胞可产生细胞因子作用于 B 细胞

C. 浆细胞特异性识别疫苗从而产生相应抗体

D. 体内出现一种能抑制上述三类致病菌的抗体

能力提升

1. 下列曲线显示了使人体获得免疫力的两种方法。据此判断，以下说法正确的是（　　）

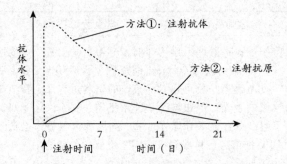

A. 采用方法①，可以使人获得比方法②更持久的免疫力

B. 采用方法②使人体获得抗体的过程叫细胞免疫

C. 医学上一般采用方法②进行免疫预防

D. 当一个人被毒蛇咬伤后，应立即采用方法②进行救治

2. 非洲猪瘟是由非洲猪瘟病毒（ASFV）感染家猪和各种野猪（如非洲野猪、欧洲野猪等）引起的急性出血性、烈性传染病。请回答下列问题：

（1）被 ASFV 侵染后，猪的免疫系统能消灭一定数量的病毒，这体现了免疫系统的_____功能。在免疫应答中，辅助性 T 细胞分泌的_____能促进 B 细胞的增殖、分化过程。

（2）当 ASFV 侵入猪细胞后，需要_____发挥作用才能使病毒失去藏身之所。所有免疫细胞的产生场所是_____。

（3）要阻止非洲猪瘟的进一步蔓延，从免疫学的角度看，最好的手段是研制出有效疫苗进行免疫预防。

① 疫苗的作用是_____。

② 某研究机构已初步研制出非洲猪瘟疫苗，为判断该疫苗的有效性，他们将未接触过 ASV 的生长状况相同的生猪随机均分为两组，并编号为甲和乙，进行了如下实验：

项目	甲组		乙组	
	注射	是否发病	注射	是否发病
第一次实验	1mL 非洲猪瘟疫苗制剂	否	a	否
第二次实验	1mL 含 ASFV 制剂	是	1mL 含 ASFV 制剂	是

a 处的内容是_____出现此实验结果的原因可能是_____（答出一点即可）。

附：**单元诊断（试题占70%、宣传展板设计占30%）**
免疫调节单元检测题

一、选择题题（每题2分，共15题，30分）

1. 人体免疫系统在抵御病原体的侵害中发挥了重要的作用。下列相关叙述正确的是（　　）

A. 人体内各种免疫细胞都分布在免疫器官和淋巴液中

B. 相同病原体侵入不同人体后激活的B细胞分泌的抗体都相同

C. 树突状细胞、辅助性T细胞和B细胞识别相同抗原的受体相同

D. 抗原呈递细胞暴露抗原信息，参与B细胞的活化

2. 免疫调节是人体生命活动调节的重要组成部分，下列相关叙述正确的是（　　）

A. "病从口入"是因为消化道没有第一道防线，病原体直接进入人体引起疾病

B. 组织液、血浆和唾液中的溶菌酶和吞噬细胞构成了第二道防线

C. 巨噬细胞、T细胞和B细胞都由造血干细胞分化而来

D. 免疫自稳、监视功能主要依靠第一、二道防线，免疫防御功能主要依靠第三道防线

二、填空题（共3道题，40分）

图甲是特异性免疫的部分过程图，图乙为一种树突状细胞（DC细胞）参与免疫过程的示意图。请据图回答：

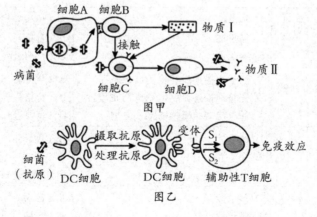

图甲

图乙

（1）图甲所示的免疫过程为_____免疫，物质Ⅱ为_____。

（2）细胞B、C、D中分化程度最高的是_____，具有特异性识别功能的是_____。（填字母）

（3）DC 细胞处理抗原后，细胞外出现特定的物质能与辅助性 T 细胞表面的受体特异性结合，激活信号分子（S1、S2），从而激发辅助性 T 细胞出现免疫效应，此过程说明了细胞膜具有_____的功能。具有摄取、处理及呈递抗原能力的细胞，除 DC 细胞外还有图甲中细胞_____（填字母）等。

（4）免疫系统能消灭侵入体内的病菌，这体现了免疫系统的_____功能。由题中信息可推知，图甲中的细胞 B 活性下降时，会引起机体生成物质 Ⅱ 的能力下降，其主要原因是_____。

三、流感宣传展板设计：课后完成，内容包括流感病毒认识、流感等传染病预防措施介绍，版面自行设计。（30 分）

（九）教学评价

评价量规见表 4 - 46。

表 4 - 46　评价量规

评价内容	评价指标	评价等级
总结疫苗的有效成分	1. 积极参与分析 2. 得出正确结论	A（优秀）：达到 1、2 B（合格）：达到 2 C（待改进）：未达到 1
绘制概念图、设计疫苗接种说明书	1. 科学性 2. 完整性 3. 美观性	A（优秀）：达到 1、2、3 B（合格）：达到 1、2 C（待改进）：未达到 1
分析流感抗原检测试剂使用方式	1. 科学地描述流感检测试剂原理 2. 完整地描述流感检测试剂原理 3. 通过检测结果推断某人血型	A（优秀）：达到 1、2、3 B（合格）：达到 1、2 C（待改进）：未达到 1
制定治疗方案	1. 科学性 2. 完整性 3. 可操作性	A（优秀）：达到 1、2、3 B（合格）：达到 1、2 C（待改进）：未达到 1
制作科普海报	1. 科学性 2. 完整性 3. 美观性	A（优秀）：达到 1、2、3 B（合格）：达到 1、2 C（待改进）：未达到 1

案例七：《全面依法治国》教学设计

——人教版高中思想政治必修 3 第三单元

王雪妍　孙子君　程丽　胡建喜　冯锋

《普通高中思想政治课程标准（2017 年版 2020 年修订）》（以下简称"新课标"）提出，高中思想政治课教学要"以学科大概念为核心，使课程内容结构化，以主题为引领，使课程内容情境化，促进学科核心素养的落实"。本文以人教版高中思想政治必修 3 政治与法治第三单元《全面依法治国》为例，探析基于核心素养的高中思想政治课大单元教学设计的实施路径。

一、提炼大概念，确定单元核心任务

（一）教材文本分析

在大中小学思政一体化背景下，法治意识的核心素养主要聚焦部编版道德与法治七年级下册第四单元《走进法治天地》，讲述法律与生活的紧密联系，分析法治在国家治理中的地位，促进学生积极适应法治时代的要求，初步培养学生的法治意识；部编版道德与法治九年级上册《民主与法治》从民主价值追求和法治中国建设的视角出发，探究民主与法治的关系，明确推动全社会树立法治意识对于全面依法治国的重要意义。从初中到高中遵循由表及里、循序渐进的原则。本单元《全面依法治国》是法学总论，解决"遵法守法"培养崇尚法治的观念，人教版高中思想政治选择性必修 2《法律与生活》是具体运用，重在阐释"学法用法"掌握民法和诉讼法的一些知识并能具体运用。

人教版高中思想政治必修 3 围绕"全面依法治国"的学科大概念，讲述全面依法治国的总目标、法治中国建设的三个目标、依法治国的四项要求三个问题。本书围绕"人民当家作主"这一本质阐释"三者统一"，其中党的领导是人民当家作主的保证，而依法治国是人民治理国家的基本方式。

本单元在回顾我国法治建设成就、理解马克思主义法律思想的基础上，引导学生深刻理解全面依法治国的总目标和原则，进而在总目标统领下明确重点任务，坚持法治国家、法治政府、法治社会一体化建设，实现科学立法、严格执法、公正司法、全民守法。本单元包括三课和一个综合探究，如图4-24所示。

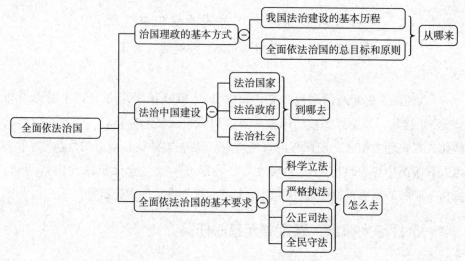

图4-24　单元教学框架

第七课"治国理政的基本方式"讲述了我国法律发展的历史，阐明了马克思主义法律思想，解析了新中国法治建设的成就，阐述了全面依法治国的总目标和原则，回答了我国法治建设"从哪来"的问题。

第八课"法治中国建设"讲述了法治国家、法治政府、法治社会的内涵和特征，分析了建设法治国家、法治政府、法治社会的具体要求，阐述了建设法治国家、法治政府、法治社会的重大意义，回答了我国法治建设"到哪去"的问题。学习本课有利于学生理性分析法治中国建设，明确建设法治中国是系统工程，要坚持法治国家、法治政府和法治社会一体建设。

第九课"全面依法治国的基本要求"简述了科学立法、严格执法、公正司法、全民守法的内涵，阐述了推进科学立法、严格执法、公正司法、全民守法的具体要求，回答了我国法治建设"怎么去"的问题。学习本课，有利于学生理解全面依法治国是国家治理的一场深刻革命，要实现全面依法治国的目标，必须做到科学立法、严格执法、公正司法、全民守法。通过探究，理解依法治国是党领导人民治理国家的基本方式，坚持依法治国首先要坚持依宪治国，坚持依法执政首先要坚持依宪执政；体会坚持党的领导、人民当家作主、依法治国有机统一；培养法治使人共享尊严、让社会更和谐、让生活更美好的认知和情感，做社会主义法治忠实崇尚者、自觉遵守者、坚定捍卫者。

（二）提炼单元大概念

单元大概念是隐含在单元事实性知识背后，能够揭示单元教学内容本质的、可迁移的概念和观点。单元大概念处于教学单元的高位，具有抽象性和统摄性，故不能以讲授的方式"教"给学生。大概念课堂教学中，教师应为学生思维进阶"搭梯子"，让学生在沉浸思考中把握知识关联，探寻概念联系，提炼单元大概念。

以大概念的视角来看，统领这个单元的是"全面依法治国是国家治理的一场深刻变革"，相较于"全面依法治国"，不仅可以揭示依法治国需多主体协同建设，还能渗透国家治理的变革。从纵向来看，把我国法治建设历程拉长，把中国古代律法作为单元的情境起点，拉长至中国特色社会主义法治道路，以"陈春秀案"为例体现我国法治建设的发展，得出全面依法治国的一体建设和基本要求，通过古今中外对比形成政治认同，培育法治意识。因此设置单元核心任务为以史为鉴共圆法治中国梦。

二、拟定目标，重构单元整体规划

（一）拟定教学目标

林恩·埃里克森认为，概念为本的课程设计"比传统目标更清晰、更明确，区分了知识、理解和技能，给教师提供了深入思考教学设计的信息"。以大概念为统领，拟定单元教学目标，让学生明晰单元教学走向，有利于学生在智力和情感上都积极参与到学习中去，进行超越事实的思考（见表4-47）。

表4-47　核心素养目标

核心素养	必备知识	关键能力	价值引领
政治认同	通过绘制"我国法治建设的成就"海报，带领学生了解国家法治发展的历程	通过查找书籍、调查、访谈等对法治建设认识形成主要观点、总结。将碎片化的学科概念与历史事件，转化为线性逻辑，培育学生纵向研读能力	理解中国特色社会主义法治建设的过程，是继承发展中外优秀法治思想、法律体系，逐步形成中国特色社会主义法律体系完善的复杂过程

续 表

核心素养	必备知识	关键能力	价值引领
科学精神	通过"高考冒名顶替事件"的探究，引导学生自主探究各行为主体在全面推进依法治国的进程中所发挥的作用，并能够阐释内在联系	立足新时代法治实践的基本特征和发展规律，探析实例，对国家法治建设的情况作出正确推断和科学解释	理解新中国法治建设是坚持中国共产党的领导，坚持人民主体地位的结果； 认同走中国特色社会主义法治道路的历史必然
法治意识	通过案例分析引导学生掌握基本的法律常识，尊法学法守法用法；知道法治国家、法治政府、法治社会在法治中国建设过程中具有重要作用，科学立法、严格执法、公正司法、全民守法是新时期全面推进依法治国的现实诉求①	将法治教学与日常生活相结合，使学生具备理论联系实际的能力，形成正确的价值取向	以习近平法治思想为引领，让学生在依法行使权利、依法履行义务的过程中，拥有法治使人共享尊严，让社会更和谐、生活更美好的认知和情感
公共参与	在学校开展"二十大精神"主题文化展览，在法治板块将学生制作的宣传海报进行展览，向全体师生进行法治知识宣讲	通过社会实践活动培养学生合作交流能力、表达诉求和解决问题的能力	做社会主义法治的忠实崇尚者、自觉遵守者、坚定捍卫者，将个人发展融入国家建设的历史浪潮中

（二）重构单元整体教学规划

将新建构的"结构单元"重构为"全面推进依法治国的原则""全面推进依法治国的总目标""全面推进依法治国的基本要求"三课。其中，"全面推进依法治国的总目标"可划分为两个教学模块。在此基础上，可抽象得出"全面推进依法治国的根本保障""建设中国特色社会主义法治体系""全面依法治国一体建设""全面推进依法治国的基本要求"四个课框主题（见图4-25）

① 陈颖，吴伟平. 大概念统领的单元整体教学路径探析——以"全面依法治国"为例［J］. 教学考试，2023（25）：31-35.

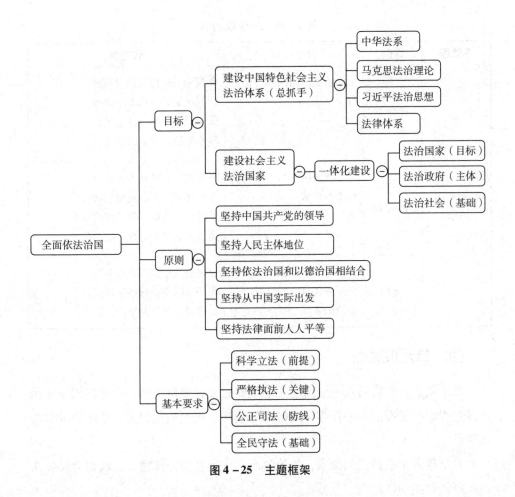

图 4 – 25　主题框架

三、选择适切情境，确定课时子议题

教学情境的选取应有助于呈现并运用相关学科的核心概念和方法，"显现生活中真实的情境，力求可操作、可把握"。教师要引导学生"梳理相关资料的基本概念、基本原理、基本方法，明确他们之间的内在结构"，把某一领域的结论或成果应用到其他领域，以促成进一步发现，实现跨时间、跨文化、跨情境知识迁移。

本单元以史为鉴，以时间为序分为 3 个课时，首先回溯法源认识法理，其次聚焦陈春秀案得出全面依法治国的一体建设和基本要求，最后通过古今中外的对比得出新中国成立以来法治建设的成就，以及中国特色社会主义法治道路（见表 4 – 48）。

表4-48 子议题内容

总议题	课时	教学内容	议题群
以史为鉴 共圆法治 中国梦	课时1	全面依法治国的总目标 科学立法	分议题一：传文脉寻真理 回溯法源，认识基本法理 聚焦现实，学习法治思想 科学立法，实现良法可依
	课时2	全面依法治国的一体建设 和基本要求	分议题二：献良策促善治 辨析维权之策，共建法治社会 反思执法之举，建设法治政府 追求公平之判，维护法治公平
	课时3	新中国法治成就 全面依法治国的原则 法治国家	分议题三：悟成就绘蓝图 回望来时路，感悟法治成就 远眺前行路，共绘法治蓝图

四、单元重难点

教学重点：理解习近平法治思想的重要意义，领悟中国共产党在国家法治建设过程中所发挥的核心作用，理解党的领导、人民当家作主、依法治国的内在联系。

教学难点：坚持法治国家、法治政府、法治社会一体建设，增强全民守法的积极性和主动性。

五、单元评价目标

水平2：着眼于人类文明演进的历程，说明依法治国是先进的国家治理方式。

水平3：列举生活中立法、执法、司法和守法的实例，阐述依法治国、建设社会主义法治国家的基本方式①。

水平4：结合中国特色社会主义实践，阐释全面依法治国对推进国家治理体系和治理能力现代化的意义。

---

① 中华人民共和国教育部.普通高中思想政治课程标准（2017年版）[S].北京：人民教育出版社，2018.

六、教学设计

第 1 课时　传文脉寻真理

（一）教学目标

（1）必备知识：通过了解古今中外法治的历史，能够深刻认识全面依法治国的重大意义；通过法治思想的宣讲，理解习近平法治思想是全面依法治国的根本遵循和行动指南；聚焦法律改革中的亮点知道科学立法的基本要求。

（2）关键能力：通过查找书籍、调查等，对我国的法治建设认识有基本观点；认同中国特色社会主义法治建设的过程，是继承发展中外优秀法治思想、法律体系，逐步形成中国特色社会主义法律体系完善的复杂过程[①]。

（二）学科核心素养

（1）政治认同：认同全面依法治国是提高国家治理体系和治理能力现代化的必然选择。

（2）法治意识：学法、懂法、守法、用法；通过相关资料和所学，对全面依法治国提出自己的建议。

（三）教学过程

教学环节一：回溯法源，认识基本法理

教师活动：播放视频《中华法制史》，展示秦律、唐律、大明律等材料。

学生活动：

（1）为什么法源于夏商西周时期？

（2）归纳该律法的基本特征，并分析其在国家发展中的作用。

（3）用词语概括中华法系的特点。

设计意图：以古代律法作为单元教学的起点，让学生在鉴别、比较中深化对法的认识，以纵向视角开启单元学习。

教学环节二：聚焦现实，学习法治思想

教师活动：以理论渊源、历史渊源、现实依据、"十一个坚持"等为主题，准备资源包。

---

① 陈颖，吴伟平．大概念统领的单元整体教学路径探析——以"全面依法治国"为例
　　[J]．教学考试，2023（25）：31－35.

学生活动：结合课程资料包和课前预习，以小组为单位，深入开展习近平法治思想学习研讨，并选派代表为宣讲员，向全班同学进行讲解。

设计意图：组织学生研讨并宣讲习近平法治思想，让学生在"讲"中"学"，使学生深刻领会习近平法治思想的精神实质，理解习近平法治思想是全面依法治国的根本遵循和行动指南，培育学生透过现象看本质的能力，从而落实学生科学精神和法治意识的学科核心素养。

教学环节三：科学立法，实现良法可依

教师活动：展示情境——"冒名顶替罪"入刑过程。

学生活动：

（1）"冒名顶替罪"入刑过程的科学性体现在哪里？

（2）对科学立法有何启示？

设计意图：以高考冒名顶替的典型案例，抛出"审视其立法过程、发现其执行问题"核心任务，承载"全面依法治国的一体建设和基本要求"。

（四）板书设计

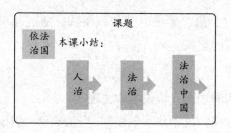

（五）作业设计

参见表4 –49。

表4 –49 作业

客观题部分		
	必做	**选做**
设计维度	基础性	基础性、综合性、创新性
设计容量	共10小题，预计用时8分钟	共15小题，预计用时10分钟
主观题部分		
	必做	**选做**
设计维度	说明类	评述类
设计容量	共1道，预计用时8分钟	共1道，预计用时10分钟

社会实践	
必做	选做
完善习近平法治思想宣讲稿，准备学校宣讲活动	1. 结合我国近年来制定的法律法规，开展文献、调查研究等活动，形成研究报告 2. 阅读原著，深入了解

（六）课时评价

参见表 4 – 50、表 4 – 51 和表 4 – 52。

表 4 – 50　我的小组参与

学习任务	具体要求
学习活动环节一： 运用学科思想方法 培养学科核心素养	①追溯法源，完成子议题一 ②阅读情境，独立思考后组内交流 ③记录员记录本组议学成果，分享员展示评价
学习活动环节二： 运用学科思想方法 培养学科核心素养	①法治宣讲，完成子议题二 ②分享员代表小组分享小组合作学习成果 ③组内成员或其他组成员可以对本组分享成果进行补充
学习活动环节三： 运用学科思想方法 培养学科核心素养	①良法可依，完成子议题三 ②阅读情境，独立思考后组内交流 ③分享员代表小组分享小组合作学习成果

表 4 – 51　小组分工

姓名	小组分工	职责
	引导员	领学议题活动，落实学习任务
	记录员（不唯一）	记录组内学习交流成果
	分享员（不唯一）	分享议题活动的学习成果
	评价员	按照评价标准对小组成员进行赋分

表 4 - 52 我的学习效果

任务梯度	具体要求	赋分（0~10分）
学业水平的任务	①描述与比较：古今中外的法治 ②解释与论证：科学立法的基本要求 ③辨析与评价：习近平法治思想的深刻内涵	
更高层次的理解任务	①我能采用小组合作探究的形式，课前搜集整理案例，了解习近平法治思想的历史逻辑、理论逻辑和现实逻辑 ②增强对社会主义法治道路的认同	
更高层次的应用任务	创设思辨环节： 我能运用辩证唯物主义基本观点和方法，解释当前法治建设中的突出问题，并对相关信息进行检验和评价	
更高层次的迁移任务	践行法治思维： 我能通过对法治思想的感悟，进一步体会全面依法治国的重大意义，增强对法治建设的理解，达到对认识和深化和情感的升华	

第 2 课时 献良策促善治

（一）教学目标

（1）必备知识：学生参与辩论"当事人陈春秀维护自身权益依靠法律手段还是私了更省事划算"，理解全民守法的基本要求；讨论"追踪陈春秀被冒名顶替上大学事件"的系列案例，理解严格执法、公正司法的基本要求。

（2）关键能力：提高辨析与评价的能力，增强学生用法律武器维护自身合法权益的自觉性；提高分析与综合、反思与评价的能力，进而坚定依法治国的目标信仰，培育法治意识。

（二）学科核心素养

（1）政治认同：认同全面依法治国是国家治理的一场深刻革命。

（2）科学精神：立足新时代法治实践的基本特征和发展规律，探析实例，对国家法治建设的情况作出正确推断和科学解释。

（3）法治意识：在依法行使权利、依法履行义务的过程中，拥有法治使人共享尊严、让社会更和谐、生活更美好的认知和情感。

（4）公共参与：以主人翁的姿态为法治中国建设贡献力量。

（三）教学过程

教学环节一（任务一）：辨析维权之策，共建法治社会

教师活动：展示陈春秀事件始末不同网友的观点。

学生活动：

（1）选择一方观点，写出两个分论点及对应的辩论词。

（2）联系生活实际，谈谈你认为法治社会是怎样的社会，如何建设？

设计意图：通过辩论争议，引导学生全面地认识各种维权手段的适用性，深化学生对全民守法、依法维权的认识，自觉做到尊法学法守法用法，增强学生的理性观念和法治意识①。

教学环节二（任务二）：反思执法之举，建设法治政府

教师活动：展示陈春秀事件始末、补充克拉玛依建设法治政府图鉴。

学生活动：

（1）假如你是执法者，请从严格执法、公正执法、规范执法、文明执法的角度阐述你将如何做？

（2）结合克拉玛依的实际，用若干词语概括什么是法治政府，怎样使其变成现实？

设计意图：通过反面案例剖析，深入理解"严格执法与文明执法"的要求，明白政府严格执法要以法为据也要以理服人、以情感人，力求实现执法效果最大化。

教学环节三（任务三）：追求公平之判，维护法治公平

教师活动：展示陈春秀事件始末、补充材料。

学生活动：

（1）假如你是陈春秀的代理律师，请为她写一篇辩护词。

（2）讨论并交流：陈春秀是否可以申请国家赔偿？请说明理由。

（3）该案对公正司法有何启示？

---

① 刘苏红，姚献丽．"全面依法治国的基本要求"教学设计［J］．思想政治课教学，2021（9）：64－68．

设计意图：让学生在解决实际问题的任务表现中沉浸学习，撰写辩护词理解公正司法的内涵和要求，阐述申请国家赔偿理由突出对"疑罪从无""非法证据排除"的学习和理解。

（四）板书设计

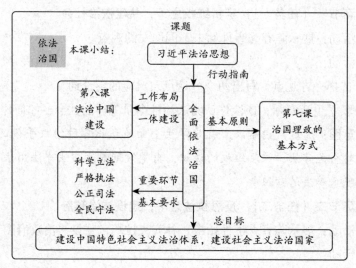

（五）作业设计

参见表4-53。

表4-53 客观题作业

客观题部分	
必做	选做
设计维度	基础性	基础性、综合性、创新性
设计容量	共10小题，预计用时8分钟	共15小题，预计用时10分钟
主观题部分	
必做	选做
设计维度	说明类	评述类
设计容量	共1道，预计用时8分钟	共1道，预计用时10分钟
社会实践	
必做	选做
小组形成完整调查报告，对此案中的细节进行深入探究	形成我的法治建议书

（六）评价设计

参见表4-54、表4-55。

表4-54　我的小组参与（小组分工略）

学习任务	具体要求
学习活动环节一：运用学科思想方法培养学科核心素养	①自主探究维权，完成子议题一 ②阅读情境，独立思考后组内交流 ③记录员记录本组议学成果，分享员展示评价 ④组内成员或者其他组员可展开辩论，进行补充
学习活动环节二：运用学科思想方法培养学科核心素养	①立足"执法者"身份，完成子议题二 ②分享员代表小组分享小组合作学习成果 ③组内成员或其他组成员可以对本组分享成果进行补充
学习活动环节三：运用学科思想方法培养学科核心素养	①立足"代理律师"身份，完成子议题三 ②共同合作完成一份辩护词 ③各组相互观摩，分享交流

表4-55　我的学习效果

任务梯度	具体要求	赋分（0~10分）
学业水平的任务	①描述与比较：严格执法的主体、内涵 ②解释与论证：严格执法、公正司法、科学立法的基本要求，严格执法的意义 ③辨析与评价：全民守法的基本要求；如果你是执法人员会作何选择？为什么？公正司法有什么意义？	
更高层次的理解任务	①采用小组合作探究的形式，课前搜集整理案例，明确政府在推进全面依法治国过程中应该严格执法 ②课后畅想法治政府和社会主义法治国家的未来，增强对全面依法治国的基本要求的理解	
更高层次的应用任务	创设思辨环节： 我能运用辩证唯物主义基本观点和方法，解释当前法治建设中的突出问题，并对相关信息进行检验和评价	

任务梯度	具体要求	赋分（0～10分）
更高层次的迁移任务	畅想法治政府和社会主义法治国家的未来，通过对未来的畅想，在畅想的过程中进一步体会全面推进依法治国的重要意义，增强对法治建设的理解，达到认识的深化和情感的升华	

第 3 课时　悟成就绘蓝图

（一）教学目标

（1）必备知识：知道法治国家、法治政府、法治社会在法治中国建设过程中具有重要作用，以及科学立法、严格执法、公正司法、全民守法是新时期全面推进依法治国的现实诉求。

（2）关键能力：立足新时代法治实践的基本特征和发展规律，探析实例，对国家法治建设的情况作出正确推断和科学解释。

（二）学科核心素养

（1）政治认同：认同新中国法治建设是坚持中国共产党的领导，坚持人民主体地位的结果。

（2）法治意识：拥有法治使人共享尊严、让社会更和谐、生活更美好的认知和情感[1]。

（3）公共参与：做社会主义法治的忠实崇尚者、自觉遵守者、坚定捍卫者，将个人发展融入国家建设的历史浪潮中。

（三）教学过程

教学环节一（任务一）：回望来时路，感悟法治成就

教师活动：展示材料。

学生活动：结合课程资源包和课前预习，完成我国法治建设成就图鉴，并为每个阶段的法治建设拟定一个主题。

设计意图：通过组织学生绘制我国法治成就图鉴，带领学生了解国家法治

---

[1] 中华人民共和国教育部．普通高中思想政治课程标准（2017 年版）[S]．北京：人民教育出版社，2018．

建设的主要阶段及各阶段的辉煌成就；通过为每个阶段国家法治建设拟定主题，引导学生将碎片化的学科概念与历史事件转化为线性逻辑，让学生在"思"中"学"，增强学生的历史使命感与时代责任感，从而落实学生的政治认同、法治意识的学科核心素养。

教学环节二（任务二）：远眺前行路，共绘法治蓝图

教师活动：展示情境。

学生活动：

（1）概括立法、执法与守法过程中体现的全面推进依法治国的总目标和措施。

（2）进一步总结法治国家的内涵及措施。

（3）加入群聊，结合所学所思，谈谈未来的工作理想。

设计意图：引导学生在法治成就图鉴上深入思考，从法治体系和法治能力的进步发展体现全面依法治国总目标；组织学生从不同行为主体的角度为推进全面依法治国建言献策，使学生理解全面依法治国进程中，必须坚持中国共产党的领导、人民当家作主和依法治国的有机统一，必须协同推进科学立法、严格执法、公正司法、全民守法。

（四）板书设计

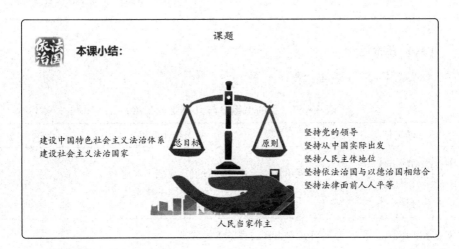

（五）作业设计

参见表 4-56。

表 4 – 56　作业

客观题部分		
	必做	选做
设计维度	基础性	基础性、综合性、创新性
设计容量	共 10 小题，预计用时 8 分钟	共 15 小题，预计用时 10 分钟
主观题部分		
	必做	选做
设计维度	说明类	评述类
设计容量	共 1 道，预计用时 8 分钟	共 1 道，预计用时 10 分钟
社会实践		
	必做	选做
	进行学校宣讲活动	1. 校外志愿服务活动 2. 搜集新中国成立 70 多年来，我国法治建设的相关资料或典型法律案例，思考我国法治进步的路径，形成"建设法治国家"的主题报告

（六）评价设计

参见表 4 – 57、表 4 – 58。

表 4 – 57　我的小组参与（小组分工略）

学习任务	具体要求
学习活动环节一： 运用学科思想方法 培养学科核心素养	①展示法治建设成就海报，完成子议题一 ②记录员记录本组议学成果，分享员展示评价
学习活动环节二： 运用学科思想方法 培养学科核心素养	①绘制蓝图，完成子议题二 ②分享员代表小组分享小组合作学习成果 ③组内成员或其他组成员可以对本组分享成果进行补充

表 4 – 58　我的学习效果

任务梯度	具体要求	赋分（0～10分）
学业水平的任务	①描述与比较：各个时期国家法治建设的情况 ②解释与论证：全面依法治国的原则；法治国家的内涵 ③辨析与评价：如何造就法治的中国梦	
更高层次的理解任务	①我能采用小组合作探究的形式，课前搜集整理案例，展示我国法治建设的成就 ②畅享法治国家的未来，增强全面依法治国的一体化建设的理解	
更高层次的应用任务	创设思辨环节： 我能运用辩证唯物主义基本观点和方法，解释当前法治建设中的突出问题，并对相关信息进行检验和评价	
更高层次的迁移任务	践行法治思维： 我能通过对未来的畅享，进一步体会全面依法治国的重大意义，增强对法治建设的理解，达到对认识和深化和情感的升华	

七、结语

　　大单元教学设计是针对教学单元相对完整的知识体系、进阶式素养目标和序列化活动而展开的结构化设计，需要教师有更高的站位，敢于打破教材编排顺序和章节限制，根据知识的内在逻辑重组教学内容，确立教学单元，选用大情境设计大任务，引领学生开展全景式、沁润式学习。《全面依法治国》大单元设计，既讲述古今中国法治建设历程，又全面学习依法治国的总目标和基本要求，点面结合，纵横双线推进，有利于学生整体感知"全面依法治国是国家治理的一场深刻革命"，并上升到理性认识。

　　大单元教学设计是为突破课时教学碎片化无力承载学科素养的困境而提出，大单元教学设计可以依循单元逻辑选用事前—事中—事后、昨天—今天—明天、问题—原因—措施、个性—共性—个性等作为主线，创设覆盖主要知识的情境或活动，多用古今对比、中外对比、正反对比，直面现实困境和网络舆情,培养学生在探究活动中提出观点,在价值冲突中识别观点,达成政治认同,涵养科学精神、法治意识,通过课后的实践活动让学生在公共参与中增进对法治中国的理解与认同。

案例八:《源远流长的中华文化》教学设计

——人教版高中历史选择性必修 3 文化交流与传播第一单元

张帆

一、课程标准

了解中华优秀传统文化的内涵;从人类文明发展和世界文化交流的角度,认识中华优秀传统文化的特点和价值,认识中华文化的世界意义。

二、课标分析

课标中明确地告知本单元教学评的主题是"中华优秀传统文化"。这里有两点要清楚,一是"传统文化",二是"优秀"。首先要明确的是本单元不涉及近代史的革命文化与现代史的社会主义先进文化,只讲授"传统文化",即中国古代史的相关内容。其次,在"传统文化"的范畴内,精挑细选其中"优秀"的部分,可谓"去其糟粕,取其精华"。

中华优秀传统文化的内涵博大精深。依据教材内容,梳理出以下内容:以人为本;民本思想;家国情怀;自强不息、厚德载物;和而不同;等等。这部分内容,课标要求教学做到"了解",层次相对较浅。

课标另外一部分要求"从人类文明发展和世界文化交流的角度,认识中华优秀传统文化的特点和价值,认识中华文化的世界意义"。这一部分的教学重点在于认识中华优秀传统文化的特点、价值以及世界意义。依据教材内容,可以梳理出相关的知识点。中华优秀传统文化的特点有本土性、多样性、包容性、凝聚性、连续性。中华优秀传统文化的价值在于它是中华民族发展的内在思想源泉和精神动力。中华优秀传统文化的世界意义在于促进了世界文化的发展。如何认识以上的内容,课标建议"从人类文明发展和世界文化交流的角度",即可以从时间维度上做纵向、从空间维度做横向的比较与分析。

综上，课标实际上对教学做了三个方面的要求：一是了解中华优秀传统文化的内涵；二是认识中华优秀传统文化的特点；三是认识中华优秀传统文化的价值，其世界意义也属于价值范畴。

以上三方面的内容从认知结构上分析可以看作两层：中华优秀传统文化的内涵是教学的基础；认识特点与价值是高阶的要求，要以认识内涵为前提。

三、教材分析

（一）从教材来看

本单元是人教版高中历史选择性必修 3 文化交流与传播的第一单元，讲述源远流长的中华文化。第二单元讲丰富多样的世界文化。通过前两单元的学习，学生基本掌握了文化交流与传播的主体。第三、四、五单元分别讲述了文化交流与传播不同的途径，即"人口迁徙""商业贸易""战争冲突"。第六单元讲述文化的传承与保护。简言之，一、二单元讲文化交流与传播的内涵；三、四、五单元讲文化交流与传播的方式；第六单元讲文化交流与传播的载体。

中华文化是世界文化的重要组成部分，无论是交流与传播，还是传承与保护，中华文化都是不容小觑的存在。

（二）从教材单元编写的结构上看

第一单元《源远流长的中华文化》分为两课，第 1 课题为"中华优秀传统文化的内涵与特点"，第二课题为"中华文化的世界意义"。两课的标题与课标中的三个要求贴合紧密。

（三）从单课结构上分析

第 1 课分为 3 个子目，依次是"中华文化的发展历程""中华优秀传统文化的内涵""中华优秀传统文化的特点和价值"。第 2 课分为 2 个子目，第 1 子目题为"中华文化在交流中发展"，第 2 子目题为"中华文化对世界的影响"。

联系课标，可以看出在本单元 5 个子目中"中华文化的发展历程"与"中华文化在交流中发展"与课标没有直接联系，另外 3 个子目则一一对应课标中的三个要求。

"中华文化的发展历程"从教材内容上看是从时间维度上概述了从古至今中华文化发展的经历。"中华文化在交流中发展"则是从空间维度上概述了中华文化在空间维度上与异质文化交往、交流、交融中发展的历程。

这2个子目的内容之所以在本单元的课标中没有相关要求，是因为中华文化横向与纵向发展的相关知识在高中历史必修教材《中外历史纲要》上册中国古代史部分的相关章节已经重点学习过了。如课标1.2要求"了解老子、孔子学说；通过孟子、荀子、庄子等了解'百家争鸣'的局面及其意义"；课标1.3要求"了解汉朝尊崇儒术的举措"；课标1.4要求"认识三国两晋南北朝至隋唐时期思想文化领域的新成就"；课标1.5要求"认识两宋在文化方面的新变化"；课标1.6要求"了解明清时期思想文化的新变化"等。

简而言之，这2个子目可以融通为一个部分，即"中华文化发展的历程"。依据教材相关内容，可以从中华文化发展的历程中揭示出其发展的原因：继承和发扬传统文化，吸收与借鉴外来文化。

"中华优秀传统文化的内涵"这一子目正文部分一共六段，围绕"以人为本""民本思想""家国情怀""崇德尚贤""自强不息""和而不同"六个方面展开描述。其中"民本思想"是"以人为本"在政治伦理上的体现。

在这六段正文中，编者引用的史料都是文献类，大部分出自春秋战国时期的诸子百家言论，只有在讲述"家国情怀"时引用了北宋张载、范仲淹，南宋文天祥，明末清初顾炎武的名言。

除此之外，附录部分有"史料阅读"两则，分别出自《管子》与《贞观政要》，主题是"以民为本"；孟子与老子画像各一幅；《礼记》书影一幅；《学思之窗》文本三段，出自《关于实施中华优秀传统文化传承发展工程的意见》，三段文字从核心思想、传统美德、人文精神等三个层面补充了优秀传统文化的内涵。

"中华优秀传统文化的特点和价值"这一子目只有三段正文。

第一段言简意赅地概述了中华优秀传统文化的特点，并没有提供相应的史料，如"中华文化的起源于发展具有本土性"，又如"中华文化博采众长、兼收并蓄，积极吸纳外来文化，具有很强的包容性"。要让学生了解这样的结论，教学设计中还要提供合适的情境、一定的史料。诊断教学效果的环节也是如此。

第二、三两段主要围绕中华优秀传统文化的价值展开论述。第二段侧重于中华文化对于民族的价值，第三段侧重于中华文化对于国家的价值。这两段文字也是结论性的文字，并没有提供相关史料或情境。教学评设计的过程中需要提供相应的内容。

"中华文化对世界的影响"这一子目有正文六段。附录部分有图像类史料三则，"学思之窗"中有文献类史料两则，"历史纵横"有关于"中国饮食、风俗习惯对周边国家的影响"的文字描述一段，"史料阅读"中补充了四大发明对于欧洲历史乃至于世界历史的重大影响。梳理一番，不难看出，中华文化影响世界的维度是多元的，包含文字、思想、制度、律令、历法、建筑、绘画、音乐、饮食、服饰、节日、习俗、科技等；中华文化对世界的影响也是广泛的，从地理范围上来看，主要影响东亚地区，形成儒家文明圈，除此之外，对欧洲地区也产生了深远的影响。本子目内容丰富，形式多样，论从史出，史论结合，教、学、评设计时充分挖掘教材所提供的素材即可。

综上教材相关分析，可以将本单元 5 个子目的内容整合成四个部分。第一部分主讲"中华文化的发展历程"，包含第 1 课第 1 子目与第 2 课第 1 子目；第二部分主讲"中华优秀传统文化的内涵"；第三部分主讲"中华优秀传统文化的特点"；第四部分主讲"中华优秀传统文化的价值"，包含第 1 课第 3 子目第二、三两段文字及第 2 课第 2 子目。

四、教学重难点

教学重点：了解中华优秀传统文化的内涵。
教学难点：理解中华优秀传统文化的特点和意义。

五、单元大概念

中华文化源远流长。

六、单元子任务

（1）阅读教材第 1 课第 1 子目、第 2 课第 1 子目，按照时序梳理中华文化发展阶段性的主要内容。

（2）阅读教材第 1 课第 2 子目，找到中华优秀传统文化内涵的具体内容，然后默写出来。

（3）阅读教材第 1 课第 3 子目，找到中华优秀传统文化的特点，能举例阐释这些特点。

（4）阅读教材第 1 课第 3 子目、第 2 课第 2 子目，举例阐释中华优秀传统文化国内、国际两方面的价值。

时空坐标如图 4 - 26 所示。

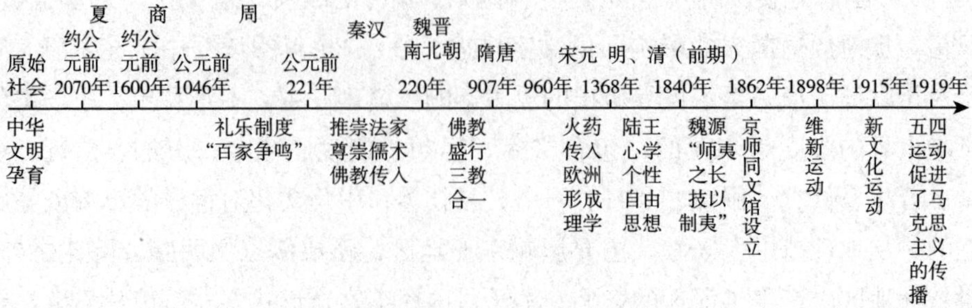

图 4 - 26　历史进程

七、课程任务

资料：克拉玛依市与巴基斯坦瓜达尔区、哈萨克斯坦阿克托别市、阿克套市、俄罗斯伊斯基季姆市、蒙古乌兰巴托市五个城市建立了友好城市关系。每年友好城市之间会举行丰富多彩的交流互动，其中就有青少年访学。

今年克拉玛依市有关部门筹划举办一期题为"中华文化，源远流长；两国青年，情深义重"国际友好城市青少年夏令营，其内容之一是帮助来一批来自国际友好城市爱好中华文化的青少年备赛 2023 年第十六届"汉语桥"世界中学生中文比赛。现计划仿照"汉语桥"历年比赛形式从全市高中选拔一批熟悉中华文化、品学兼优的学生作为夏令营志愿者。

设计意图：通过创设真实的生活情境，即"在个人生活、家庭生活、社区生活中遇到的与历史有关的问题，如在倾听长辈的回忆、观看影视剧、浏览名胜古迹时遇到的问题"，让学生在陌生的、复杂的、开放性的真实问题情境学习并诊断其相关的核心素养。

结合对课标、教材的分析，将本单元相关知识整合成四个部分：中华文化发展的历程；中华优秀传统文化的内涵；中华优秀传统文化的特点；中华优秀传统文化的价值。仿照"汉语桥"世界中学生中文比赛的形式，用"眼观""耳听""身感""心悟"四种方式激发学生学习的兴趣。

以上四部分在知识结构上环环相扣，学习难度依次递增，符合学生的认知规律。

"汉语桥"模拟题

第一部分：眼观·历程

（展示图片）

图1：云冈石窟露天大佛（图略）。

图2：湖北云梦睡虎地秦墓出土有关秦律的竹简（图略）。

图3：汉武帝（公元前156—前87）（图略）。

图4：朱熹（1130—1200）自画像石刻（图略）。

图5：蔡元培（前排右四）、陈独秀（前排右三）等与北大文科哲学门师生合影（图略）。

图6：江南制造总局翻译馆（图略）。

图7：春秋列国形势图（图略）。

图8：贵州修文阳明洞（图略）。

图9：中国新石器时代文化遗存分布图（图略）。

（1）按照中华文化发展的历程，以时间顺序重新排列以上图片。

设计意图：教材中有2个子目讲述中华文化发展的历程，"中华文化的发展历程"是以时间的维度纵向描述了中华文化如何发展，"中华文化在交流中发展"是以空间的维度横向描述了中华文化在吸收、借鉴、融合其他国家、地区的文化。这些都是"中外历史纲要"上册中国古代、近代史部分相关章节业已学习过的内容。人教版高中历史选择性必修3现以文化专题的形式集合呈现，对于学生来说，学习难度不大。通过预习，学生如果能在课上按照时间顺序把这些图片进行正确排序，就能诊断出学生在时空观念上的水准。

教师在这一环节先做示范，学生知道规则之后，教师再请学生演示。教与学的重点在于搞清楚每一幅图片的时间信息。

以上图片均选自人教版高中历史必修、选择性必修教材。

（2）挑选其中一张图片，简述其所包含的中华文化。

设计意图：每一幅图片都包含了一定时期的中华文化具体内容。学生通过自习，能够掌握一部分的相关知识。教师示范后，观察学生的口述，可以知悉学生掌握的相关情况。

云冈石窟露天大佛是北魏时期佛教重要的造像，从中可以解读出中华文化吸收佛教这一外来文化的史事。湖北云梦睡虎地秦墓出土有关秦律的竹简是关于秦律的重要实物类史料，其反映了秦朝推崇法家学说的史事。汉武帝的画像能让学生回忆起"罢黜百家，独尊儒术"的史事。朱熹自画像石刻，能让学生联想起程朱理学。蔡元培、陈独秀等与北大文科哲学门师生合影反映的是新文化运动。江南制造总局翻译馆的老照片是洋务运动时期清政府主动学习西方先进文化的典型史事。春秋时期形势示意图能让学生联想到百家争鸣。贵州修文阳明洞是心学代表人物王阳明曾经的住所。新石器时代人类遗址分布图能看出我国早期文明起点多元的特征。

（3）如果要在这些图片中增添一幅新的，你会挑选什么素材？说明你的理由。

设计意图：设计前两个教学环节，目的是让学生回顾所学知识，通过教师的示范和学生的回答，基本上能将中华文化发展的历程重现。学生是否真的掌握了中华文化发展历程呢？设置第三个环节就是当堂诊断教与学的效果。中华文化发展历程上的重要史事远不是以上图片所能覆盖的，挂一漏万，还有很大的完善空间。如果学生能在这些图片中再增添一幅，并能将其置于合适的时空条件下，讲清其反映的中华文化发展历程，那么本环节的教学目标自然就达成了。反之亦然。

第二部分：耳听·内涵

（1）阅读教材相关章节，找到中华优秀传统文化的内涵，合上书默写下来。

设计意图：教材在"中华优秀传统文化的内涵"这一子目中对相关内容做了详尽的阐述，不仅有内涵的具体内容，还有相关言论。在本子目"学习聚焦"中，编者还将内涵整合为"重视以人为本，崇尚天人合一，追求家国情怀，崇德尚贤，强调自强不息，主张和而不同"。除此之外，在这一子目的"学思之窗"中，编者还补充了其他的内涵，如"革故鼎新、与时俱进、脚踏实地、实事求是"等。

另外，在前一环节的学习中，学生通过梳理中华文化发展历程的相关史事，温故知新，对中华优秀传统文化的内涵也能有一定程度的了解。

学生在自学时不难找到相关答案。

这一环节的学习为完成下一环节打下基础。

（2）听六条录音（音频），说出每条录音里蕴藏的中华优秀传统文化具体内涵。

设计意图：学生在自学中探究上一环节相关问题时，对蕴含中华优秀传统文化的言论有了一定程度的了解。以"崇德尚贤"为例，教材中提及孔子、墨子、孟子的言论以及《礼记》的节选文本。对于"崇德尚贤"这一中华优秀传统文化的内涵，学生并不需要记诵这些言论，但是学生需要了解这些言论反映了"崇德尚贤"的思想理念。在教学过程中，播放其中的一部分内容的音频，让学生回答其所蕴含的主旨，是诊断学生自学的一种手段。如果学生能够辨识其中的真意，教师就没有必要在这里大费周章；如果学生在辨识的过程中出现困难，则是教师教学的契机。

（3）提交一条音频文本，写明其中包含的中华优秀传统文化内涵（要求：不能照抄书本中的言论，可以通过查阅书籍、互联网等手段获取；音频文本简短，字数不超过50字）。

设计意图：课程标准要求教学评一致。评价可以分为过程性评价与终结性评价。终结性评价多指阶段性的诊断考试。过程性评价相对于终结性评价而言，时效性更强，往往紧贴学生学习过程，这样的评价能更及时、真实地反馈学生当时学习的效果。同样，这样的评价也能及时诊断出教师教学的效果。

通过前两个环节的学习，学生是否已经完全掌握了中华优秀传统文化的内涵？那不妨设置一个带有迁移性的任务去诊断。

同样以"崇德尚贤"为例，教材中提供了孔子、墨子、孟子的相关言论以及节选自《礼记》的文本。学生识记了这些相关知识后，完成前两问的学习并非难事。但是如果换个情境，学生是否还能准确无误地把握"崇德尚贤"的外延呢？如果学生能通过收集、辨析史料，找准相关的言论来匹配"崇德尚贤"这一思想理念，那么这一板块的学习效果自然就得到了确认。反之亦然。

第三部分：身感·特点

（1）阅读教材相关章节，找到中华优秀传统文化的特点，合上书默写下来。

设计意图：教材第1课第3子目中简述了中华优秀传统文化的特点，如"本土性、多样性、包容性、凝聚性、连续性"。学生通过阅读教材不难找到这些内容。学生能够找到这些特点且能写下来，是进行下一环节的基础。

（2）建筑是凝固的文化。请你观察所提供的民居图片，结合所学，写出这些民居所蕴含的中华优秀传统文化的特点。

　　设计意图： 学生能够找到中华优秀传统文化的特点，并不代表学生能够理解这些特点。如果学生在复杂而多元的情境中还能感受出这些特点，那么学生必然就是理解了。

　　如何诊断学生是否理解了？这里通过一系列中国民居营造真实的情境。如果学生能在这些"凝固的文化"中感知中华优秀传统文化的特点，那么这个环节就无须在教学过程中花费太多时间。反之亦然。

　　本土性，是相对于其他地区的文化而言的。以建筑为例，中国传统民居多是砖木结构。如果要作比较，可以将人教版高中历史选择性必修2第四单元《村落、城镇与居住环境》中的相关史事作为参照物，如古罗马建筑它们的特征则是"混凝土、拱券和希腊柱式相结合"或者北美大平原的印第安人"住在圆锥形的帐篷中"。

　　多样性，强调的是中华文化"博大精深、丰富多彩"。从提供的图片中，学生不难观察到中国传统民居形式多样，如黄土高原地区有窑洞，北方有四合院，南方有粉墙黛瓦的徽派民居、福建土楼、湘西吊脚楼等。不同的地理环境与人文环境造就了不同特色的民居。

　　包容性，指的是"博采众长，兼收并蓄，积极吸纳外来文化"。这里可以给学生提供上海外滩的典型建筑，这些建筑往往带有西式建筑的特点，如希腊柱式、罗马拱券、穹顶。也可以给学生提供两广、海南等省份的骑楼，这样的建筑往往带有南洋的风格。

　　凝聚性，指的是文化能将中华民族团结在一起。这在建筑上如何体现呢？例如，土楼、四合院、徽派建筑等都是聚族而居，尤其是祠堂这类具有特殊功能的建筑，更能体现凝聚性。

　　连续性，指的是"中华文化连绵不绝，传承至今"。例如，黄土高原地区的民居窑洞，如果追溯历史，可以从半坡遗址的半地穴式房屋说起。又如，湘西的吊脚楼，可以追溯到河姆渡文化时期的干栏式建筑。这些是学生在初中七年级所学旧知。通过新知与旧知的联系，学生自然就能明白中华优秀传统文化在建筑上是如何体现"连绵不绝，传承至今"这一连续性的特点的。

　　之所以选择建筑作为引导学生认识中华优秀传统文化特点的切口，是因为通读、梳理初高中历史教材后发觉这些素材都是学生已经学过的或正在学习的和将要学习的内容。利用学生熟知的内容去设计教学能降低学生的学习难度，有利于建构类似知识的有机联系，帮助学生进一步认识所学知识。

（3）文化不仅仅体现在建筑上，也体现在思想、文学、科技、艺术、饮食等方面。回顾《中外历史纲要》上册中国古代史部分中涉及的文化的相关章节知识，请你任选一个范畴举例，给夏令营的小伙伴阐释中华优秀传统文化一个或者多个特点。

设计意图：这个环节主要是为了诊断前两环节课堂教学效果，同时也能进一步加强学生对中华优秀传统文化特点的认知。

让学生选择思想、文学、科技、艺术四个方面的史事，是基于学生所学旧知。

在《中外历史纲要》上册中国古代史部分，涉及文化的章节主要有第4课第3子目"两汉的文化"，包含史学、文学、科技（医学、数学、农学、天文学）；第8课"三国至隋唐的文化"包含思想、文学、艺术、科技；第11课第3子目"儒学的复兴"、第4子目"文学艺术和科技"；第14课第2子目"思想领域的变化"、第3子目"小说与戏曲"、第4子目"科技"。由此观之，文化的外延一般集中于思想、文学、艺术、科技等领域。

教师在这个部分要预设学生可能会从哪个方面作答。通常情况下，学生会从思想、文学方面作答。

思想的本土性可以选择百家争鸣对比古希腊的苏格拉底、柏拉图和亚里士多德等人。多样性，同样可以举百家争鸣，主要流派儒、墨、道、法各执一端，为重建社会秩序提供了不同的智慧与方案。包容性，可以举汉代的儒术，其吸收了法家、道家、阴阳五行的思想，熔为一炉，也可以举宋明理学，其吸收了佛教、道教的思想，使儒家思想更为完善。凝聚性，可以举儒术为例，儒术主张大一统思想，所谓"《春秋》大一统者，天地之常经，古今之通谊"。连续性，可以用儒家思想发展的历程作为例证，从汉武帝开始，儒家开始确立主流思想的地位，此后，"儒学成为我国封建社会的主流意识形态"。

文学的本土性可以引导学生去回顾《中外历史纲要》中所学中外相关的文学形式与作品，如古代西亚著名史诗《吉尔伽美什》、古代印度著名史诗《摩诃婆罗多》与《罗摩衍那》、中国古代著名的诗集《诗经》。多样性，古代中国文学形式多样，不同时期的文学主流形式不同，如春秋时期的《诗经》、楚辞、汉赋、唐诗、宋词、元曲、明清小说。

饮食文化学生耳濡目染，日常生活接触较多，相对熟悉。本土性，可以比较中外餐具，中国人惯用筷子，外国人尤其是欧美人用刀叉就餐。多样性，中国知名的菜系有八个，各有特色。包容性，如"火锅涮一切"。连续性，中国人酿酒、饮酒的历史长达数千年，经久不衰。

总而言之，学生具有相关基础知识。教学中运用旧知，带领学生从横向、纵向两个维度作对比，不难得出中华优秀传统文化的内涵。

第四部分：心悟·价值

文化，文而化之的意思，本质上是理论与实践的融合——它不仅是世界观，还是方法论，可以指导人们进行相应的实践活动。

（1）回顾你所学习过的历史英雄人物，举一个例子来阐述他们言行中所包含的中华优秀传统文化的价值。

设计意图：中华文化是中华民族发展的内在思想源泉和精神动力。它蕴含着丰富的伦理道德，体现着评判是非曲直的价值标准，影响着中国人的思维方式和行为方式。文化最终要作用于人。历史人物的言行直接体现了文化的价值。例如，司马迁"究天人之际，通古今之变，成一家之言"的志向，霍去病"匈奴未灭，无以为家"的壮志，张骞"凿空"的勇气，苏武绝不"屈节辱命"的精神，马援"马革裹尸"的情怀，班超"投笔从戎""立功绝域"的追求。教师可以以两汉的历史人物言行为例进行示范——这个部分恰好也是《中外历史纲要》上册中学生的所学旧知。学生在教师的引领下，回顾旧知，通过所学历史人物的言行领悟中华优秀传统文化的价值。初中历史教科书中也有丰富的相关历史人物的言论素材。

（2）中华文化延绵不绝，优秀基因代有传承。请你通过互联网搜索"感动中国"十大人物、"时代楷模""共和国勋章获得者""国家荣誉称号获得者"，给同学们分享你从他们的事迹中体悟到的中华优秀传统文化的价值。

设计意图：课程标准在划分历史学科核心素养水平时有一个共同的特点，即重视学生在解决现实问题中的相关核心能力。例如，唯物史观水平3、4"能够将唯物史观运用于历史学习、探究中，并将其作为认识和解决现实问题的指导思想"；时空观念水平4"在对历史和现实问题进行独立探究的过程中，能……在此基础上做出合理的论述"；史料实证水平4"在对历史和现实问题进行独立探究的过程中，能够恰当地……"；家国情怀水平4"从历史中汲取经验教训，更全面、客观地认识历史和现实社会问题"。设置这个问题，意在引导学生在真实的情境中感悟中华优秀传统文化。

（3）请你结合所学知识，提出一个"寓教于乐"的创意，让来自异国他乡的小伙伴感受到中华文化对世界的影响。

设计意图：梳理中华文化对世界影响在教材中的相关内容，不难得出两点结论：一是在亚洲地区，形成了儒家文明圈，诸如日本、朝鲜、越南等国的文化深受中华文化影响，文字、制度、饮食、风俗、律令等方方面面与中华文化有千丝万缕的联系，甚至直接移植；二是欧洲地区，四大发明传入欧洲，推动了社会的转型，使得欧洲封建社会逐渐瓦解，现代社会呼之欲出，同时，中华文化还对欧洲思想解放起到了至关重要的作用。

这部分内容在教材中史料充足、论述充分，学生自学难度不大。设计这个开放式的问题，主要是为了诊断学生在真实情境中解决问题的能力。如果学生能够给出合适的解决方案，教师就无须赘述；倘若不能，教师再就学生反馈出来的问题进行补充讲解。

八、课后反思

本单元设计有以下几个亮点：

一是突出学生自主学习。教学设计分为四个部分，每个部分的教师的"教"都是置于学生的"学"之后的。教师在学生自学反馈结果的基础上，灵活地围绕核心问题进行补充教学，有的放矢。

二是在情境中以活动的形式逐层推进教学。整个单元围绕"汉语桥"模拟赛，用四个层层递进的小专题构筑整个单元的教学。每一个小专题既包含了基础知识的梳理，也包含了关键能力与必备品格的诊断与教学。

三是教学评一致。评价嵌入每一个教学环节中，能够及时地诊断学生自学与教师教学的不足，有利于提升教学效果。

四是教学手段多样。用眼观、耳听、身感、心悟四种方式，通过图片、音频、实物、活动等多种手段开展教学，有效地激发了学生的学习兴趣。

案例九：《地球上的大气》大单元整体教学设计

——人教版高中地理必修第一册第二章

马晓双　马丽娅

一、课程标准与解读

参见表4－59。

表4－59　课程标准解读

课程标准	课程标准解读
1.5　运用图表等资料，说明大气的组成和垂直分层，及其与生产和生活的联系	本条要求中的大气主要指包围地球的气体，即整个大气圈层。 关于大气的组成有两个要点：一是大气的组成成分以及不同成分的占比情况，二是组成成分与人类、生命有机体息息相关。 大气分层的依据有多种。一般根据大气温度随高度的变化，将大气分为对流层、平流层、中间层、热层和散逸层，中学阶段，将中间层、热层和散逸层合称为高层大气。每一层的特征可以从温度、物理特征及气流运动状况等方面描述。 大气的组成和垂直分层与人类活动的联系，要结合各层的特点来理解
1.6　运用示意图等，说明大气受热过程与热力环流原理，并解释相关现象	本条要求中的大气是指低层大气，其高度不超过对流层顶。 大气受热过程，实际上是太阳辐射、地面辐射和大气辐射之间相互转化的过程，需要学生掌握大气的热源，以及大气是怎样受热的。 大气热力环流是理解大气运动所需要的基本原理，小到城市热岛环流，大到全球性大气环流，都可以用大气热力环流的原理来解释。 学习和说明本内容，可以借用一些原理示意图，也可借助一些模拟实验。 本条要求强调对大气基本知识的学习和应用，落脚点是学生能否知道这些知识在生产生活中有什么用，以及如何运用；运用原理可以解释生产生活中的一些现象，如气温随海拔降低、城市热岛效应、温室大棚等

二、单元大概念

大气运动是地球上热量传输和水汽输送的重要途径，也是各种天气变化和气候形成的基础。

三、单元学习情境

××航班事件

2018 年 5 月 14 日，××航班由重庆飞往拉萨。

机长驾驶着该航班从重庆江北机场起飞，在成都区域巡航的阶段过程当中，驾驶舱右座前挡风玻璃突然出现破裂甚至脱落。此时，飞机正飞行在离地万米的高空，机外温度约为 −40℃，挡风玻璃破裂导致驾驶舱失压。机长带领 8 名机组人员，克服了高空低压、低温、低氧和高噪音恶劣环境的影响以及仪表盘脱落等突发情况，在当天 07：46 安全备降成都双流机场，确保了 119 名乘客和 9 名机组人员的生命财产安全。

四、单元核心任务与课时子任务

参见表 4 – 60。

表 4 – 60　任务安排

单元核心任务	课时安排	课时子任务
探寻大气在川航事件中的角色担当，尝试为保护与合理利用人类赖以生存的大气环境提出建议	第一课时：大气的组成和垂直分层	任务一：为何万米高空严重缺氧，低层大气呼吸自由？——大气的组成
		任务二：为何万米高空，飞机能进入平稳飞行状态，机外却是低温、缺氧、低气压？——大气的垂直分层
		任务三：探究人类活动与大气环境的关系
	第二课时：大气的受热过程	任务一：为何××航班下降过程中气温逐渐升高？——（低层）大气的受热过程
		任务二：探究目的地拉萨的温室农业
	第三课时：大气运动	任务一：为何飞机在起飞和降落时更容易遇到气流颠簸？——热力环流
		任务二：万米高空遇强风，探究风的形成。——大气水平运动

五、单元蕴含的思政元素

通过学习"××航班"事件，引导学生树立高远志向，历练敢于担当、无私奉献的精神，增强职业责任感。

通过学习大气环境与人类活动相互影响的关系，培养人地协调观，提升学生对社会、环境的责任感和担当精神，培育和践行"绿水青山就是金山银山"的绿色发展理念，将保护环境内化为精神追求，外化为自觉行动，引导学生树立人类命运共同体理念。

通过学习热力环流、大气运动等自然地理原理和过程，培养学生对自然环境要素的观察、识别、描述的能力，帮助学生树立正确的科学观和自然观，提升科学素养。

六、单元教学目标与评价标准

参见表 4 – 61。

表 4 – 61　教学目标及相应的评价标准

单元教学目标	水平 1	水平 2	水平 3
运用大气运动的基础知识和基本原理说明大气现象的原因及形成过程（综合思维）	说出大气基本知识（大气组成、垂直分层等）和基本原理（如受热过程、热力环流等），并阅读相关示意图	准确说出大气基本知识（大气组成、垂直分层等）和基本原理（如受热过程、热力环流等），绘制并说明相关示意图	在水平 1 和水平 2 的基础上，能够结合真实案例或情境，应用原理解释说明相关现象（如大气的保温作用）
合理描述和解释特定区域的大气现象，并说明其对人类的影响（区域认知、人地协调观）	在对大气环境的学习探究中，知道大气对人类活动具有影响	结合具体的大气基本原理，分析大气对人类活动的影响，认识人类活动要遵循自然规律	结合大气基本原理的学习，深刻领悟大气对人类活动的具体影响，理解人地和谐的重要性，形成因地制宜的观念
体验大气环境与人类活动的关系，体会保护大气环境的重要性。具备一定的收集和处理地理信息的能力，具备一定的运用考察、调查等方式探索大气环境的科学精神和实践能力（地理实践力）	对大气环境有一定的兴趣，能够查阅一些资料，提取较为简单的信息	对探究大气有较强的主动性与兴趣。能结合所学提出问题，并尝试查阅资料，进行多角度回答	对探究大气表现出主动性与热情，敢于提出自己的想法，并能获取和处理较复杂的信息，针对大气环境问题，提出简单的解决措施

七、学情分析

授课群体为高一学生。从基础知识和生活体验的角度来看，学生对大气的认知有一定基础。首先，初中阶段学习了《天气与气候》一章，知道天气和气候的区别；学习了气温、降水和世界主要气候类型，能简单分析气候的形成原因，并能简单分析不同天气和气候对人类活动的影响。其次，生活中有关"大气"的生活体验非常丰富，小到每日的天气预报、四季冷暖、雾霾现象等，大到全球气候变暖、各地极端天气现象等，学生在生活中有所涉猎，对大气相关的地理现象有比较模糊的感性认识。

从思维和能力的角度来看，学生对"大气"的认知大多停留在表象，对其背后的地理原理、规律和形成过程知之甚少。学生将现象和本质联系起来的能力较弱；学习大气会涉及部分物理原理，例如太阳光谱、辐射、气压等，对高一学生来说理解起来有一定难度。经过初中的学习，学生具有较低层次的读图、识图的能力，具有一定的表达能力，但对地理专业术语的应用不熟悉。

这一阶段的学生好奇心较强，思维比较活跃，但自主性较弱，因而在教学过程中从学生感兴趣的生活地理切入，激发学生发现问题、探索问题的兴趣；运用图表、模型、实验等多种简明直观的方式，提升学生学习地理的能力；联系学生实际生活经验，运用实例引导学生建立现象与本质之间的联系，最终培养学生解决实际问题的能力。

八、教学设计

第 1 课时　大气的组成和垂直分层

（一）教学目标

（1）结合图文资料，总结大气的主要成分；分析大气分层的依据，说出大气在垂直方向上的具体分层，及各层的特点。

（2）结合案例，从时空角度分析大气成分发生变化后给人类带来的影响，探求解决大气污染等环境问题的措施，提高综合思维能力。

（3）理解人类如何利用各层特点进行活动，正确看待人类活动与大气之间的关系，培养人地协调观。

（二）教学过程

参见表 4 - 62。

表 4 - 62 教学流程表

教学环节	教师活动	学生活动	设计意图
课前预习	提供××航班事件的相关文字材料或视频资源	1. 学生自主查阅"川航事件"的相关资料，如观看电影《中国机长》等。 2. 通过学习教师提供资源或自主查阅的资料，厘清川航事件始末，并找出事件中有关大气环境的相关内容	学生利用各类媒体获取信息，并进行筛选和检索，提取有用的信息；提出问题。培养学生获取和解读地理信息的能力，培养其地理实践力
教学环节一：为何万米高空严重缺氧，低层大气呼吸自由？	任务说明： ××航班出事时的高度为 9800 米左右，此处大气环境严重缺氧，氧气是呼吸作用不可缺少的气体，缺氧环境会影响人体健康。大气中除氧气外，还有哪些成分？这些成分有何重要作用？	自学自研： 阅读教材 P28～29 "大气的组成"和图 2.2 "干洁空气成分的体积分数"，说出大气的组成成分及其重要作用	1. 培养学生获取和解读地理信息的能力； 2. 理解大气含氧量的变化对人体产生的影响，理解人类活动对大气环境的适应。例如，高原训练基地是人类合理利用自然环境的具体表现，培养人地协调观
	教材 P30 "活动"——了解大气含氧量减少对人体产生的影响 教师指导： 引导学生阅读教材表 2.1 和表 2.2，归纳总结大气含氧量随海拔高度的变化规律。 通过具体实例，如机舱中提供氧气面罩，去往西藏的列车上，装有供养设备，九寨沟、黄山等高海拔景区提供吸氧设备等，理解大气含氧量对人体健康的重要性。	小组合作学习： 阅读教材 P30 "活动"。 1. 说出大气含氧量随海拔高度的变化规律。 2. 运用教师提供的地图资源，指出"活动"题中涉及的地点，并阅读高度。 3. 完成"活动"题中的 3 个问题	

续 表

教学环节	教师活动	学生活动	设计意图
教学环节一：为何万米高空严重缺氧，低层大气呼吸自由？	补充资源： 1. 世界地形图 2. 中国地形图 3. 甘肃、河北、青海、云南四省地形图		
教学环节二：为何万米高空，飞机能进入平稳飞行状态，机外却是低温、缺氧、低气压？	任务说明： 1. 万米高空一般属于大气垂直分层的哪一层？ 2. 平流层为何利于飞机飞行？ 3. ××航班出事时的9800米高度大约位于哪一层？该层有何特点？ 教师指导： 1. 引导学生阅读教材图2.5"大气垂直分层示意图"中横纵坐标的含义、曲线变化特点、各层活动等；提供表格、图示、导图等模板，建立学习脚手架； 2. 引导学生从多个角度来说明各层特点，建立现象和本质之间的联系；引导学生用地理语言描述和阐述问题。 说明： 1. 对流层中要强调其高度随纬度而异。 2. 列举生活实例帮助学生理解人类活动如何适应与应用大气各层特点	自学自研： 阅读教材P31～33"大气的垂直分层"，说出大气的分层依据，说明大气各层的特点（高度、温度、气流运动、成因等）及与人类活动的关系，并进行总结（总结方式不限，列表、绘图、思维导图）。（评价量规1） 学生分享和交流： 首先，利用个人总结阐述大气垂直分层的相关内容（分层依据、各层特点、与人类活动的关系）； 其次，在理解的基础上，运用大气垂直分层的原理，解释任务说明中的三个问题	阅读教材学习大气垂直分层，培养学生获取和解读信息的能力；说明大气在垂直方向上各层的特点及原因，建立现象和本质之间的联系，培养学生区域认知和综合思维素养； 学生利用地理原理解释生活现象，培养学生调动和运用地理知识、描述和阐述地理事物的能力； 通过具体的实例，正确看待人类活动与大气环境之间的关系，培养人地协调观

教学环节	教师活动	学生活动	设计意图
教学环节三：探究人类活动与大气环境的关系	教材 P29 "案例"——大气中二氧化碳的含量变化与人类活动 教师依据教材 "案例"设计以下探究问题： 1. 二氧化碳体积分数变化趋势如何？ 2. 导致其变化的原因是什么？ 3. 会造成什么影响？ 4. 作为中学生，我们能做什么？ 教师指导： 1. 引导学生建立现象和本质之间的联系；用地理语言描述和阐述问题。 2. 列举具体实例，如两极冰川融化，再引导学生分析原因和影响，并尝试提出可行性的建议	小组合作学习： 1. 阅读教材 P29 案例 "大气中二氧化碳的含量变化与人类活动"，完成4 个探究问题。（评价量规2） 2. 阅读教材 P33 "自学窗"，结合生活实例和所见所闻，举例说明人类哪些不合理的活动会对大气环境产生不利影响，这些不利影响又是如何反作用于环境和人类的	通过小组探究的形式，在教材给定资料的基础上，结合生活经验，发散思维，探究问题；培养学生论证和探讨问题的能力，理解人类活动要顺应自然、尊重自然；树立保护大气环境的意识，培养人地协调观

（三）教学评价

评价量规 1——"大气垂直分层"如表 4-63 所示。

表 4-63 "大气垂直分层"评价量表

水平 1	水平 2	水平 3
准确说出大气垂直分层的依据及各层名称；能够从高度、温度变化、气流运动的1~2 个方面简单描述各层特点，但不知道形成原因；列举 1~2 个实例说明人类如何利用各层特点进行人类活动	准确说出大气垂直分层的依据及各层名称；能够从高度、温度变化、气流运动中的任意两个方面描述各层特点，知道原理，但不能和现象联系起来；列举 2~3 个实例说明人类如何利用各层特点进行人类活动	准确说出大气垂直分层的依据及各层名称；能够从高度、温度变化、气流运动三个方面准确描述各层特点，并能简要分析现象背后的原理；列举多个实例说明人类如何利用各层特点进行人类活动

评价量规2——教材P29案例探究如表4-64所示。

表4-64　案例探究评价量表

探究问题	水平1	水平2
二氧化碳体积分数变化趋势如何？	能说出变化趋势为上升	不仅能说出变化趋势为上升，还能在图中读出变化速度的差异
导致其变化的原因是什么？	能说出是化石燃料的燃烧和毁林的原因	不仅能说出原因，还能举出实例加以论证
会造成什么影响？	能说出全球气候变暖、两极冰川融化、海平面上升等影响	能从气候、水文、地貌、生物等多个角度举例说明影响，并且能运用大气相关原理简单分析原因
作为中学生，我们能做什么？	能结合自身，说出中学生可操作的3~5种行为	不仅能说出中学生能做什么，还能说出这么做的原因

第2课时　大气的受热过程

（一）教学目标

（1）运用大气受热过程示意图，明确大气的直接热量来源，学会用图阐述大气受热过程，培养图文转换能力、分析能力、语言表达能力，提升地理实践力。

（2）能够阐述"温室效应"及其作用，分析其对人类生产生活的影响，理解大气保温作用在生产生活中的应用，培养理论联系实际并且能用理论指导实践的能力。

（二）教学过程

参见表4-65。

表 4 - 65　教学流程表

教学环节	教师活动	学生活动	设计意图
教学环节一：为何××航班下降过程中气温逐渐升高？——（低层）大气的受热过程	任务说明： 1. ××航班驾驶舱右座风挡玻璃出现裂纹时的飞行高度约为 9800 米，此处机身外的大气温度约为 -40℃，而飞机下降的过程中，气温逐渐上升，为什么离地面越近，气温越高（即对流层的温度变化规律） 2. 近地面大气的热量从何而来？ 教师指导： 教师可适当补充太阳光谱图并简单介绍，帮助学生理解长波辐射和短波辐射。 大气对太阳辐射的削弱作用教材中介绍得比较简单，课上教师需要加以补充。 补充资料： 太阳光谱图	1. 自学自研——阅读教材 P34～35"大气的受热过程"回答下列问题： ① 大气（大气圈层）最重要的能量来源是什么？ ② 大气对太阳辐射有何作用？ ③ 太阳辐射、地面辐射分别属于什么辐射？（短波或长波） ④ 大气对太阳辐射、地面辐射哪一个吸收的较多？ ⑤ 近地面大气主要直接的热源是什么？ 2. 绘制"大气受热过程示意图"，并用地理语言描述大气受热过程，注意逻辑关系、前后顺序（评价量规 3）	大气受热过程是本课时的重点，亦是难点，其中涉及部分物理原理，加大了理解的难度。学生的困惑点往往在于大气为何不是离太阳越近温度越高，而是离地面越近温度越高。 学生通过自研先找到大气受热过程中的零碎知识点。教师要跟学生明确问题①中的大气指的是整个大气圈层，大气受热过程中的大气侧重近地面大气（主要是对流层）；同时引导学生回忆对流层的温度随高度的变化规律，以及大气组成中二氧化碳的作用，便于理解大气受热过程。 由于该内容较难，理解起来有难度，主要是由教师引导学生绘制示意图，学生可在示意图中标注相关知识点，教师还要引导学生用地理语言描述大气受热过程，或者教师阐述，学生复述，培养学生描述和阐述问题的能力

续 表

教学环节	教师活动	学生活动	设计意图
教学环节二：探究目的地拉萨的温室农业	任务说明： 航班目的地拉萨作为青藏高原上的城市，太阳辐射强，被称作"日光城"，与备降地同纬度的成都相比，日照强，昼夜温差大。 1. 拉萨为什么被称作"日光城"？ 2. 拉萨光照充足，为什么热量条件却不如成都？ 3. 何为温室气体、温室效应，温室效应可以被利用吗？ 4. 拉萨温室农业利用了什么原理？给当地带来什么影响？ 补充资料： 1. 中国年太阳辐射量分布图 2. 温室气体和温室效应 3. 拉萨的温室农业	1. 学生自研学习"大气对地面的保温作用"，完善大气受热过程示意图，教师予以指导和总结。 2. 小组合作学习——探究拉萨的温室农业。学生通过阅读教师提供的相关图文、视频资料，自学自研，小组讨论等方式，回答任务二中的问题链，并派代表进行阐述，其他小组可做补充、纠错等	大气对地面的保温作用与上一个学习任务大气的受热过程是一个统一的整体，不可分割。此环节侧重对地理原理的迁移和应用。 主要通过案例探究、小组学习的方式，帮助学生加深对大气受热过程（包括大气对地面的保温作用）的理解，利用原理来阐述地理现象，并理解人类在尊重自然的基础上，遵循自然规律，才有可能走可持续发展的道路。此过程重在培养学生区域认知、综合思维、人地协调观等素养，培养学生的四大地理能力

（三）教学评价

评价量规 3——绘制"大气受热过程示意图"，并用地理语言描述大气受热过程如表 4 – 66 所示。

表 4 – 66 评价量规

水平 1	水平 2
基本能够绘制大气受热过程中的能量走向，即箭头方向，基本能够注明每个箭头所表示的辐射名称；通过颜色或图例区分长波和短	能够清晰地绘制大气受热过程中的能量走向，即箭头方向，准确注明每个箭头所表示的辐射名称；通过颜色或图例区分长波和短

续 表

水平 1	水平 2
波；图示清晰，字迹可认；能够用地理语言描述大气受热过程，但逻辑上有误，前后顺序不明确	波；能够在图中标注大气对太阳辐射的削弱作用；图示清晰美观，字迹工整；能够用地理语言准确描述大气受热过程，逻辑清晰，前后因果关系准确

第3课时　大气运动（热力环流 + 风）

（一）教学目标

（1）利用热力环流形成示意图，结合文字资料，阐述大气热力环流原理与过程，提升逻辑思维能力。

（2）运用原理解释"城市热岛效应"等现象，锻炼对知识的运用能力；绘制海陆风简图，提升区域认知的能力。

（3）结合图文资料，说出风形成的直接原因，明确风在高空、近地面分别受哪几个力的作用，锻炼分析能力。

（4）绘制正确的风向，培养动手动脑的能力，提升地理实践力。

（二）教学过程

参见表 4 - 67。

表 4 - 67　教学流程表

教学环节	教师活动	学生活动	设计意图
教学环节一：为何飞机在起飞和降落时更容易遇到气流颠簸？——热力环流	任务说明：飞机起飞和下降阶段，乘务员会提醒各位乘客系好安全带，这两个阶段也是比较容易遇到气流颠簸的。1. 了解何为气流颠簸？2. 何为对流运动？3. 为何会产生对流运动？	1. 学生阅读补充资源"飞机颠簸"，找出有关空气对流运动的描述。2. 学生阅读教材 P36"大气热力环流"找出以下问题的答案。①大气运动有几种形式？②引起热力环流的原因是什么？	类似于"大气受热过程"，"热力环流"也属于地理过程类原理，通过自研学习先找到零散的知识点，在教师引导下，再将这些零散的知识点串联成一个逻辑清晰、过程完整的"热力环流"过程，并能运用图示表示，从而培养学生图文转换的

教学环节	教师活动	学生活动	设计意图
教学环节一：为何飞机在起飞和降落时更容易遇到气流颠簸？——热力环流	教师指导： 热力环流中气压的变化是理解过程中的难点。教师可以通过动画或实验演示热力环流的过程，帮助学生建立直观的认识，并明确气压随高度变化的规律，以及我们在判断水平气压时，比较的是同一水平面的气压差异。一定要明确热力环流的四个过程，注意时间顺序。 热力环流的应用：适当补充人类活动如何适应或应用热力环流的，如海陆风、城郊风等。 补充资料：飞机飞行中遇到气流颠簸背后的原理你知道吗？	③地面受热处，大气是上升还是下沉？ ④地面受热处，其近地面气压与同高度其他地区相比是高还是低？ ⑤同一水平面，气流运动方向如何判断？ 2. 教师引导学生绘制热力环流示意图，明确热力环流的四个过程；引导学生用地理语言描述热力环流，在此过程中完成任务一的学习（评价量规4）。 3. 热力环流的应用——绘制海陆风、城郊风、山谷风；并描述其形成过程	能力，描述和阐述地理事物的能力。 通过绘制和描述城郊风、海陆风等实例，进一步深化学生对于热力环流的认识，同时引出"大气水平运动——风"
教学环节二：万米高空遇强风，探究风的形成——大气水平运动	任务说明： ××航班机组成员在接受采访时，多次提到"强风""狂风""强大的气流等"，说明万米高空风力很大。那么风究竟是怎么产生的，高空的风和近地面的风有何区别？	1. 自学自研——阅读教材P38~39，列表总结风所受的三种力（从方向、对风向、风速的影响等方面）。	通过阅读教材图文信息，总结风所受的力以及近地面和高空风的差异，培养学生获取和解读信息的能力，通过绘制南半球的风，培养学生调动和运用知识的能力

续 表

教学环节	教师活动	学生活动	设计意图
教学环节二：万米高空遇强风，探究风的形成——大气水平运动	教师指导：学生在阅读教材时，引导学生从方向、对风向和风速的影响等三个方面比较风所受三种力的区别；阅读教材图2.14～2.16时，提醒学生观察图中有几个力，风向与地转偏向力、等压线之间的关系，从而区别近地面和高空的风，北半球和南半球的风。探究活动：带领学生在具体的等压线分布图中绘制气压梯度力和风向，判读等压线疏密程度	2. 引导学生阅读教材图2.14～2.16，探寻近地面的风和高空的风的差别（受力、风向与等压线的关系），并尝试绘制南半球近地面和高空的风。部分学生展示，其他学生可以补充说明或纠错。3. 探究活动——P40"活动"在活动题中教师要引导学生在实际的等压线分布图中绘制气压梯度力，风向等要素	理解风的形成是多种因素的作用，且近地面和高空有所差别，培养学生区域认知和综合思维

（三）教学评价

评价量规4——绘制并描述热力环流如表4-68所示。

表4-68　评价量规

水平1	水平2
注明地面冷热差异，基本能绘制热力环流的各个箭头，未能在图中写清近地面和高空，四点的高低气压状况有误；用地理语言基本能描述热力环流的过程，逻辑关系不清晰，表述不完整	注明地面冷热差异，准确绘制热力环流的各个箭头，能在图中写清近地面和高空，写出四点的高低气压状况；用地理语言准确描述热力环流的过程，逻辑清晰，先后顺序无误，表述完整

评价量规5——小组合作的表现见表4-69。

表 4 – 69　小组合作的表现统计表

成员	具体表现	赋分（满分 5 分）
组长	能够调动组员的积极性	
	清楚小组学习任务，能依据组员特点，合理分配学习任务	
	及时、合理地协调组内出现的问题	
组员	清楚小组学习任务及个人学习任务	
	主动热情的投入学习任务中	
	对自己的任务有独创的思维和见解	
	敢于发表自己的意见	
	虚心接受同伴的意见和建议	
	善于聆听同伴的学习任务成果，并能提出建设性的意见	
	同伴之间能够互相尊重、互相帮助	
展示人员	能够梳理和总结组员的各种观点和见解，不遗漏不重复	
	发言时声音洪亮、吐字清晰、语言流畅	
	语言表述有条理、有逻辑	
	能够使用地理学科的专业术语进行表述	

九、作业设计

单元实践类作业

主题：走进气象局，探秘大气环境。

学习任务单：

1. 向气象局的工作人员了解气象局和气象工作的发展历程。

2. 了解气象站如何测量气压和风速、风向，包括地面和高空风，收集数据，分析本市盛行风向，以及大风出现的频率和季节。

3. 了解气象站如何测量日最高、最低气温和日平均气温，收集本市一个月的气温信息，计算日较差，分析日较差与天气状况（晴天、阴雨天）的关系。

4. 了解本市四季的气候概况，冬夏季平均气温和降水特点，极端天气出现的频次、时间等，以及气象对生活与生产实践的影响。

5. 了解看云识天气等知识，气象预报是如何制作和发布出来的？人工降雨需要哪些条件？

作业说明：

以小组为单位，自主选择 2～3 个学习任务，收集信息，形成一份克拉玛依市的气象报告（文字版），并以 PPT 的形式进行展示。

案例十："近台上旋球攻防" 教学设计

——人教版高中《体育与健康》乒乓球课程

杨军　刘明　赵新　幸福　滕野　张福国　薛冰　李亚峰

一、单元设计

近台上旋球攻防单元设计思维导图如图 4－27 所示。

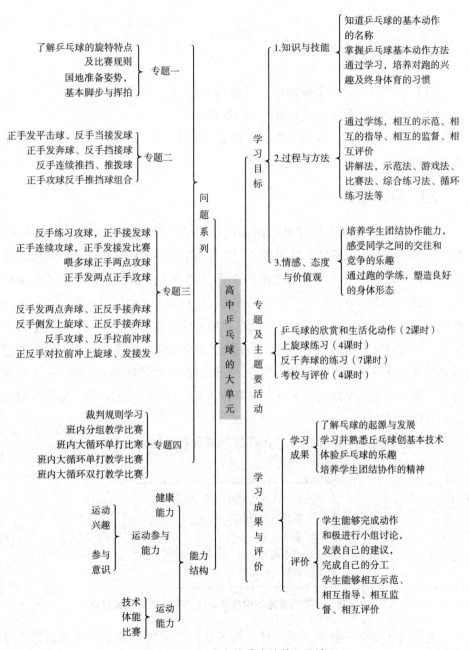

图 4－27　近台上旋球攻防单元设计

二、单元大概念

乒乓球技、赛融合。

三、单元课题

（1）正手发球，反手接发球。（2课时）

（2）正手攻、反手连续拨球。（1课时）

（3）正手发多球（①弹台喂②攻球喂③发球喂）、正反手接发球、分组小比赛。（1课时）

四、设计思路

人教版高中《体育与健康》课程内容包括乒乓球运动概述；基本技术；基本战术；游戏与比赛四个教学部分。克拉玛依市第一中学体育学科教师通过大单元教学设计，将原本教材上的四个部分进行了重新整合，分为了四个单元，分别是：第一单元——了解乒乓球的旋转特点及比赛规则，第二单元——近台上旋球攻防，第三单元——上旋球拉前冲球攻防，第四单元：上旋球教学比赛。本次列举案例为第二单元——近台上旋球攻防。在本单元中，学生通过对乒乓球上旋球近台攻防内容的学习，能够理解乒乓球技术的基础——上旋球特点，掌握基本的发接发技术，并且培养其对乒乓球运动的兴趣，提高参与比赛的意愿和能力。

人教版普通高中体育必修"乒乓球"课程目录如图4-28所示。

人教版《体育与健康》课程内容包括：
一、乒乓球运动概述
二、基本技术
三、基本战术
四、游戏与比赛

图4-28 人教版普通高中体育必修"乒乓球"课程目录

克拉玛依市第一中学"乒乓球上旋球攻防"大单元教学设计单元整合目录如下所示。

克拉玛依市第一中学高中《乒乓球上旋球攻防》大单元教学设计单元整合目录

第一单元　了解乒丘球的旋转特点及比赛规则

　　第一课：球性练习，比赛规则学习、基本体能练习

　　第二课：原地准备姿势，基本脚步与挥拍。专项体能练习

第二单元　近台上旋球攻防

　　第三课：正手发平击球、反手挡接发球

　　第四课：正手发弈球、反手挡接球

　　第五课：反手连续推挡、推拨球

　　第六课：正手攻球反手挡球组合学练

第三单元　上旋球拉前冲球攻防

　　第七课：反手连续攻球，正手发（多球）接发球比赛

　　第八课：正手连续攻球，正手发（多球）接发比赛

　　第九课：喂多球正手两点攻球左推右攻、正手发两点正手攻球

　　第十课：正手拉前冲球（接发球抢攻）、反手横拨球

　　第十一课：反手发两点奔球、正反手接奔球

　　第十二课：反手发侧上旋球、正反手接侧旋球

　　第十三课：反手攻球、反手拉前冲球

　　第十四课：正反手对拉前冲上旋球、发接发

第四单元　上旋球教学比赛

　　第十五课：裁判规则学习、班内分组教学比赛

　　第十六课：班内大循环单打教学比赛

　　第十七课：班内大循环单打教学比赛

　　第十八课：班内大循环双打教学比赛

五、学情分析

　　高一的学生大多首次接受专项乒乓球课程，对于本单元比赛知识相对比较模糊，基本技术相对不规范。他们模仿能力较强，性格活泼，分析能力强，好奇心强烈，对乒乓球基本技术和知识学习热情和求知欲望也比较强烈。这个年龄的学生对乒乓球上旋性质理论也很容易理解，关键是如何在学练过程中结合小比赛，达到更加快速地上手和尽快改正原来错误发力动作的学习效果。

六、核心任务

为使学生能够尽快融入乒乓球专项课程学习的氛围中，促进学生与教师、学生与同伴之间的交流。如果你是教练员，如何指导并辅助同学进行学练，请你运用本单元所学的基本比赛知识组织小组比赛。在学练赛的同时，一起提高国球的影响力，更加自信地参与到乒乓球运动中去。

七、"单元核心任务"设计意图

本单元"核心任务"设置的目的，是让学生更好地理解国球辉煌有着重要意义。在完成学练赛任务的过程中，让学生运用所学知识来关注比赛，心系国家未来，增强民族自信心。通过学练活动，对乒乓球其他技术方面的知识进行迁移，是将学到的基本技能进行延展，也是通过实践以培养中国国球乒乓球的继承与发展，进而达到对学生的运动能力、健康行为、体育品德等体育学科素养。

八、单元子任务

（1）掌握正确的姿势和动作：正确的姿势和动作是打好近台上旋球的基础，学生需要掌握正确的握拍方式、站位、身体姿势和击球动作等。

（2）掌握合适的击球时机和角度：在攻防转换的过程中，学生需要掌握合适的击球时机和角度，以便能够准确地控制球的落点和旋转。

（3）具备快速反应和灵活的脚步：在近台攻防中，学生需要具备快速的反应和灵活的脚步，以便能够及时调整自己的位置和姿势，准确地击球。

（4）具备较好的防守能力：在防守时，学生需要准确地判断对手的意图和球路，采取正确的防守姿势和动作，以便能够有效地挡住对手的进攻。

（5）具备较好的进攻能力：在进攻时，学生需要准确地判断对手的位置和姿势，采取正确的进攻姿势和动作，以便能够有效地突破对手的防线。

（6）具备较好的心态和心理素质：在近台攻防中，学生需要保持冷静的心态和良好的心理素质，以便能够在紧张的比赛中发挥出自己的水平。

九、单元教学目标

（1）掌握正确的近台上旋球攻防技术：包括正确的握拍方式、站位、身体姿势和击球动作等。学生需要准确地掌握这些技术，并在实践中能够熟练地应用。

（2）培养攻防转换的意识：在攻防转换的过程中，学生需要能够准确地判断对手的意图和球路，并采取相应的攻防策略。这需要学生具备较高的战术意识和判断能力。

（3）提高反应速度和灵活性：在近台攻防中，反应速度和灵活性对于学生的发挥至关重要。学生需要通过训练和实践来提高自己的反应速度和灵活性。

（4）培养心理素质和心态：在紧张的比赛中，学生需要保持冷静的心态和良好的心理素质。学生需要通过训练和实践来培养自己的心理素质和心态。

（5）提高比赛成绩：学习近台上旋球攻防单元的最终目的是在比赛中取得好的成绩。因此，学生需要通过不断地训练和实践来提高自己的技术水平和战术意识，以便能够在比赛中取得好的成绩。

十、单元评价目标

（1）能够基本掌握乒乓球上旋球的理论知识，知道上旋球的原理是什么、旋转如何产生以及上旋球的特点。

（2）发上旋球时能够控制球的落点，能够通过控制对乒乓球的摩擦发出正、反手的平击球、上旋球、急球以及侧上旋球。

（3）接发球时能够根据对方发球时的挥臂方向、手臂振幅及手腕用力情况、球的运动轨迹等判断球的方向、旋转和落点，从而做出相应的接球准备。

（4）能够基本掌握正手攻球以及反手攻球，根据对方来球做出相应的攻球技术。

（5）速度、耐力、灵敏、力量这四项基本素质共同发展，能够完成速度、耐力的专项考核。

（6）能够将学习到的乒乓球基本技术灵活运用到比赛中，经常参加比赛，并且在比赛中相互评价、自我评价。

十一、单元蕴含的思政元素

（1）社会公德和道德观念：乒乓球课程的目的不仅是让学生掌握乒乓球技术，更重要的是培养他们的社会公德和道德观念。例如，教育学生要遵守比赛规则，尊重对手，以公平、公正的态度参与竞争。通过实践，让学生深刻理解"谦让、尊重、公平、和谐"的道德原则。

（2）爱国主义精神：乒乓球是中国国球，具有深厚的文化底蕴和历史渊源。通过学习乒乓球，可以让学生更加了解和热爱自己的国家，培养他们的爱国主义精神。

（3）团队合作精神：乒乓球是一项集体运动，需要队员之间的密切配合和协作。这可以培养学生的团队合作精神，让他们学会如何与他人合作，共同完成任务。

（4）坚韧不拔的精神：乒乓球训练需要付出大量的时间和精力，需要学生具备坚韧不拔的精神。通过学习乒乓球，可以培养学生吃苦耐劳、坚持不懈的品质。

十二、教学设计

第 3 课时　近台上旋球攻防
——正手发平击球、反手挡接球

（一）教学内容分析

乒乓球是一项集健身性、竞技性和娱乐性一体的运动。它具有较高的锻炼价值。作为一项全身运动，乒乓球所特有的速度快、变化多的特点决定了参与者在以下方面均可受益：①全身的肌肉和关节组织得到活动，从而提高了动作的速度和上下肢活动的能力。②极有效地发展反应、灵敏、协调和操作思维能力。此外，该项运动极为明显的竞技特点和娱乐功能，又使其成为一项培养勇敢顽强、机智果断等品质和保持青春活力、调节神经的有效运动。心理学人士运用心理测验法对我国部分省市优秀青少年乒乓球运动员心理品质的研究结果表明，他们普遍表现为智力水平较高，操作能力优于普通学生，情绪稳定，自信心、自恃力、独立性、思维敏捷性均较强，智力因素与个性因素发展协调。总之，乒乓球运动的确具有其他运动所不曾有的独特功能，能使参与者获益终身。

（二）学情分析

（1）身心特征：本大单元教学计划的教学对象为高中学生，该年龄段的学生具有展示自己的欲望和好胜心态，对乒乓球运动充满好奇和热爱，在学习中，敢于提出疑问，善于解决问题。这个年龄段的学生处于青春发育期，具有一定的身体灵敏素质，学生自己也具有一定的自我组织、管理能力，好奇、好学心强，模仿能力也较强，学习兴趣容易得到激发，喜欢学习运动技能、技巧，乒乓球就是他们喜欢的运动项目之一。

（2）技术起点：高中的学生对于小球类运动项目有了一个初步的概念，因此本单元安排由球性练习开始，再加上正手的击球、接球、移动、推挡等练习。通过组合运用实战对练的方式来巩固教学，初步完成本大单元的教学任务。通过由易到难、循序渐进的方式，让学生能进一步对乒乓球这个项目有更加深入的开拓。

（3）班情分析：高中的学生接受能力强，运动能力与好学心强，对于新鲜事物反应很敏感，但是自控能力差。教师抓住班级这一特点，采用直观和音乐模式去教学。设计练习时要尊重个体差异，合理安排练习方法与强度，创设形式多样的练习情境，多采用小组合作的方式组织教学，明确学练的方法与要求、强调规则下的学练标准，提升学生对球类运动的认知能力，塑造学生个性，培养其良好的体育品德。

（三）教学重难点

教学重点：拍面击球的部位和路线。

教学难点：击球与引拍的动作协调性。

（四）教学目标

（1）运动能力：能基本学会正手发平击球技术，能自如地推挡不同角度的来球，不断提高成功率，并在学练中培养自主学习和合作学习的能力。

（2）健康行为：在乒乓球技能学练和比赛中，发展速度、灵敏、协调等素质。

（3）体育品德：在比赛中提升判断、应变水平，在小组合作学练中增进交往技能。

（五）教学过程

1. 教学常规

课堂常规；安全教育；安排见习生；宣布本堂课内容。

基本队形如图4-29所示。

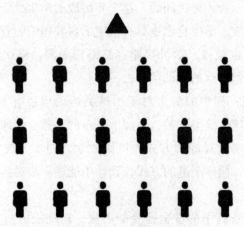

图 4 – 29   教学基本队形

2. 准备活动：垫球跑接力游戏热身

要求：4 人一组（或人数相等的若干组），听哨声开始绕球台垫球跑，球不得掉地，从哪里掉球就由掉球同学捡起继续，熟练者速度可逐渐加快。

球性练习：①自抛球用球拍停球；②原地垫球（正、反拍）；③移动中垫击球（正、反拍）；④2 人一组对垫球。

3. 基本内容

学习正手平击球技术

（1）动作要领：（以右手持拍为例）

① 身体前倾，两膝微曲，两腿开立与肩同宽。

② 重心落于前脚掌，脚跟略抬起。

③ 球向上抛起 16 厘米以上，抛球同时向后引拍，腰带动右臂并内旋，向前挥击球中后部。

④ 击球后随带挥拍至左肩前（见图 4 – 30）。

图 4 – 30   正手平击球示意图

（2）易犯错误与纠正方法。

易犯错误：①球未向上抛起 16 厘米；②击球点过低或过高；③抛球较低，引拍时间不够，无法顺利发球。

纠正方法：①讲明要领与规则，抛球注意垂直向上和稳定性；②注意动作要领，合适机会挥拍击球；③抛球手与挥拍协调一致，增加抛球时间，增加引拍距离，做好击球前准备。

（3）队形如图 4 - 31 所示。

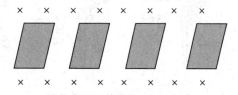

图 4 - 31　正手平击球队形图

（4）教法：

① 教师讲解、示范正手发平击球强调各练习动作要点。

② 教师提出启发式问题，然后边示范边让学生观察教师动作，并引导学生总结正手平击球动作要领。

问题 1：持拍手是旋内还是旋外？

问题 2：正手平击球是哪个手指发力？

问题 3：引拍方向和用力方向及击球点是什么？

（5）组织学生练习。

① 徒手挥拍和模仿练习。

② 2 人一组练习，以稳健为主。

③ 2 人轮换发球。

学生自主练习，教师巡回指导并纠正错误。正误对比，引导学生进行动作分析。

要求：认真练习，善于观察、思考，大胆提问；力争控制好击球点和作用力大小。

反手挡接发球

（1）要领：

① 直板反手挡接发球：近台反手位，食指夹拍、拇指推拍、中指顶拍，

执拍于腹前；来球时，球拍后引，肘部自然下垂，大臂带动小臂向前上方推出，击球后迅速还原。

②横板反手挡接发球：近台反手位，执拍于腹前；来球时，球拍后引，大臂在前，小臂自然向外旋，拍形固定不随意翻转，击球后迅速还原。

图 4-32 手挡接发球示意图

（2）重难点。

重点：正确拍面迎球。

难点：身体协调发力，对来球落点准确判断。

（3）易犯错误与纠正方法。

易犯错误：

①对来球判断不准确。

②拍面控制不好。

③拍面前倾过大，击球过早，球下网。

④前倾不够，击球过早或过晚，球出界。

纠正方法：

①反复练习，主动迎球，提高对落点的判断能力。

②控制拍形，不要过急向前迎球，并在落点稍远的地方迎球。

③调整握拍手前臂，外旋使拍面前倾，并注意在来球的上升期击球。

（4）队形同图 4-31。

（5）教法：

①教师讲解反手挡接发球；强调各练习动作要点。

②教师提出启发式问题，边示范边让学生观察动作，并引导学生总结反手挡接发球的动作要领。

问题 1：持拍手是旋内还是旋外？

问题2：反手挡接发球时，持拍手是大拇指用力还是食指用力？

问题3：引拍方向和用力方向及击球点是什么？

（6）组织学生练习。

① 徒手挥拍和模仿推挡练习。

② 台上进行练习，以稳健为主。

③ 左半台反手挡接发球练习。

学生自主练习，教师巡回指导并纠正错误。正误对比，并引导学生进行动作分析。

要求：认真练习，善于观察、思考，大胆提问；力争控制好球落点和作用力大小；最高点时腰背腿一条线。

4. 教学比赛

（1）单打循环比赛：一局定胜负。

要求：①尽量用推挡球。②大声喊数"1、2、3"等。

（2）比赛开始，指定1人为裁判。

要求：①高效完成教师指定动作，态度端正，学习认真；②合作学习，相互纠正。

（3）每组第一名与其他组进行淘汰赛。

小组进行展示。

（4）拓展练习：绕台循环跑动击球比赛。

教法：①教师组织学生观看；②引导学生相互学习、自我评价、相互评价。

要求：①大胆展示；②仔细观察。

（5）课堂补充练习（课课练）。

对本堂课的补充练习，强化下肢力量练习。由教师带领学生跟随音乐进行练习，根据学生的个体差异安排合适的运动次数。

原地高抬腿、开合跳、前后开合跳、波比跳、负重练习。

教法：听教师讲规则，态度积极。

要求：快速高效地完成训练，动作幅度大且到位。

5. 放松小结

（1）教师带领放松。

（2）进行点评。

（3）布置课后作业。

（4）师生再见。

队形：围绕教者散点站立。

要求：动作舒缓，放松。

6. 场地器材

乒乓球拍 25 副，乒乓球 100 个。

7. 预计练习密度

群体练习密度 75% 左右；个体练习密度 50% 左右。

8. 平均心率

140 ~ 160 次/分。

9. 课后小结

根据乒乓球专项运动技术、身体素质、体育基础等因素，灵活运用教材。教学方法、教学目标、教学任务、要求等要符合学生的承受能力，根据不同层次的学生制定相应的、合理的考核标准，实行"优升劣降"，及时调整学生班次和小组，形成竞争意识。注意加强思想引导，调动学生的积极性。

10. 作业设计

课时作业：

（1）欣赏一场正在进行的乒乓球赛事，观察优秀运动员的正手发平击球、反手挡接发球技术。

（2）正手、反手挥拍练习 100 次。

（3）学习乒乓球比赛规则。

（4）在家对墙进行乒乓球练习。

（5）与同伴分享乒乓球比赛中最让你记忆犹新的一件事。

模块作业：

（1）为自己制定一个假期乒乓球练习计划。

（2）自主设计组织实施一场乒乓球比赛。

（赵新）

第 4 课时　课题

（一）教学内容分析

乒乓球正手发奔球、反手挡接球技术可以发展学生速度、快速反应等身体素质，还能培养学生勇敢顽强、机智果断、胜不骄败不馁等优良品质，是一项高中生非常喜爱的运动项目。

（二）教学重难点

教学重点：击球时正确的拍面。

教学难点：上肢、腰腹和全身的协调发力。

（三）教学目标

（1）运动能力：明确正手发奔球、反手挡接球的动作要领，掌握正手发奔球、反手挡接球的基本技术。

（2）健康行为：在学、练、赛中积极主动参与，并且在比赛中有自我安全意识。

（3）体育品德：养成乐于学习、勤于思考的优秀品质以及积极进取的学习态度。

（四）教学过程

1. 教学常规

课堂常规：集合，整队，宣布本节课内容。

2. 准备活动

（1）跟着音乐热身。

方法：原地踏步、原地小跳、开合跳、前后换脚跳、左右小跳、前后小跳、单脚左右、双脚左右。

（2）2 人一组拉伸。

方法：前后 2 人一组，拉伸大腿前侧、小腿后侧、压肩、侧面拉伸、2 人转圈。

3. 基本内容

（1）球性练习。

正手颠球、反手颠球、正反手交互颠球、一高一低颠球、正反手交互颠球比赛（急速 30 秒）——在 30 秒内，正反手颠球最多的学生获胜。

目的：熟悉球性、在时空的位置、击球时机与正反手的转换。

（2）分组建队。

通过教师对全体学生技术水平的基本了解，对学生进行分组，并指派小组长，小组长通过抽签选择自己的战队。

（3）学习正手发奔球、反手挡接球。

① 动作方法：站位近台，左脚稍前，右脚稍后，双膝弯曲，上身前倾。左手持球，右手持拍，引拍过程中，重心略微压在右脚上，腰带手微向右转动，左手抛球，右脚蹬地，将重心转移到左脚，腰部回旋。当球回落至球网高度时，拍面稍前倾，小臂迅速收缩，触球的中上部，向前上方发力撞击来球，略带摩擦，尽量使球的第一落点靠近本方球台的端线。

② 反手挡接球动作要领：手臂与前脚一起向前推，掌心扣住拍面，向上抬起拍面，夹紧手腕，并尽量用力推击球。

③ 易犯错误与纠正方法。

易犯错误：拍形后仰，击球时拍面没有固定；击球时只有手臂的动作，无腰、腿的配合。

纠正方法：多做徒手挥拍动作，注意力放在手腕上，不要随意动手腕；在有球练习时注意不打连续球，体会腰、腿配合。

（4）发接球比赛

2 人 1 张球台，尽量用正面发奔球技术发球，用反手挡接球，先不要求攻击性，必须运用正手发奔球、反手挡接球，否则得分无效。

4. 课课练

（1）左右 3 米移动。

（2）前后 3 米移动。

（3）俯卧撑。

5. 结束部分

（1）课堂小结，自评、互评。

（2）宣布下课。

6. 场地器材

乒乓球拍 25 副，乒乓球 100 个。

7. 预计练习密度

75% ~ 78%。

8. 预计强度

140~165 次/分。

9. 课后小结

本节课是在新课标指导下的一堂体育课，从课标理念和学生生活体验出发，让学生从中感到"新、奇、乐"，并且通过激发学生的学习兴趣，突出学生的自主性、合作性、活动性、创造性，注重培养学生的探究和创新精神。在这节课中，学生练习的气氛热烈，"加油"声不断，学生们成了课堂真正的主角。

10. 课后作业

（1）爬楼梯 3 分钟 ×2 组；

（2）跳绳 1 分钟 ×2 组；

（3）仰卧起坐 30 次 ×2 组；

（4）8 俯卧撑 15 次 ×2 组。

（张福国）

第5课时　近台上旋球攻防
——反手连续推挡、推拨球

（一）教学内容分析

乒乓球运动有趣味性、新颖，符合学生的心理特点，反手连续推挡、推拨球是练习乒乓球的基础。本节课的教学内容是乒乓球反手推挡、拨球练习，教学中找出两者动作的共同点和不同点，利用各种教学手段使学生掌握动作重点和难点，身体素质的练习和适时教学目标的引入，增强学生的身心健康。

（二）学情分析

高中学生身心发展已趋成熟，组织纪律性和集体荣誉感比较强，但他们所掌握的乒乓球技术技能存在着较大的差异。本课采用讲解、示范、启发、模仿、创新等教学方法，以及各种新颖的练习方法，循序渐进、层层深入、层层剖析，充分挖掘每个学生的潜在能力，充分发挥学生的主体地位，更好地促进

229

学生努力达到教学目标。

（三）教学重难点

教学重点：用正确的拍面击球。

教学难点：身体协调发力，对来球落点准确判断。

（四）教学目标

（1）运动能力：通过学习，让学生能够说出所学乒乓基本技术的动作名称及术语，能够掌握反手推挡、推拨基本技术，并将其运用到比赛中，从而提高的专项运动能力。

（2）健康行为：通过对乒乓球运动的学习，了解国球文化、比赛规则、育人功能及锻炼价值，树立安全意识，学会情绪控制，适应比赛环境等，培养学生积极参与体育锻炼的意识和习惯。

（3）体育品德：培养学生顽强拼搏、坚毅果断的意志品质以及相互配合的团队精神。

（五）教学过程

1. 教学常规

（1）提出问题导入：中国乒乓球队曾经有过几连冠的辉煌历史？乒乓球国家队在北京奥运会上取得了什么成绩？

（2）师生问好。

（3）检查服装，宣布本节课内容，安排见习生。

（4）提出问题，引入本课的内容，同时对学生提出要求。

（5）基本队形：体操队形散开站立。

2. 准备活动

（1）跟随音乐慢跑热身。

（2）徒手操：颈部绕环、扩胸运动、腹背运动、弓步压腿、踝腕绕环。

① 教师讲解、示范练习方法。

② 组织学生尝试练习。

③ 教师指出学生练习的不足之处。

慢跑路线如图 4 - 33 所示。

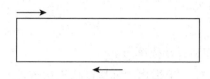

图 4 - 33　慢跑路线示意图

3. 基本内容

（1）学习反手连续推挡、推拨球，学生在一旁听教师讲解要领，看教师示范动作。

动作要领：

① 站位：身体离球台约 50 厘米，双脚分开略宽于肩，双膝弯曲，膝盖位置不越过脚尖，髋部后移，上体前倾。

② 引拍：食指用力、大拇指放松使拍面立起，上身微前倾，肘关节贴近腰侧，将前臂后拉至腹部中心。

③ 挥拍击球：肘关节向前移动，同时前臂向前上方推出，在来球的高点期，使球拍撞击来球的中上部，撞击来球后前臂顺势挥出，小臂与大臂夹角大于 130°。

④ 还原：肘关节后移贴近腰侧回到站位姿势。

技术动作如图 4 - 34 所示。

图 4 - 34　反手连续推挡、推拨球示意图

教学方法：①组织学生做单人掷球接推挡动作练习；②检查指导学生练习的同时及时纠正一些常见的错误动作，并加以强调，对个别动作不到位的同学进行指导。

（2）徒手做反手推挡、推拨练习。

指导学生持拍做无球反手推挡、推拨动作模仿练习。

（3）对墙练习连续推挡、推拨球。

练习要求：每位学生距离墙1.5米左右，做对墙反手推挡、推拨练习，具体步骤为：①姿势调整；②拍面角度；③力度控制；④反弹控制；⑤连续击球。在练习过程中，需要注意坚持练习并不断总结经验教训。

（4）学生2人一组台上做慢速的反手推挡、推拨球练习。

在路线控制练习的基础上，逐渐提高反应速度。2人一组，1人用反手推挡球的动作用不同的力度、角度和路线进行突然性的击球，另一人观察并反应迅速做出相应的回击。通过不断地练习和调整来提高反应速度和控制能力。

练习要求：注意向前迎击球的动作。①反手推挡姿势练习；②反手推挡动作速度练习；③反手推挡动作幅度练习；④反手推挡力量控制练习；⑤反手推挡角度控制练习；⑥反手推挡路线控制练习；⑦反手推挡反应速度练习。

（5）易犯错误与纠正方法。

易犯错误：

① 来球落点判断不准确。

② 拍面控制不好。

③ 推挡时拍形前倾过大，击球时机过早，导致回球不过网。

纠错方法：

① 反复练习，主动迎球，提高对落点的判断。

② 注意握拍方法，加强手腕的灵活性和调整拍面的能力，通过多次击球的反馈调整拍面。

③ 控制拍形，不要过急上前迎击球，并在离落点稍远的地方回球。

（6）学生2人一组进行反手连续推挡、推拨展示。

指导和组织学生进行展示，激发学生练习的激情，并巩固和提高技术。

4. 课课练

增强身体素质，体能强化。

教师带领学生跟随音乐进行练习，鼓励体能较弱的学生坚持完成训练内容。

方法：跟随音乐进行 tabata 体能练习。

目的：提高身体的基本素质，增强学生的运动能力，为学生以后的锻炼奠定基础。

（1）跟着教师一起进行身体素质课课练。

（2）练习过程中克服困难，发扬顽强拼搏的意志品质，高质量完成体能练习。

（3）练习过程中动作幅度到位。

5. 放松小结

（1）集合队伍。

（2）放松练习。

（3）总结上课情况。

（4）布置作业，收回器材。

（5）师生再见。

（6）学生观察动作，并模仿练习。

（7）动作到位，认真放松。

（8）认真了解本课自己的表现，肯定自己的同时，对自己提出更高的要求。

6. 场地器材

乒乓球拍 25 副，乒乓球 100 个。

7. 预计练习密度

75% ~ 80%。

8. 预计强度

145 ~ 165 次/分。

9. 课后小结

本节课通过讲解示范、模仿练习、对抗练习等多种教学方法和手段，帮助学生掌握乒乓球反手推挡球的基本技术和要求。同时培养学生的兴趣和热情，提高其实战应用能力和团队合作精神。通过课堂练习、作业布置和综合评价等方式，督促学生认真学习并逐步提高自己的能力。辅助教学资源与工具的准备和使用也是保证教学质量的重要因素之一。

10. 课后作业

（1）专项作业：①推挡练习；②正、反手攻球练习；③接发球练习。

（2）体能作业：①跳绳 200 次；②立卧撑 20 次 3 组；③仰卧起坐 30 次 3 组。

（滕野）

第 4 课时　近台上旋球攻防
——正手攻球反手挡球组合学练

（一）教学内容分析

乒乓球运动的特点是球小而轻，击球距离近，速度快变化多而复杂，有较强的趣味性。正手攻球反手挡球是近台攻防打法的主要技术之一。本节课教学内容是乒乓球正手攻球反手挡球的组合练习，教学中利用各种教学手段使学生掌握动作重点和难点，实现身体素质的练习和适时教学目标的引入，增强学生的身心健康。

（二）学情分析

同第 3 课时。

（三）教学重难点

教学重点：正手攻球 + 反手推挡练习。

教学难点：身体协调发力，对来球落点准确判断。

（四）教学目标

（1）运动能力：通过组合练习，掌握近台上旋球攻防的基本技能，并将其运用到比赛中，从而提高专项运动能力。

（2）健康行为：通过不断的练习和实践来提高技术水平和战术意识。树立安全意识，学会控制情绪、适应比赛环境等，培养学生积极参与体育锻炼的意识和习惯。

（3）体育品德：培养相互配合的团队精神，在比赛中合理运用所学知识取得好成绩。

（五）教学过程

1. 教学常规

（1）提出问题导入：哪些打法是选手必备的得分手段？在双方相持中，什么技术可以积极防御？

（2）师生问好，清点人数。

（3）宣布本节课内容，安全教育，安排见习生。

（4）引入本课的内容，同时对学生提出要求。

（5）基本队形同图 4–29。

2. 准备活动

（1）围绕球台跟随音乐慢跑。

（2）做徒手操热身。

① 教师讲解示范练习方法。

② 组织学生尝试练习。

③ 教师指出学生练习不足之处。

慢跑路线如图 4–35 所示。

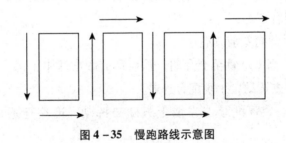

图 4–35　慢跑路线示意图

3. 基本内容

（1）复习反手推挡技术。

方法：两脚平行站立或右脚稍后，肩关节内收，前臂与台面平行，引拍至身体左前侧，球拍呈半横状，拍面与台面近乎垂直。击球时，前臂前伸近球，在上升期后段触球的中部，借对方来球的反弹力将球挡回，击球后放松还原。

要点：①挡球是推球技术的基础，初学者应形成正确的动作手法；②引拍时，上臂应靠近身体；③前臂前伸近球，手腕手指调节拍形，食指用力，拇指放松。

组织与队形：

① 集体模仿练习和双人间相对模仿练习，体操队形。

② 双人一方正手发球，一方推挡回去练习（左对角或直线）。

③ 双人间推挡练习（球速慢，小用力，控方向）。

练习方式如图 4 – 36 所示。

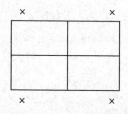

图 4 – 36　练习示意图

（2）复习正手攻球。

正手攻球动作要领：

① 击球前：

a. 选位：左脚稍前，身体离台面 50 厘米。

b. 引拍：手臂自然弯曲并作内旋使拍面稍前倾，以前臂后引为主，将球拍引至身体右侧后方。

c. 迎球：手臂向左前方迎球。

② 击球时：当来球跳至上升期，拍面稍前倾击球中上部，在上臂带动下前臂快速向左前方挥动，手腕配合外展。

③ 击球后：手臂继续向左前上方随势挥动，迅速还原成击球前的准备姿势。

注意事项：发力主要部位以前臂为主，动作过程中身体重心从右脚移至左脚。

图 4 – 37　直拍示意图

组织与队形：①学生进行动作模仿练习（先台下上肢徒手模仿练习，后结合步法做台下徒手练习），体会动作要点；②正手攻球练习（先推中路后推正手斜线）；③双方进行正手攻球技术练习（先攻中路后攻正手斜线）。

练习方式同图4-36。

（3）组合训练：正手攻球+反手推挡练习。

攻球：两脚开立，右脚稍在后，重心在两脚之间，支撑点在脚前掌。击球前，身体略向右转，引拍至右，后方成半横状（直握拍拍端略朝下，横握拍拍端略朝上）。击球时，上臂带动前臂由后向前用力挥击，结合右腿蹬地和转腰力量在高点期击球。

推挡：击球前，前臂上提，球拍后引。在来球上升后期或高点期击球的中上部，击球后，手臂随势前送。

组织与队形：①正手攻球双人相对挥拍模仿练习；②站在球台中间，自己抛球，正手攻球挥，拍击打反弹高点球期，对方接住，做同样的动作；③一人反手推挡供球，另一人挥拍正手攻球练习，交换。

4. 课课练

增强身体素质，强化体能。

体能练习（3~5组）：①原地直膝跳（30次）；②斜面俯卧撑（30次）；③往返跑10米×4趟；④俯（跪）卧撑15个。

组织与队形如图4-38所示。

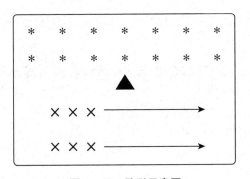

图4-38　队形示意图

学生成二列横队。

全班学生按照教师要求有序地进行练习。

5. 放松小结

（1）集合放松。

（2）教师评价，学生自评、互评。

（3）回收器材。

（4）布置作业。

6. 场地器材

乒乓球拍 25 副，乒乓球 100 个。

7. 预计练习密度

75% ~ 78%。

8. 预计强度

140 ~ 160 次/分。

9. 课后小结

本节课通过组合练习，学生基本掌握了近台上旋球攻防的基本技能，并将其运用到比赛中，帮助学生掌握乒乓球反手推挡球的基本技术和要求，同时培养学生的兴趣，提高实战应用能力和团队合作精神。注重小组讨论，确保每个学生都能掌握正确的技术要领并不断提高自己的水平，并通过不断地训练和实践来提高自己的技术水平和战术意识，以便能够在比赛中取得好的成绩。

10. 课后作业

（1）专项作业：①正手攻球练习；②反手推挡练习；③正手攻球 + 反手推挡练习。

（2）体能作业：①波比跳 20 次 × 4 组；②俯（跪）卧撑 15 次 × 4 组；③俄罗斯转体 30 次 × 4 组。

（幸福）

案例十一："笔墨之境——中国传统书画" 教学设计

——人教版高中必修美术鉴赏第二单元

高慧梅　李双洋　王志山

一、单元导读

本单元是整合单元，是将原教材中的第二单元中国美术鉴赏整合为第二单元：笔墨之境——中国传统书画，第三单元：大国工匠——中国传统工艺美术，第四单元：传承与创新——中国近现代美术。中国传统书画是源远流长的中华文明中的重要组成部分，以其独特的艺术魅力，体现了中华民族的精神风貌和审美文化内涵。通过对中国传统书画内容的学习，理解艺术作品中蕴含的中华优秀传统文化，继承和发扬中华优秀传统文化，树立文化自信。

二、单元大概念

观笔墨之形，赏意境之美。

三、单元课时安排

（1）象外之境——中国传统山水画。（1 课时）

（2）画外之意——中国传统花鸟画、人物画。（1 课时）

（3）书为心画——中国书法。（1 课时）

四、单元核心任务

请你运用本单元所学的知识设计"中国传统书画交流"活动策划方案。在感受中国书画意境美的同时，一起发扬中华优秀传统文化，用书画架起美的桥梁。

五、单元子任务

（1）举办"中国传统书画交流"活动，请用文字说明此活动的意义。

（2）祖国大陆与台湾地区共同举办"中国传统书画交流"活动，请你选择一幅你最想带去的中国传统花鸟画或者人物画作品，并用文字说明其原因。

（3）祖国大陆与台湾地区共同举办"中国传统书画交流"活动，台湾地区展出的书法作品是《祭侄文稿》，为何会选择这幅作品？请你说明其意义。

六、单元教学目标

（1）通过审美要素，理解中国传统山水画、花鸟画、人物画和书法的鉴赏方法，提升对传统书画的鉴赏能力。

（2）通过学习山水画、花鸟画、人物画和书法的创作规律，表达自己的感受和观点，形成分析与评价。

（3）通过学习山水画、花鸟画、人物画和书法的创作理念、中国文化和历史背景，理解中国传统书画是情与景的结合、是主客观的统一，是精神的需求。

七、课时教学设计

第1课时　象外之境
——中国传统山水画

（一）课时导读

中国传统山水画虽然成熟较晚，但后来居上，元代以后成为传统绘画艺术的主流，不论参与者的地位和素养、作品数量、艺术成就、技法的丰富程度、所反映文化的深度与广度，都是首屈一指的。中国传统山水画是中华文明中一个重要的组成部分，有其独特的艺术魅力。

（二）教学目标

（1）通过参与"闯关游戏"，理解山水画的鉴赏方法，从整体上欣赏《富春山居图》。

（2）通过观看视频《黄公望一生简介》和问题探究，理解中国传统文人浓郁的山水情怀。

（3）通过学习《富春山居图》的创作过程，理解山水画"外师造化，中得心源"创作规律，并能表达自己的感受和观点，形成自我分析与评价。

（4）通过山水作品"留白""三远法"对比学习，理解山水画是情与景融合、主客观统一的山水意境表达，确立山水情怀的审美取向。

（三）学法建议

1. 主要内容

通过学习本课的内容，理解"山水"是不同于"风景"的文化概念，"意境"是中国传统山水画的灵魂。

2. 学习流程

（1）课前预习：阅读教材，对比真实的富春山风景与《富春山居图》中的"山水"。

（2）课上探究：以本课的"基本问题"为导向，以《富春山居图》为主线，关注"山水画"所绘内容背后的精神内涵，思考"山水"在中国传统文化中的特殊地位，欣赏山水画时所秉持的文化立场（或视角），理解山水画创作的目的和预期的效果。

（四）教学重难点

教学重点：理解中国传统山水画"外师造化，中得心源"的创作观；对传统山水画的意境的理解，以及对经典作品意境的赏析。

教学难点：理解中国传统山水画所蕴含的浓郁山水情怀。

（五）教学过程

教学环节一：导入启发

《富春山居图》"合璧"的文化事件（视频）作为本课的导入，展示《富春山居图》合璧图片。

（1）画中的山水是真实的富春江两岸的景色吗？为什么要画山水画？

（2）为什么中国传统文化中有着浓郁的山水情怀？

导出课题：象外之境——中国传统山水画。

教学环节二：什么是山水情怀？

（1）"闯关游戏"共设置三关，即第一关"皴法"、第二关"留白"、第三关"三远法"，想闯关的同学任意选择一关，结合《富春山居图》的画册回答关卡后面的问题：①皴法：请同学们看视频，回答《富春山居图》的山石用了何种皴法？②留白：看图片回答，《富春山居图》上的留白让你看到了什么，留白的作用仅此而已吗？③三远法：看视频，依据"三远"判断《富春山居图》各片段主要使用了哪三种视角？

（2）刚才我们通过"闯关游戏"对山水鉴赏有了一定的了解，想要品读山水画的意境，我们还得从画家本人说起。请同学观看视频《黄公望一生简介》，结合教材第 32 页思考以下问题。

① 中国山水画为什么不称作风景画？

② 从文中和图中你是否感觉"山水"是"畅神"的乐园？

③ "山水"为什么是中国传统文人的精神家园？

④ 为什么说"山水以形媚道"？

⑤《富春山居图》抒发了作者怎样的内心情怀？

教学环节三：山水画怎么做到"妙夺造化"？

同学们，视频当中讲到黄公望出世无望而归隐山林研习绘作画，以绘画来抒发自己的情思，在研习作画时注重搜集山水素材，常随身携带笔墨，见到好景就摹写下来。请结合教材第 24 页回答以下问题。

（1）什么是"外师造化"？

（2）什么是"中得心源"？

（3）为什么说画中的山水不同于真实的山水？

教学环节四：何为"因心造境"？

什么是山水画的灵魂？《青卞隐居图》是怎样经营"留白"的？《六君子图》是怎样的留白方式？两件作品的留白有何不同？给你怎样的艺术感受？"留白"对山水画意境的表达起到了怎样的作用？

教学环节五：完成单元子任务

单元子任务完成单及评价表如表 4 – 70。

表 4 – 70　单元子任务一完成单及评价表

祖国大陆与台湾地区共同举办"中国传统书画交流"活动，祖国大陆带去了《富春山居图》中的《剩山图》与台湾地区的另一半《无用师卷》进行合并展出。请以《富春山居图》为例，从构图、笔墨等方面谈一谈此画的创作特点，结合此画的山水意境和情怀说一说此次"合璧"文化事件的意义
说明：（100 字左右）

续 表

评价等级	水平 1	水平 2	水平 3	核心素养
黄公望的《富春山居图》创作特点	只知道《富春山居图》是黄公望创作的	只知道《富春山居图》是画富春江两岸的景色	能从构图、笔墨等方面谈黄公望《高春山居图》的创作特点	图像识读
《富春山居图》"合璧"文化事件的意义	能简单说出"合璧"的意义	能结合《富春山居图》的山水情怀等方面谈"合璧"的意义	能结合《富春山居图》的山水情怀、两岸文化同根同源、祖国和平统一等方面谈"合璧"的意义	审美判断 文化理解

第 2 课时　画外之意
——中国传统花鸟画、人物画

（一）课时导读

花鸟、人物都是中国传统绘画的重要题材。花鸟画以各种动植物为表现对象，以写生为基础，以缘物寄情、托物言志为目的。人物画根据题材不同又可以细分为高士、仕女、婴戏、道释、风俗等，重视对人物性格和内心世界的揭示。

（二）教学目标

（1）通过了解花鸟画写实与写意的关系，理解人物画形神兼备、以形写神的特点。运用图像识读能力，提升对中国花鸟画和人物画的鉴赏能力。

（2）理解中国传统花鸟画，人物画重神韵、以形写神的审美特征，提升对中国传统花鸟画、人物画的文化理解，提高人文素养。

（三）学法建议

1. 主要内容

通过学习本课的内容，理解花鸟画、人物画的创作目的，从中国传统的品评标准出发，鉴赏中国花鸟画、人物画作品。

2. 学习流程

通过本课基本问题："中国传统花鸟画、人物画能否以写实的程度作为衡量艺术水平的标准?"了解中国传统花鸟画的特点以及中国传统人物画的特点。

（四）教学重难点

教学重点：理解中国传统花鸟画写实与写意的关系；理解中国传统人物画形与神的关系。

教学难点：理解中国传统花鸟画、人物画所蕴含的人文情怀。

（五）教学过程

任务一：对花鸟画的表现内容进行图像识读，掌握传统花鸟画的概念、审美特点。

播放中国水墨动画，观察动画片中表现了自然界中的哪些事物？花鸟画的表现题材仅限于花卉和鸟吗？中国传统花鸟画还有哪些题材？

任务二：了解传统花鸟画在写实表现层面上达到的高度，了解传统花鸟画在表现生活意趣、"缘物寄情""托物言志"方面的审美追求。

（1）从写实到写生，传统花鸟画在写生技巧方面达到了怎样的高度？

（2）连线题：现代真实的鸟的图片和《写生珍禽图》中出现的鸟类。

（3）画家创作《写生珍禽图》的目的是什么？

（4）传统花鸟画"写生"是对客观物象的简单呈现吗？

比较分析八大山人朱耷的《荷石水鸟图》、徐渭的《墨葡萄图》、王冕《墨梅图》、文同《墨竹图》、郑思肖《墨兰图》。

朱耷的《荷石水鸟图》和徐渭的《墨葡萄图》在表现对象的刻画上有什么特点？为什么鸟是"翻白眼"的？葡萄藤为什么枝叶纷披，气势奔放？表现了画家怎样的情感诉求？郑思肖的《墨兰图》中的花为什么无根无土？

归纳：中国传统花鸟画借助笔墨韵味和情趣抒发画家精神追求与情感表达，花鸟画通过自然与人们际遇、思想情感紧密相连，是中国人缘物寄情、托物言志的重要艺术载体。

任务三：中国人物画家在表现具体人物时重点表现对象的社会阶层与价值观念。结合作品从线条、色彩、着装、体态、容貌、神态等方面分析人物相貌与特定身份、精神气质的表现。

（1）传统人物画中形与神是什么关系？传统人物画主要分哪几类？

分析《女史箴图》《簪花仕女图》与《永乐宫三清殿朝元图》。

（2）传统人物画是如何传达人物的神情意态的？

重点分析《韩熙载夜宴图》对听乐、观舞、暂歇、清吹、散宴等场景的描绘以及主人公郁郁寡欢的神情。

（3）如何做到"遗貌取神"？

分析《泼墨仙人图》的意象表达，"遗貌取神"，抛弃具象，旨趣全在传神。分析《幽篁坐啸图》中的环境对人物性格的烘托作用。

（4）传统风俗画有什么特点与价值？

从不同层面分析《清明上河图》《炙艾图》这两幅风俗画中人物刻画的精彩之处。

归纳：《簪花仕女图》《韩熙载夜宴图》等作品借"形"传"神"，体现了中国传统人物画形神兼备、气地生动的审美追求。

任务四：对传统花鸟画、人物画的审美判断，提升对中国传统绘画的文化理解。

分组讨论选出代表总结：对中国传统花鸟画、人物画特点的自主探究式学习活动的收获。

任务五：依据单元子任务完成单及评价表，完成单元子任务（见表4-71）。

表4-71 单元子任务二完成单及评价表

祖国大陆与台湾地区共同举办"中国传统书画交流"活动，请你选择一幅你最想带去的中国传统花鸟画作品，文字说明其原因				
说明：（100字左右）				
评价等级	水平1	水平2	水平3	核心素养
祖国大陆与台湾地区共同举办"中国传统书画交流"活动，你最想带去的中国传统花鸟画作品的原因	只知道中国传统花鸟画作品在此次活动中的艺术展览价值	知道中国传统花鸟画作品在此次活动中的艺术展览价值与其背后的文化价值	知道中国传统花鸟画作品或人物画在此次活动中的艺术展览价值与其背后的文化价值，并且通过画中的借物喻人、托物言志等内在含义，促进两岸情感交流，以唤起两岸同胞相亲相爱的情感共鸣	审美判断文化理解

第3课时 书为心画
——中国书法

（一）课时导读

汉字作为中华文明的载体，其书写法则（即书法）在发展演变过程中，因被赋予了独特的审美品格，成为中国文化的精华。鉴赏中国书法，需要深刻理解笔法、结体、章法和墨法等要素。通过本课的学习，我们应初步掌握中国书法的书写规律，了解中国书法的人文精神，从而提高艺术鉴赏力、培养高尚审美情操、增强民族自豪感和自信心。

（二）教学目标

（1）通过本课书法学习，初步掌握书法欣赏的基本方法——"远观其势，近看其质"。

（2）理解书法中的笔法、结体、章法、墨法是中国书法艺术的审美要素，提升图像识读和审美判断等美术核心素养。

（3）了解书法作品的审美形式和审美意趣，理解"书为心画"的内涵，并在讨论与自主探究中表达感受和观点，提升对中国书法艺术的鉴赏兴趣，提升对书法艺术的文化理解的能力。

（三）学法建议

1. 主要内容

先通过学习本课的内容，理解花鸟画、人物画的创作目的，从中国传统的品评标准出发，鉴赏中国花鸟画、人物画作品。

2. 学习流程

欣赏赵佶、毛泽东的书法作品，直观地感受两幅书法作品的气势、气息，从而思考书法欣赏的方法有没有一个规律性的法则——"远观其势，近看其质"

继而欣赏经典书法作品，在教师的引导下通过分解教师提出的书法欣赏方法——"远观其势，近看其质"，思考"势"与"质"究竟指什么？

通过老师的提示引导，去理解学习"势"——章法；"质"——笔法、墨法、结构，并进行拓展性的文化融合，即结合作者的生平、时代背景、社会思潮，运用"自主探究""小组合作鉴赏""师生互动探究"等方式完成教学目标，感受书法的魅力。

（四）教学重难点

教学重点：从笔法、结体、章法、墨法等方面鉴赏中国书法作品。

教学难点：从笔法、结体、章法、墨法等层面综合分析作品；理解"书为心画"的概念。

解决措施：把抽象的书法线条具象化，运用教师提供的现代媒体学习资料，进行观察、想象、思考；可结合教师录制讲解的"笔法"小视频，详细观看、学习毛笔在平动、提按、绞转时的状态，有利于学习理解；在解读"章法"部分，通过教师的引导、示范，通过小组讨论、分析，理解不同字势与行气给人的不同感受，并试着理解书写者的不同心绪；通过问题探究，从文化的角度去观照和理解书法作品。

（五）教学过程

任务一：课前准备

（1）欣赏经典书法作品。

（2）做好课前预习。

任务二：学习与思考

欣赏教师提供的赵佶、毛泽东的书法作品，直观地感受两幅书法作品的气势、气息有何不同，从而思考、感受教师提出书法欣赏的方法——"远观其势，近看其质"。

用心感受这两件书法作品，想一想这两幅作品写了怎样的内容？字是什么书体？你有什么感受？通过自己和同学们的总结回答，进一步感悟"远观其势，近看其质"的书法欣赏方法，并想一想汉字书法作为一门艺术，应该从哪几个方面进行欣赏？

根据教师的问题要求，仔细观察与分析，在任务驱动下自主发现答案并在问题情境中进行探究与发现（可分组讨论，发表小组意见）。

任务三：探究发现

（1）结合教师的讲解活动学习：远观其势——章法。

① 教师讲解历代书法家怀素的作品（怀素曾给朋友写过一封信，信中写道："苦笋及茗异常佳，乃可径来怀素上。"），学生思考这件作品为何能成为艺术珍品？

② 仔细阅读并识读这件书法作品，信上写了怎样的内容？字是什么书体？

这两行字是真的吗？去探究与思考以上的问题，可分组谈论并表述探究见解，从图像识读中获得信息，提升自主发现答案、读图的能力。

③ 通过教师展示的王铎和徐渭的两幅书法作品，探究这两幅作品给人有什么不同气息？为何会有不同的艺术效果和情感体验？原因是什么？再画一下字的中轴线。

通过自主学习探究，可归纳总结出：王铎书法行距清晰，顿挫回旋变化多端，节奏感强烈。徐渭书法行距小，点画插入邻行，布局错乱复杂，体现书者震荡不平的心绪（徐渭集天下悲苦于一身）。章法不同也可以体现出疏朗、空灵、通透之感。

（2）学习理解：近看其质——笔法、墨法、结。

① 想一想什么是笔法？

毛笔柔软且具有弹性，因此在行笔的过程产生三种主要的行笔方法。

在这三种笔法中，笔锋是如何表现的？

② 你对"绞转"是如何理解的？

观察"南"（见图4-39）、楷书"唐"（见图4-40）、行书"增"（见图4-41）字，它们的线条分别对应了哪些笔法？

比较钟繇《贺捷表》与颜真卿《麻姑山仙坛记》在起收笔上的异同。

图4-39 《白氏草堂记》中的"南"字　　图4-40 《麻姑仙坛记》中的"唐"字

图4-41 《频有哀祸贴》中的"增"字

（3）学习理解：近看其质——结体。

① 什么是结体？

随着汉字由其象形进化到抽象化的演变，字形结构也在发生着巨变。赏析：《石鼓文》《张迁碑》《颜勤礼碑》（见图4-42、图4-43和图4-44）。

图4-42　张迁碑［东汉］　　　图4-43　石鼓文［战国］　　　图4-44　勤礼碑［唐代］
颜真卿

② 篆书、隶书、楷书在字形结构上有什么区别？不同书体之间的结构有异，同种书体之间结构也会有差别吗？观察颜体的"神"与欧体的"神"。

③ 你对"中宫"是怎样理解的？

④ 对比颜体与欧体，观察它们的"中宫"有何差异？

⑤ 你认为写好一个字，首要是结构还是用笔？

间架结构示例如图4-45所示。

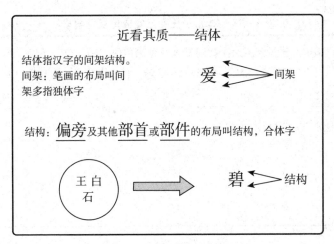

图4-45　间架结构示例

（4）学习理解：近看其质——墨法。

通过欣赏教师展示的不同墨色的书法作品去感受它们有什么不同感观，想一想以下问题。

① 墨色的使用上可以分为几种？

② 书者为何选择这样的墨色？表达出怎样的感想？

自我探究归纳：分析墨法的形式美感"浓、淡、枯、润"在相应书体中的基本运用，体会其文化意蕴。

任务四：完成单元子任务

祖国大陆与台湾地区共同举办"中国传统书画交流"活动，台湾地区展出的书法作品是《祭侄文稿》，为何会选择这幅作品？结合你对"远观其势，近看其质"的理解说明其意义。

学习提示：书法欣赏方法主要是运用书法的基本要素即笔法、章法、墨法、结体进行的。通过运用多媒体手段，对教材内的某一书法作品从四个方面进行综合分析。对各研究学习小组的观点进行总结与评价，书法是从日常书写实践中产生出来的艺术，可读性依然是它的首要原则、鉴赏书法总结起来有两大点，一是"形"，它包括了点画线条以及由此产生的空间结构；二是"神"，它是在"形"的基础上体现作者的喜怒哀乐。二者相得益彰，因此我们说"书为心画"。

理解这些知识就可以成为一个初步的书法欣赏者了。

单元子任务完成单及评价表如表 4-72。

表 4-72　单元子任务三完成单及评价表

单元子任务：祖国大陆与台湾地区共同举办"中国传统书画交流"活动，台湾地区展出的书法作品是《祭侄文稿》，为何会选择这幅作品？结合你对"远观其势，近看其质"的理解说明其意义
说明：（50 字左右）

续 表

评价等级	水平1	水平2	水平3	核心素养
对颜真卿《祭侄文稿》进行较为专业的赏析，并深入地解读这幅作品在此次活动中的意义	能初步从"远观其势，近看其质"中的墨法、章法、结体等角度进行基本的分析	在水平1的基础上进一步解读《祭侄文稿》的创作背景、艺术价值	在水平2的基础上精准分析《祭侄文稿》的艺术价值、蕴含的家国情怀和两岸共同的文化价值	审美判断文化理解

任务五：完成单元核心任务

祖国大陆与台湾地区共同举办"中国传统书画交流"活动，台湾地区展出的书法作品是《祭侄文稿》，请你说明其意义，并完成"单元核心任务"。任务完成单及评价表如表4-73所示。

表4-73 单元子任务四完成单及评价表

单元核心任务：为促进祖国大陆与台湾地区的文化交流，两地共同举办"中国传统书画交流"活动，如果你是赶赴台湾地区的"美的信使"，请你运用本单元所学的知识设计"中国传统书画交流"活动策划方案。在感受中国书画意境美的同时，一起发扬中华优秀传统文化，用书画架起美的桥梁				
活动策划方案				
活动目的： 活动意义： 活动流程：（展出的时间、地点、内容、作品、参展人员等） 活动成果：（预测给两岸带来的影响）				
评价等级	水平1	水平2	水平3	核心素养
祖国大陆与台湾地区共同举办"中国传统书画交流"活动策划	能简单写出活动的目的、意义、流程，并且能够写出本单元所学知识在此方案中的运用	能将本单元所学知识运用到此方案中，并且能通过方案设计体现出本次展览中艺术与文化交流的意义	能将本单元所学知识运用到此方案中，并且能通过方案设计的环节和细节体现，最终完成对两岸文化交流的目的，同时能够体现出两岸人民在文化中的同根同源，激发中华民族共同体意识	审美判断文化理解

案例十二："水应用控制系统设计"单元教学设计

——粤教版通用技术（必修2）技术与设计2第四章控制及其设计

史亚平　郭江华　张宁　张晓霞　杨新群

一、单元教学目标

（1）通过探究水的控制手段，理解控制的含义，了解控制的手段。

（2）通过定时水位控制系统的设计与制作，熟悉简单的开环控制系统的基本组成和简单的工作过程，理解控制在生活和生产中的应用。

（3）通过自动水位控制系统的设计与制作活动，熟悉闭环控制系统的基本组成，并且能画出一个简单闭环控制系统的方框图，理解其中的控制器和执行器的作用。

（4）通过自动水位控制系统的设计与制作活动，学会分析影响简单控制系统的主要干扰因素，熟悉闭环控制系统中反馈环节的作用，熟悉闭环控制系统的工作过程。

（5）在制作自动浇花神器控制装置的过程中，学会安装调试，提出改进方案。

二、学科大概念

本单元选取技术原理中最为基本、最为重要、最为关键的"控制"现象与简单的技术原理为专题进行学习，用学科大概念导出观念、导出原理、导出方法，再从观念的深度学习、原理的深入探究、方法的机制机理出发，强化观念、原理、方法的实践运用和技术问题解决，形成技术理性与技术感性的深层次融通。

三、单元学习内容

参见表4-74。

表 4 – 74　学习内容

学科内容	核心素养	水平等级	表现要点
控制、控制系统的含义，控制在生产和生活中的应用	技术意识	水平 2	能理解控制的含义及其在生产和生活中的应用；能通过案例分析了解手动控制、自动控制、智能控制的特点；能熟悉简单的开环控制系统和闭环控制系统的基本组成与工作过程，理解其中的控制器、执行器等的作用，了解简单的反馈和干扰现象及其基本原理；学会从技术、环境、经济、文化等角度评价技术设计方案和实施的结果，增强创新意识
比较开环控制系统与闭环控制系统的区别；控制系统的干扰与反馈	工程思维	水平 2	能确定一个生活或生产中的简单对象，分析影响系统的因素，尝试通过改变输入、过程、输出、反馈和干扰等对系统进行优化设计；能初步形成技术的时空观念、系统观念、工程建模、结构与功能、干扰与反馈等基本思想和方法
简单控制系统的方案设计	创新设计	水平 2	能够结合生产和生活的实际，根据控制系统的控制要求，确定被控量、控制量，进行简单的控制系统的方案设计并实施
控制框图表达	图样表达	水平 2	能使用常用、规范的技术框图等技术语言构思与表达设计方案
控制系统装置的设计、搭建、调试与评价	物化能力	水平 2	能搭建一个简易的控制系统装置，并进行安装调试和综合评价

四、内容选择与目标设定的理由

控制属于技术学科的基本概念之一，蕴含着非常丰富的技术思想和方法。控制与设计单元的内容属于专题性技术，专业性较强。学生通过本单元的学习，能领悟控制原理的丰富内涵，知道控制在生活和生产中的广泛应用。结合课程标准的要求，控制与设计单元对五种核心素养的设定目标都是水平 2。

五、单元整体设计构想

单元情境：水应用是学生很熟悉的生活案例，学生也有通过"开关"来控制水的生活经验。在生活中，水资源使用不合理的现象比较普遍。本单元以学生熟悉的身边事例引导学生发现问题，激发学生探究问题的兴趣，在分析与解决问题的过程中，使学生习得控制预设计的相关内容（见图4-46）。

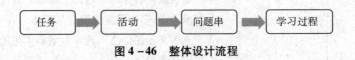

图4-46 整体设计流程

情境一：王伟发现，科技馆里的水车很有趣，查阅资料才发现水车是古代劳动人民充分利用水利发展出来的一种灌溉运转机械，他想要搭建水车模型来感受水车里的大智慧（见图4-47）。

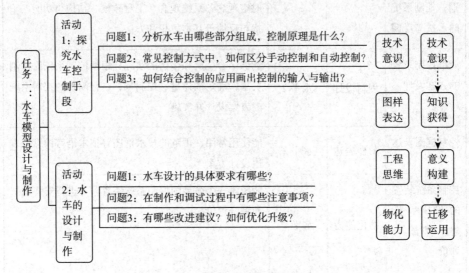

图4-47 任务一框架

情境二：王伟新发现，水车模型灌溉时无法实现对水位的精准控制，于是他想设计一个定时水位控制系统（见图4-48）。

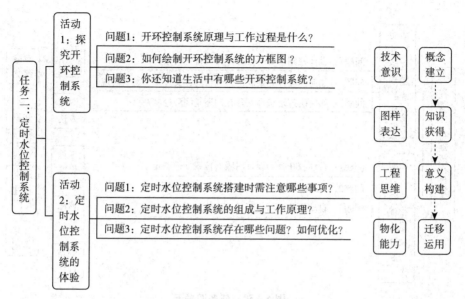

图4-48　任务二框架

情境三：王伟又发现，定时水位控制系统工作时无法实现自动水位控制，他又进行升级操作，设计制作自动水位控制系统（见图4-49）。

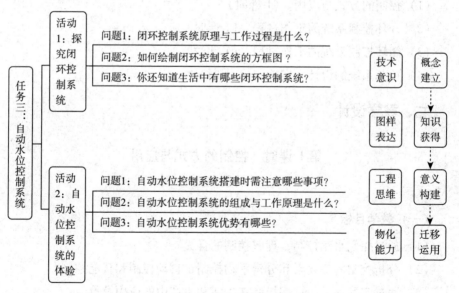

图4-49　任务三框架

情境四：通过多次水应用控制系统设计制作经验的积累，王伟决定设计制作一款自动浇花神器来应对暑假外出时家中盆栽的浇水需要（见图4-50）。

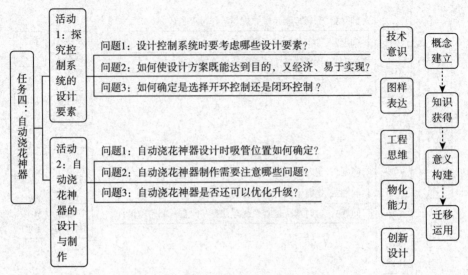

图 4－50　任务四框架

六、课时安排

（1）控制的方式与应用。（1 课时）

（2）开环控制系统的工作过程。（1 课时）

（3）闭环控制系统的工作过程。（1 课时）

（4）控制系统的设计与实施。（1 课时）

七、教学设计

第 1 课时　控制的方式与应用
——水车模型设计与制作

（一）教学目标

（1）通过探究水车控制，理解控制的含义。

（2）分析控制的三要素和分辨手动控制、自动控制和智能控制。

（3）通过实践活动，理解控制在生活和生产中的应用及价值。

（二）教学重难点

教学重点：通过水车的搭建感知控制的三要素。

教学难点：水车搭建的操作过程。

（三）学科核心素养

技术意识：能结合个人成长经历和简单的技术体验活动，主动发现和理解生活中的控制现象，形成技术意识、技术思维；能结合生活中的技术情境，分析人们进行技术选择的原因；能结合具体案例的辨析，形成对技术的理性态度。

（四）思政目标

通过案例分析，观看《神舟十三号航天员完成手控遥操作货运飞船与空间站组合体交会对接试验》视频，我国在航天科技等各个领域达到了世界领先水平，增加学生对祖国的认同感和自豪感。

（五）教学准备

乐高零件。

（六）检测评价

包含学生自评、教师评价两个方面。

学生自评：从完成任务的体会、对自我完成任务的满意度两方面进行。

教师评价：主要针对任务分工、操作过程、任务完成情况三个方面对小组进行评价。

（七）教学过程

（1）控制的含义。

通过一组图片展示，理解控制的内涵，指出事物发展具有多样性。

强调理解一个控制现象，要知道控制要达到什么目的、控制的对象是什么和采取什么样的控制手段。

讨论：自行车在行驶时的方向控制问题，分析控制的三要素（目的、对象、手段）。

练一练（将表4－75中空白的位置填写完整）。

表4－75　公共场所和家里的控制装置

场所	控制装置	控制目的	控制对象	控制手段
公共场所	水龙头装置			
家里	灯的控制			

（2）控制的方式或手段。

① 根据控制过程中人工干预的情形，控制可分为人工控制和自动控制。按照控制信号流和执行部件的不同，自动控制可分为气动控制、液压控制、电动控制、机械控制、电子控制等。智能控制是具有智能信息处理、智能信息反馈和智能决策的控制方式，它能在无人干预的情况下，自主地驱动智能机器实现控制目标。智能控制主要用于解决复杂系统的控制问题。

② 感应门案例的分析讨论。

要求：结合定义分析酒店感应门是哪类控制，如图 4-51 所示。

图 4-51　感应门

③马上行动：判断人工控制和自动控制的事例，在相应的位置打"√"（见表 4-76）。

表 4-76　判断人工控制和自动控制

音响的音量控制	人工	自动	家用洗衣机	人工	自动
普通水龙头出水的控制	人工	自动	电冰箱内温度控制	人工	自动
光控路灯的控制	人工	自动	篮球运动员投篮过程控制	人工	自动
红绿灯的转换过程控制	人工	自动	感应门的开关控制	人工	自动
电梯的上下运行过程控制	人工	自动	飞镖的投掷过程控制	人工	自动
用气筒给自行车轮胎充气	人工	自动	声控走廊灯的控制	人工	自动
红外感应水龙头出水控制	人工	自动	晾衣架的控制	人工	自动

（3）控制在社会生产生活的各个领域都有极其广泛的应用。

控制被广泛应用于生活（见图4-52）、工业（见图4-53）、农业（见图4-54）、军事、航天方面。

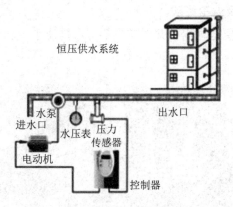

恒压供水系统

水泵
进水口   水压表 压力
传感器   出水口
电动机   控制器

图4-52 恒压供水控制系统

图4-53 汽车制造   **图4-54 滴灌浇水**

除了上面图片中的应用，你还知道哪些应用到生活的控制系统？

（4）感知控制的应用——水车对水的精准控制（小组合作）。

体验目的：通过学习水车的搭建制作，感知控制在日常生活中的广泛应用。

活动准备：

材料：乐高零件。

搭建步骤：

① 搭建开始以后，我们应该先思考水车分为几个部分，如何搭建才是最合理、最实用的。

② 思考完毕以后，根据自己脑海中的模型选取材料。第一次选取的材料

通常不是最合适的，我们可以暂时不要更换材料，看是否能够用已经选择的材料完成搭建，材料无法完成搭建时再选择更换材料。

③ 水车分为车轴、水斗、滑道三部分，在搭建的时候，水斗和车轴是一体的，滑道使用单级齿轮传动。

④ 第一步我们要搭建出框架，在框架上再搭建水斗和车轴（图4-55、图4-56）。

图4-55　水斗配件　　　　　　　　图4-56　水斗和轮轴

⑤ 第二步是搭建滑道，滑道可以选用车轮搭建，也可选用其他材料。在滑道的外侧利用齿轮传动，达到滑道全部可以转动的目的（见图4-57）。

图4-57　滑道

⑥ 搭建好以后，将各部分连接。在搭建过程中，指导学生每个部分的作用以及需要注意的操作。

⑦ 最后操作试验是否成功（见图 4 – 58）。

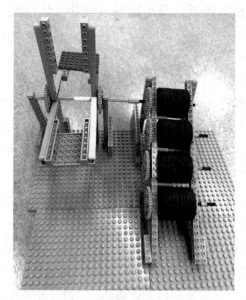

图 4 – 58　水车

（5）课程小结。

① 控制的含义：人们按照自己的意愿或目的，通过一定的手段，使事物向期望的目标发展，就是控制。

② 控制的三大要素：目的、对象、手段。

③ 控制的方式或手段。

④ 手动控制和自动控制的判断。

八、教学评价

同学们小组合作，通过表 4 – 77 对项目进行评价。

表 4 – 77　项目评价

评价标准	评价结果 是否达成（打"√"）
1. 通过探究水车控制，我能够掌握控制的定义	是（　）　否（　）
2. 我能够分析控制的三要素和分辨手动控制与自动控制	是（　）　否（　）
3. 我能够理解在生活和生产中的一些控制的应用——"水车对水的精准控制"	是（　）　否（　）

第 2 课时　开环控制系统的工作过程
——定时水位控制系统

（一）教学目标

1. 探究开环控制系统

本节课通过 DIY 压水井模型学习，使学生理解开环控制系统的概念。强调任何控制都要通过若干个环节来实现，这些环节所涉及的装置构成了一个系统，该系统被称为控制系统。通过对典型案例的分析，指出任何控制系统都有一个输入与一个输出，输入与输出一一对应，控制系统的目的就是要将系统的输入转化为系统的输出。

2. 分析开环控制系统的工作过程——定时水位控制系统初体验

开环控制系统是控制系统类型之一，在实际应用中也很常见。本节课通过 DIY 压水井模型控制系统模型的技术体验活动，使学生熟悉开环控制系统的工作过程，理解控制器、执行器等的作用。通过若干典型案例的分析，让学生学会用方框图表达简单开环控制系统的工作过程，并能根据开环控制系统的特征辨析常见的开环控制系统。

（二）教学重难点

教学重点：理解控制系统的含义；熟悉简单开环控制系统的基本组成和工作过程。

教学难点：从系统的目的性视角，厘清控制系统的输入与输出；学会用方框图表达简单开环控制系统工作过程。

（三）学科核心素养要求

（1）技术意识：通过技术体验活动，理解控制系统的含义，熟悉简单开环控制系统的基本组成和工作过程；理解控制器、执行器等的作用，辨析开环控制系统的特征。

（2）图样表达：会用方框图表达简单开环控制系统工作过程。

（四）教学准备

材料：PVC 管、饮料、剪刀、水管、水阀门。

（五）教学过程

1. 情境导入

上节课我们已经理解了控制的含义，感知了控制的应用，今天大家已经看到了老师在桌上放置的材料，请大家用桌上的材料完成压水井模型的制作。

2. 新课学习

（1）控制系统的概念。

学生活动1：搭建 DIY 压水井模型控制系统（图 4 – 59）。

问题1：该控制的工作原理是什么？

总结：通过杠杆原理对液缸里的水进行出入排出，然后单向调节阀使得水只可以单向流动，从而实现了把水不断地从容器内吸出到出水口，从而实现了抽水这一功能。

图 4 – 59 压水井模型系统

问题2：该控制由哪些部分组成？输入与输出分别是什么？

总结：由连杆装置、单向水阀门、液缸、水管等组成；输入臂杆按压，输出出水。这样一个系统称为控制系统。

任何控制都要通过若干个环节来实现，这些环节所涉及的装置构成了一个系统，称为控制系统。任何控制系统都有一个输入与一个输出，输入与输出一一对应。

教师：我们计时 10 秒，看一下大家的工作水量，可以看到在相同时间内大家的出水量差别不大。

学生活动2：定时浇水控制系统模型（见图4-60、图4-61）。

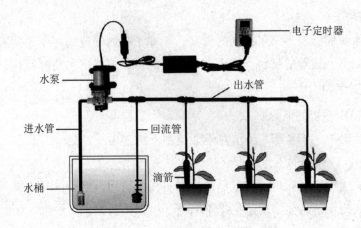

图4-60 定时浇水控制系统示意图

图4-61 定时浇水控制系统模型方框图

问题3：该控制系统作为压水井模型的升级，由哪些部分组成？该控制系统的输入、输出分别是什么？

答：定时器、水泵、滴箭等。输入量为设定的浇水时间，输出量为出水量。

（2）分析开环控制系统的工作过程。

问题4：定时浇水控制系统有哪些组成部分？它们之间的关系是什么？控制系统的控制目的是什么？系统的输入量和输出量分别是什么？系统的输出量对控制过程有没有影响？

总结：控制系统的输出量不对系统的控制产生任何影响，这种控制系统称为开环控制系统。其工作过程如图4-62所示。

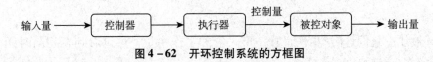

图4-62 开环控制系统的方框图

输入量：控制系统的给定量，如设定时间。

输出量（被控量）：控制系统所要控制的量，也是控制系统的输出信号，如浇灌的水量。

控制器：对输入信号进行处理并发出控制命令的装置或元件，如控制电路。

执行器：直接对被控对象进行控制的装置或元件，如阀门。

被控对象：控制系统中所要求控制的装置或生产过程。

教师：请大家根据刚才的学习，完善压水井模型装置的控制的开环方框图，即导学案的任务一（见图4-63）。

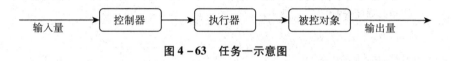

图4-63 任务一示意图

问题5：开环控制系统的输出量对控制过程有没有影响？生活中类似的控制还有哪些？

（3）开环控制系统组成及工作过程。

学生活动3：完善音乐喷泉控制系统方框图。

问题6：请根据汉博音乐喷泉工作过程，将图4-64的内容以及输入信号、输出信号填写完整。

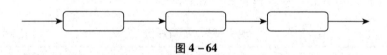

图4-64

学生活动4：完善人脸识别门禁控制系统方框图。

问题7：请根据人脸识别门禁控制系统工作过程，将图4-65的内容以及输入信号、输出信号填写完整。

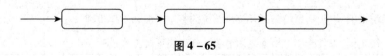

图4-65

学生活动5：完善雷达测速系统控制系统方框图。

问题8：请根据雷达测速系统控制工作过程，将图4-66的内容以及输入信号、输出信号填写完整。

图 4 – 66

学生活动 6：练一练，填写表 4 – 78。

表 4 – 78　练习

控制	是不是开环控制系统	人工/自动
汽车的方向控制		
冰箱的温度控制		
洗衣机的程序洗衣控制		
红绿灯定时控制系统		
抽水马桶的水位控制		

3. 课堂小结

（1）控制系统的概念。

（2）开环控制系统及方框图。

4. 教学评价

同学们小组合作，通过表 4 – 79 对项目进行评价。

表 4 – 79　项目评价

评价项目	技能要求	自评	他评	师评
压水井模型	我能准确安装，保证压水井模型可以正常出水			
定时浇水系统	我能理解控制系统的含义			
	我能从系统的目的性视角，理清控制系统的输入与输出			
开环系统举例	我熟悉简单开环控制系统的基本组成和工作过程			
开环系统案例	我能用方框图表达简单开环控制系统工作过程			

（六）教学总结

本节课由任务情境导入，将任务落实为一个个具体的教学活动。通过活动体验探究控制系统的基本概念，理解控制系统的输入与输出，并通过若干典型案例的分析，理解开环控制系统的组成及工作过程。

第 3 课时　闭环控制系统的工作过程
—— 自动水位控制系统

（一）教学目标

（1）熟悉闭环控制系统的基本组成，画出简单的闭环控制系统的方框图，理解其中的控制器、执行器的作用。

（2）掌握开环和闭环控制系统的区别。

（3）研究闭环控制系统的干扰与反馈。

（二）教学重难点

闭环控制系统的基本组成和工作过程，学会画闭环控制系统的方框图。

（三）核心素养

技术意识，工程思维，图样表达，物化能力。

（四）教学准备

材料：上水箱、下水箱、上水箱支架、控制箱、电池盒、水泵、水管、密封圈、上水箱盖、水位传感器、长尾夹等。

（五）教学过程

1. 复习并引入新课

情境导入：

（1）陈晨家阳台上种植了两种植物——虎皮兰和绿萝。虎皮兰喜热、耐干旱，绿萝则喜阴湿、忌干燥。这两种植物不能采用同一定时浇水方式，应该如何改进自动浇灌装置呢？

（2）游泳池（水箱）水位控制采用定时器灌水方式，可能存在水没灌满或者超过水位线的情况，应该如何改进自动灌水装置呢？

2. 新课学习

技术体验：搭建游泳池（水箱）水位控制系统。

体验目的：通过搭建游泳池（水箱）水位控制系统，感受闭环控制系统的工作过程。

情境展示：不同的植物需要不同的水量，喜干和喜湿的植物不能采用同一定时浇水方式。为解决这一问题，陈晨打算设计一个可以根据不同植物的土壤湿度值，来决定是否浇水和浇多少水量的自动控制装置。

游泳池（水箱）水位控制采用定时器灌水方式，可能存在水没灌满或者超过水位线的情况，针对这种情况，可以采用水位传感器来检测水位高低来决定是否灌水和灌多少水量的自动控制装置。

问题分析：

（1）相对于定时浇灌，根据土壤湿度调节浇水量的方式，在方案设计上阀门和电磁阀有什么不同？

（2）相对于定时注水，在方案设计上水位传感器有什么作用？

活动准备：

（1）材料：上水箱、下水箱、上水箱支架、控制箱、电池盒、水泵、水管、密封圈、上水箱盖、水位传感器、长尾夹等。

（2）工具：尖嘴钳、活动扳手、胶枪等。

主要过程：

（1）搭建土壤湿度控制系统（见图4－67）。

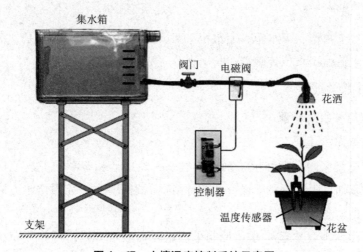

图4－67　土壤湿度控制系统示意图

① 如图4－67所示，根据控制系统示意图进行搭建。

② 利用Linkboy开源编程软件进行电路的连接和控制系统程序的编程。

③ 实际电路和制作。

④ 用湿度传感器检测土壤湿度，与控制器连接，从而控制电磁阀的开与关，为植物输送浇水。

⑤ 调试并观察过程，填写表4－80。

表 4 – 80　湿度传感器检测记录

土壤湿度情况	电磁阀的状态	花洒的状态
当湿度传感器检测到花盆内土壤湿度不够时		
当湿度传感器检测到花盆内土壤湿度达到要求时		

思考：电磁阀的开启与关闭取决于来自什么装置的信号？

（2）搭建游泳池（水箱）水位控制系统（见图 4 – 68）。

图 4 – 68　游泳池（水箱）水位控制系统

思考：游泳池（水箱）水位控制系统是如何实现自动水位控制的？

闭环控制系统：在上述土壤湿度控制系统中，输入信号是设定的土壤湿度。湿度传感器检测到的土壤湿度信号返回到控制系统的输入端，通过一个具有计算功能的装置（比较器），与给定湿度值作比较。当实际湿度比设定湿度低时，控制器控制电磁阀打开，给植物浇水；当实际土壤湿度达到设定的土壤湿度时，控制器发出信号关闭电磁阀，停止浇水。

该浇水自动控制系统的方框图如图 4 – 69 所示。

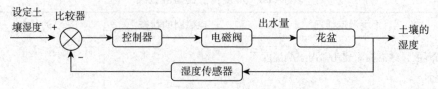

图 4-69 土壤湿度控制系统方框图

从这一控制系统方框图中可以看出，在系统的输入端和输出端之间，除了有从设定湿度到实际土壤湿度的信息传递，还有从输出端返回到输入端的信息传递，即把输出量返回到输入端，与给定值进行比较，构成一条闭合回路。我们把系统的输出量返回到输入端，并对控制过程产生影响的控制系统称为闭环控制系统。

简单闭环控制系统的方框图如图 4-70 所示。

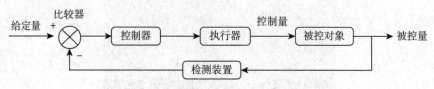

图 4-70 简单闭环控制系统的方框图

上图中，检测装置测量出被控量并返回到系统的输入端；"⊗"是比较器，它将给定量与所检测的被控量进行比较，求出偏差值；控制器将这一偏差值进行运算处理，并向执行器下达控制指令；执行器根据指令对被控对象进行控制，从而使被控量稳定在给定的范围内。与开环控制系统相比，闭环控制系统多了一个由检测装置组成的反馈通道。

（3）练习如表 4-81 所示。

表 4-81 练习

控制系统	是否属于闭环控制系统	方框图
光控窗帘控制系统		
电冰箱的温度控制系统		
声光楼道灯控制系统		
花房的恒温自动控制系统		

3. 课堂小结

（1）会用方框图表达简单开环、闭环控制系统工作过程。

（2）知道闭环控制系统。

（3）能区分开环、闭环控制系统。

第4课时　控制系统的设计与实施
——自动浇花神器

（一）教学目标

（1）根据控制系统的要求，确定被控量和控制量。

（2）设计控制系统的方案，并搭建一个控制系统装置或模型。

（3）对自动浇花控制系统进行调试运行以及综合评价。

（二）教学重难点

（1）能够设计控制系统的方案，并搭建一个控制系统装置或模型。

（2）对所搭建的控制系统进行调试运行以及综合评价。

（三）教学方法

讲授法，演示法，实验体验法，任务引导法。

（四）核心素养

物化能力工程思维图样表达技术意识。

（五）教学过程

引入：新课情境

小长假时一般都会外出游玩，你家里或多或少地会养些绿植，在这段时间你有没有担心过家里养的花没人浇水呢？你能不能用一个方便、快捷、省钱的方法来解决这个浇水问题呢？

任务一：探究控制系统的设计要素

问题1：设计控制系统时要考虑哪些设计要素？

问题2：如何确定是选择开环控制还是闭环控制？

结论：设计一个控制系统，应该明确这个系统要达到的目的是什么，所要控制的对象是什么，被控对象有哪些重要的特性，被控量和控制量分别是什么，外界的主要干扰因素有哪些，选择怎样的设计方案既能达到目的，又经济、易于实现，如何选择设备和元件，等等。

设计一个控制系统，选择开环控制还是闭环控制，需要根据对控制精度的要求以及条件的可行性而定。

任务二：自动浇花控制系统的设计

（1）自动浇花控制系统任务描述：制作一个浇水装置，能把饮料瓶里的雨水湛注到花盆下方的接水盘中，使接水盘中保持一定量的水，泥土自动从接水盘里吸取水分，从而保持植物生长的湿润环境。

（2）自动洒水装置案例分析。

自动浇花方案如图4-71所示。

图4-71　自动洒水装置

通过两种自动浇花设备的对比，分析它们的优缺点。如果是在网上购买，也不是很方便、快捷地收到货，可能说走就走的旅行也来不及。

（3）试验材料与工具。

材料：饮料瓶1个、可弯塑料吸管2根、热熔胶棒、接水盘1个、小花盆1个、黏土。

工具：电烙铁、热熔胶枪、剪刀等。

（4）方案构思。

以小组为单位进行方案构思，画出原理图。

图4-72为学生设计的两套方案，小组简述设计方案的工作过程。

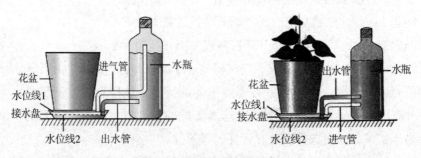

图4-72　设计方案的工作过程

（5）注意事项。

① 热熔胶枪使用注意安全，小心桌面上的电线。

② 等胶干了以后再进行测试。

③ 测试地点远离桌面，在旁边的凳子上进行。

④ 给瓶子灌水时需要先用手堵住出水管。

（6）讨论：①分析与讨论接水盘中的水位高低与进气管位置的关系？②如果外出时间比较长，如何优化？（进气管口在接水盘中的高度越高，接水盘中的水位就越高；降低进气管口的位置，接水盘中的水位就降低）

（六）教学评价

评价量表见表4-82。

表4-82　评价量表

评价内容	达成情况		
	优良	合格	不合格
能设计控制系统的方案，搭建一个控制系统的装置或模型			
能对模型进行调试运行			

第五章　初中教学设计

案例一：《中国石拱桥》《苏州园林》教学设计

——部编版语文八年级上册第五单元精读

郭娟　李楚恒　于爽

一、设计思路

在生活中，以满足实用需求为目的的阅读与交流活动显得越发重要。例如，从新闻报道中获取客观准确、有价值的报道；按照说明书提示使用新买的产品；阅读科普类文章了解某一领域有价值的信息。因此，《义务教育语文课程标准（2022 年版）》将"实用性阅读与交流"列为六个学习任务群之一，足见对实用类文本的重视。本学习任务群体现的课程价值表现在以下三方面：一是引领语文学习回归学生的日常生活；二是凸显语文课程工具性与人文性相统一的特征；三是适应数字化时代科技发展需要，提高学生的信息素养。同时，《义务教育语文课程标准（2022 年版）》在"总目标"中也指出，学生应"积极观察、感知生活，发展联想和想象，激发创造潜能，丰富语言经验，培养语言直觉，提高语言表现力和创造力，提高形象思维能力"。基于此，部编版语文八年级上册第五单元创设了以"文明的印记"为学习主题，以"介绍一件我的居家学习生活小神器"为核心任务的单元教学框架，力求通过任务驱动，激活学生所学的说明文知识，以实现语文学习与现实生活的联结、语文学习的致用。

二、单元课时安排

参见图 5-1。

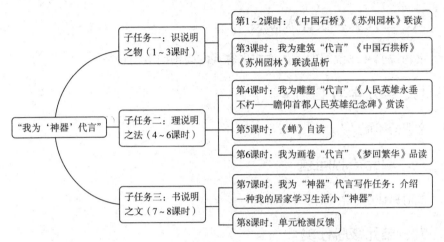

图 5-1 八年级上册第五单元——单元教学课时安排

三、教材分析

部编版语文八年级上册第五单元为事物性说明文单元。本单元精读篇目为《中国石拱桥》《苏州园林》，两篇文章里的建筑之美以不同的说明方法——呈现。《人民英雄永垂不朽》以空间顺序、时间顺序突出事物特征。《梦回繁华》以细腻典雅的语言为我们徐徐打开一幅内容繁多、长而不冗的国宝图。单元文章以说明方法、说明顺序、说明语言为侧重点编排，符合学生认知水平和学习进阶要求。基于此，教师应以概念性理解为核心，以教材内容、补充文本为学习载体，创设了"我为'神器'代言"活动，让学生介绍一件自己熟悉的学习生活中的小神器，以习作或视频形式推荐，让大家认识自己的"神器"。

四、单元教学目标

（1）能够学习并掌握各种说明方法，了解说明文语言的特点。

（2）能够有效整合信息，说明文章的结构特点，推断所选材料与中心的关系，阐释文章的说明中心。

（3）能够借助不同媒介搜集信息，介绍事物时能够运用合理的说明方法，恰当安排说明顺序，突出事物特征。

五、立德树人目标

能够感受科学的理性，领会科学创造的魅力。

六、单元教学设计大概念

事物说明文以说明的表达方式来客观准确阐明事物特征。

七、单元学习主题

文明的印记。

八、单元核心问题

如何抓住事物特征说明对象。

九、单元核心任务

时光无痕，岁月无声，在我们身边，总有一些事物能隽存下过往的记忆。相信你的身边有很多小物件，它们或是闹钟，或是设备支架；或是台灯，或是饮水杯……这些物件不仅能帮你解决学习生活中的实际问题，提升生活质量，还充满了智慧和创造性，堪称"神器"。现八年级学部将举行一次"神器"推介会，请你以"我为'神器'代言"，介绍一件你熟悉的学习生活中的小神器，以视频形式推荐，让大家认识你的"神器"，届时学部将视频推介，大众评选出最具人气小"神器"奖。

十、教学设计

子任务一：识说明之物（1~3课时）

第1课时　说明文知识我知道
——《中国石拱桥》《苏州园林》精读课

（一）教学目标

（1）能够通过精读《中国石拱桥》《苏州园林》，学习并掌握文中的生字词。

（2）能够理解课文内容，把握两篇文章的说明顺序及说明对象的主要特征。

（二）教学过程

（1）预习回顾：

① 以说明对象进行分类，说明文分为_____和_____。

② 说明文的说明顺序主要包括：_____、_____、_____。

③ 说明文的常见说明方法有_____。（至少列出四种）

（2）初读，整体感知文章内容。

速读《中国石拱桥》《苏州园林》，整理两篇文章的重难点字音字形。

_____

_____

_____

（3）再读两篇文章，厘清文章的说明顺序、说明对象的主要特征。

《中国石拱桥》说明顺序：

_____

_____

说明对象主要特征：

_____

_____

《苏州园林》说明顺序：

_____

_____

说明对象主要特征：

_____

_____

（4）思考交流：赵州桥和卢沟桥有什么共同特点？只写赵州桥行不行？

_____

_____

_____

第 2 课时　说明方法我会找

——《中国石拱桥》《苏州园林》方法指导课

（一）教学目标

（1）能够初步体会说明文语言准确、严谨的特点。

（2）能够运用常用的说明方法介绍身边某处建筑物。

（二）教学过程

1. 速读文章，分析说明方法

阅读《中国石拱桥》《苏州园林》，找出文中运用的说明方法，并分析其作用。（至少选取三处运用不同说明方法的语句）

例1：我国的石拱桥有悠久的历史。《水经注》里提到的"旅人桥"，大约建成于公元 282 年，可能是有记载的最早的石拱桥了。（这句话运用了举例子的说明方法，通过举《水经注》中"旅人桥"的例子，具体说明了我国石拱桥历史悠久的特点，从而使说明更具体，更有说服力。）

---

2. 再读文章，品味文章语言

找出《中国石拱桥》《苏州园林》两篇文章中，你认为运用准确的词语，谈谈自己的理解。（至少找到两处）

例2：苏州园林据说有一百多处，我到过的不过十多处。（"据说"说明消息的来源是听说的，不是很确切，说话留有余地，体现了说明文语言的准确性）

---

3. 拓展延伸，分享交流

选取校园内或自己熟悉的某处建筑，运用所学的说明顺序和说明方法，抓住事物特点，完成事物介绍，班级内分享交流。（不少于 150 字）

---

4. 作业布置

选择一处建筑或风景，图配文，制作一张明信片。（提示：结合课上所学的说明文相关知识，写一段能够突出事物特点的简短、精彩的介绍词）

第 3 课时　我为建筑"代言"之中国建筑的"美"
——《中国石拱桥》《苏州园林》联文阅读赏析

（一）情境任务

通过今天所学，你们需要为中国建筑之"美"代言，创作一段中国建筑之"美"的代言词，以吸引到更多对此感兴趣的游客，那么现在就让我们一起来挖掘《中国石拱桥》和《苏州园林》两篇文章里的建筑之美吧！

（二）教学目标

（1）能够把握中国建筑石拱桥和苏州园林的特点，体会它们的"美"。

（2）能够辨识并分析不同说明方法，对于突出中国石拱桥和苏州园林"美"的作用。

（3）能够树立保护、传承中国特色建筑之"美"的意识，为中国建筑所取得的光辉成就以及中国人民的智慧感到自豪。

（三）教学过程

任务一：一读一思寻特点

（1）《中国石拱桥》的"桥"字前面加了哪几个定语？限定了"桥"的哪些属性？

（2）《苏州园林》的"林"字前面加了哪几个定语？限定了"林"的哪些属性？

（3）请你在《中国石拱桥》《苏州园林》这两个标题前面继续加定语，速读课文，看看你还能加哪些定语？并说明这些词语来源于文章何处。

_____的中国石拱桥。

_____的苏州园林。

（4）总结《中国石拱桥》《苏州园林》的主要特点，完成表5-1。

表5-1　《中国石拱桥》《苏州园林》的主要特点

说明对象	主要特点（总特点）
中国石拱桥	
苏州园林	

（5）对比两篇文章进行梳理总结，这两篇文章所述中国建筑的"美"体现在哪些维度？

中国石拱桥：

_____

_____

_____

苏州园林：

_____

_____

_____

任务二：一览一悟找方法

例：

句1：赵州桥非常雄伟，全长50.82米，两端宽9.6米，中部略窄，宽9米。桥的设计完全合乎科学原理，施工技术更是巧妙绝伦。

句2：赵州桥非常雄伟。桥很长，桥面两端宽，中间窄。桥的设计完全合乎科学原理，施工技术更是巧妙绝伦。

（1）你认为句1更出彩？还是句2更可取呢？

我认为句2更可取，因为作者运用了说明方法，准确而具体地说明了"赵州桥非常"的特点，表现了美，给人以具体而清晰的印象。

（2）作者运用了什么说明方法来表现出中国建筑石拱桥和苏州园林的"美"？怎样的说明方法突显怎样的"美"？

要求：

① 在原文中寻找能够突显中国建筑石拱桥和苏州园林之"美"的说明方法。

② 分析该说明方法的表达效果或作用，可参考以下句式来阐述你的思考成果。

文中第×自然段中的"……"这句话运用了×××说明方法，具体/准确/形象生动地说明了×桥/苏州园林……的特点，突显了它的美。

原则1：选择使用何种说明方法，是为了突显说明对象的某种特点而服务。

原则2：说明一个事物的特征要抓重点。

必做任务：一话一情做代言

通过今天所学，你需要为中国建筑之"美"代言，请你以《中国石拱桥》《苏州园林》为基础材料，创作一段中国建筑之"美"的代言词，以吸引到更多对此感兴趣的游客。

要求：

① 可借鉴两篇课文中的内容、语句为你所用，但不能完全照搬照抄。

② 可以选定你所熟悉的建筑，如九龙潭等，使用合适的说明方法，突显这些建筑物不同方面的"美"。

③ 同时，引导人们树立保护、传承中国特色建筑之"美"的意识，表达为中国建筑所取得的光辉成就以及中国人民的智慧感到自豪。

④ 不少于150字。

作业布置：

根据评价量表，继续创作或完善中国建筑之"美"的代言词。后期，我们将请同学一一展示创作成果，并根据评价量表进行互评。

子任务二：理说明之法（4~6课时）

第4课时　我为雕塑"代言"
——《人民英雄永垂不朽——瞻仰首都人民英雄纪念碑》赏读

（一）教学目标

（1）勾画相关语句，理清本文的说明顺序，把握说明文对象的空间结构。

（2）品味文章语言，体会文章综合运用多种表达方式的写法。

（3）了解人民英雄的丰功伟绩，理解"人民英雄永垂不朽"的伟大意义。

（二）教学过程

任务一：初读，悟手法

（1）假如有时光穿梭机，1958年4月23日，你在《人民日报》上看到了作者发表了本文，想跟着作者的脚步，一睹文中的人民英雄纪念碑，你的行走路线、瞻仰顺序是怎样的呢？请大家以"行踪组"补充作者的路线图；以"瞻仰组"补充作者瞻仰碑身的顺序。

提示：①文章整体；②大浮雕主体。

（2）文中，"胜利渡长江，解放全中国"这块浮雕为什么放到最后来写？这块浮雕为什么"最大"？

提示：说明顺序、表达中心的需要。本文在介绍浮雕时，根据中国近代革命重大历史事件的时间顺序展开。因此，将该浮雕放在最后介绍。解放战争中渡江战役标志着人民期盼已久的独立的、统一的新中国即将诞生。人民英雄纪念碑突出"人民"的重要作用，因此，该浮雕最大。

任务二：细读，学写法

文段对比阅读，分析写法的不同。

语段一：接下来的一幅是"五四爱国运动"。这是中国民主革命由旧民主主义革命转变为新民主主义革命的转折点。浮雕的画面显示出学生们齐集于天安门前举行爱国示威游行的情景。一群男女青年学生举着废除卖国密约的旗帜，慷慨激昂地来到天安门前。人群高处，一个男学生正在向围着他的群众演说。梳着髻子、系着长裙的女学生，在向市民们散发传单。愤激的青年演说者，怒形于色的人群，使整个浮雕充满了痛恨国贼、激动人心的气氛。

语段二："五四爱国运动"为了突现主题，作者采用了辐射式的构图方式，辐射的中心点是一男一女两个青年学生，其余的人分别依次呈波浪式向两边辐射开来，聚集在中心人物的周围。这种构图方式将人民群众在国家危难时的凝聚力和向心力充分表现出来，整个画面构图十分紧凑，极富韵律。与其他几块浮雕相比，人物的衣纹写实性极强，充分展现了其柔软的质地，有如在风中摆动一样，将东方艺术讲求的"气韵生动"完全融合到了画面中。

_____

_____

_____

_____

语段三：碑身的西面，第一幅是"八一南昌起义"的浮雕。（事件概括）画面从一个连队的角度来表现这一伟大起义的情景。1927年8月1日早晨，一个连队的连长，挥着右手向战士们宣布起义，士兵们举着起义的信号——马灯，光辉的红旗举起来了，战马在呼啸，劳动人民正在帮助搬运子弹，战士们激昂地高呼着。（画面描写）从这时起，中国人民有了自己的武装部队，展开了以革命的武装反对反革命的武装的斗争。（意义说明）

语段四：东面的第二幅浮雕，是描写1851年太平天国的"金田起义"。（事件概括）太平天国是中国民主主义革命的序幕，它提出政治、经济、民族、男女四大平等的口号，严重地动摇了清王朝封建统治的基础。（意义说明）在这幅浮雕上，一群拿着大刀、梭镖、锄头，扛着土炮起义的汉族壮族人民的儿女，正从山坡上冲下来，革命的旌旗在迎风飘扬。（画面描写）

_____

_____

_____

_____

任务三：思考，升华拓展

展示虎门销烟浮雕草图，分析此图能否入选纪念碑。

预设：草图突出了林则徐，而人民英雄纪念碑则要突出"人民"，因为历史是由人民创造的。突出"人民"是纪念碑最大的特色，也是它最大的价值。当年的"人民"创造了历史，改换了天地。

作业布置：

请你借鉴本文的说明顺序，以生动而富有变化的语言描绘一处建筑、一件艺术作品或一个生活用具。（150 字左右）

要求：

① 先明确所写之物的总体特征。

② 选择合适的说明顺序。

（三）教学评价

评价量表如表 5 - 2 所示。

表 5 - 2　评价量表

标准	评价			建议
	优秀	良好	达标	
能够使用时间、空间或逻辑顺序介绍事物，语言准确，概括性强				
能够突出事物某一特征进行介绍				
能够运用 2 种以上的说明方法				

第 5 课时　《蝉》自读

（一）教学目标

（1）自主阅读，概括蝉的生命历程，并说明文章先后顺序安排的原因。

（2）阅读思考，说明说明文中运用多种表达方式的作用，学习作者说明事物的方法。

（3）阅读体会，推断作者的情感态度，体会文章所体现的科学精神。

（二）教学过程

1. 初读，概括文章的主要内容

速读课文，概括文章两个部分有关蝉的内容。（每部分不超过 20 字）

第一部分：

第二部分：

_____

_____

2. 细读，概括蝉的习性与特点

分组概括：蝉的地穴有什么特点？蝉的生活习性如何（见表 5 – 3)？

表 5 – 3　蝉的特点

分类	特点
蝉的地穴	
蝉的生活习性	

3. 思考，了解文章的写作手法

（1）文章运用了哪些说明方法？

_____

_____

（2）作者凭借着极强的耐心和毅力对写作对象进行客观记录，请从文中画出相应语句，并进行分析。

4. 作业布置

从以下作业中任选一项完成。

（1）课下继续阅读《昆虫记》，并借鉴法布尔的观察经验，针对某一观察对象设计观察实验，并进行实践，做好观察笔记。（不少于 200 字）

（2）借鉴《蝉》一文的写作技巧，观察你喜欢的小动物，进行仿写。（不少于 200 字）

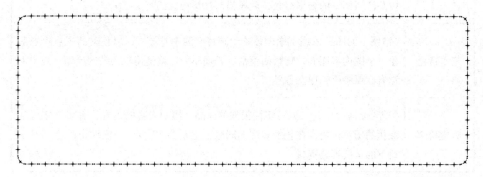

第6课时 《梦回繁华》教学设计

(一) 教学目标

(1) 通过筛选文章内容，划分段落理清课文思路。

(2) 通过品析"繁华"，领会课文典雅而富有韵味的语言。

(3) 感受前人非凡的智慧与创造力。

(二) 教学过程

问题导入：(PPT 展示)

《梦回繁华》的说明对象是什么呢？(预设：《清明上河图》)。这到底是怎样一幅画？接下来，请同学们化身为国宝介绍人，到文本中去一探究竟。

任务一：我是国宝介绍人——找繁华

(1) 我为国宝建档案。

请快速阅读课文，根据表5-4筛选信息。

表5-4 《清明上河图》档案一览表

出现年代	北宋
绘画题材	风俗画
作者简介	张择端，主要活动于北宋末年至南宋初年，生卒年不详，山东东武人，字正道，又字文友。幼读书游学于汴京，徽宗朝进入翰林，据张著题跋，"后习绘画"，擅长界画，工舟车、人物、市街、城郭，自成一家
作品概况	绢本，设色，纵24.8厘米，横528.7厘米。作品描绘了都城汴京从城郊、汴河到城内街市的繁华景象。画面开卷处描绘的是汴京近郊的风光；画面中段是汴河两岸的繁华情景；后段描写汴梁市区的街道
艺术特色	《清明上河图》采用了中国传统绘画特有的手卷形式，以移动的视点摄取对象，全图内容庞大，却繁而不乱，长而不冗，段落清晰，结构严谨。画中人物有五百多个，形态各异
历史价值	《清明上河图》是一副写实性很强的作品，画中丰富的内容，有着文字无法取代的历史价值，在艺术表现的同时，也是为12世纪中国城市的生活状况留下的重要形象资料

续 表

画面组成	《清明上河图》画面包括以下三个部分： 1. 汴京郊外的风光 2. 汴河场景 3. 城内的街市

师：梳理完以上的基础信息，我们对这幅画的大小、规模、质地有了大体了解，想不想一睹张择端的真迹版全图呢？各位准介绍人想用什么词来形容自己对《清明上河图》的感受呢？

（2）我是国宝见证人。

师：不过咱们不能去介绍了。有位介绍者已经捷足先登了，接下来让我们一起见证，这样的一幅内容繁杂的画，这位介绍人是如何说明的？

请各位见证人快速浏览，完成《清明上河图》解说结构图，（见图5-2）看看这位介绍人是怎样介绍这幅旷世奇作的吧。

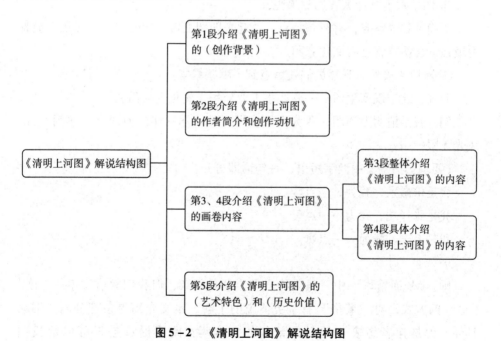

图5-2 《清明上河图》解说结构图

师：通过梳理文章思路，我们会发现整篇文章在围绕题目中的哪个词进行阐述？（预设：繁华）

（3）我是国宝观察员——析繁华。

请各位观察员品析第4段，哪些语句凸显出了汴京的繁华风貌？

明确：繁华是舟船往复；店铺林立；人群熙熙攘攘，城乡交流密切。

师：不知道各位观察员在找繁华的过程中，有没有留意到一些句式？

① 你发现了什么？

开卷处：疏林薄雾，农舍田畴，春寒料峭。

中段：船夫们呼唤叫喊，握篙盘索，桥上呼应相接，岸边挥臂助阵。

后段：各类店铺经营着罗锦布匹、沉檀香料、香烛纸马。另有医药门诊、大车修理、看相算命、修面整容，应有尽有。街上行人摩肩接踵，络绎不绝，士农工商，男女老少，各行各业，无所不备。

② 汴京近郊，汴河两岸以及汴京市区街道三处的繁华有什么不同？请读出这3种不同的状态。

明确：开卷处——恬静闲适；中段——忙碌紧张；后段——繁华热闹。

③ 四字短语有什么表达效果呢？

明确：句式整齐，有骈句特点，读起来朗朗上口。同时，四字短语，概括力极强。含蓄典雅富有文化意蕴。

④ 除第4段外，观察员们还留意到了哪些繁华？

明确：北宋现实生活——商业手工业繁华，文化生活活跃。

例：我是清明上河图，我为大宋盛世点赞。你看那汴河两岸，热闹非凡，风光无限……

（要求：借鉴文中四字短语；一句话即可）

我是宋徽宗，我为……点赞。

我是张择端，我为……点赞。

我是毛宁，我为……点赞。

……

师：《梦回繁华》中，虽人物众多，场景复杂，但我们通过"观""读""写"的方式，对"繁华"有了更清晰的了解，本文介绍得条理分明、细腻具体，但是作者想表达的只是繁华的内容吗？阅读提示是否可以给我们指引？

明确：有学者认为这幅画有揭示社会问题、劝谏宋徽宗之意，表现了画家对国家命运的担忧。画面背后还蕴含着繁杂的历史内涵，值得我们深思。

课后作业：

（1）写（必做）：为游览者写一写这幅画作的内容或艺术特色及历史价值，附在入场券的背面。（要求：抓住画作主要特征；可借用文中词句，丰富表达；100字左右即可）

（2）读1（选做）：任意选择"画面中段""后段"其中一处，改写为四字词语的句式。再录制成音频生成二维码。（要求：可借用文中四字词句；声音清晰流畅；时长2分钟即可）

（3）读2（选做）：为游览者讲一讲这幅画作的社会背景，或作者简介和创作动机。录制成音频生成二维码。（要求：可借用文中四字词句；声音清晰流畅；时长2分钟即可）

（4）画（选做）：请你在"开卷、中卷、后卷"中将最能体现《清明上河图》繁华的画面择取出来，并说明理由。

我选择的是：（　　　）卷。

理由：_____。

子任务三：书说明之文（7~8课时）

第7课时　写作任务：说明事物要抓住特征
——我为"神"器代言　教学设计

（一）教学目标

（1）通过观察、比较、查找资料等方式，概括出事物的主要特征。

（2）围绕事物特征，选取适当的说明顺序和说明方法，条理清晰地介绍事物。

（3）根据写作评价量表，完成片段写作，并能够条理清晰、准确地向大家展示。

（二）教学过程

学习活动一：云端说"物"

导入：同学们已根据课前写作任务单，确定好说明对象并以视频形式向大家展示，其余同学结合本单元所学对视频介绍的神器进行点评。

准备阶段：制作"神器"卡片（见表5-5）。

落实学习目标：通过观察、比较、查找资料等方式，概括出事物的主要特征。

表5-5 我的"神器"卡片

介绍角度	
名称	
特征（色彩、形状结构、材质）	
类型、功能、使用方法等	
价值、寓意等	

温馨提示：请同学们根据"神器"卡片的内容，采用合适的说明顺序、方法向大家介绍，视频介绍时要展示实物，语言要清晰流畅哦！（视频介绍2~3分钟）

（1）视频播放环节。（学生作品展示：见文件夹）

视频1：多功能收音机介绍。

视频2：智能无线快速充电器介绍。

视频3：收纳笔筒介绍。

视频4：台灯介绍。

（2）大众点评环节。

视频1点评：

优点：介绍角度全面（颜色、外形、结构、功能多）。

不足：介绍说明顺序、方法不清晰。

视频2点评：

优点：介绍角度广（形状、颜色、材质、功能区、不同的使用方法、不同的功能、安全性）。

不足：没有关注说明对象的主要特征，说明顺序、说明方法不清晰。

视频3点评：

优点：①介绍形式新颖，从生活中实际问题导入，吸引眼球；②"神器"使用前后对比鲜明，突出其功能；③事物主体部分介绍得很细致，并用到了恰当的说明顺序和说明方法；④体现事物的主要特征——"大"容量，设计简约"大气"。

不足：未体现事物的某种寓意（神器"神"在哪里）。

视频 4 点评：

优点：①介绍事物的结构时，运用恰当的说明顺序（自上而下，由灯罩—灯柱—底座）；②思路清晰、重点突出，重点介绍底座的功能区（调节灯光、制氧等功能）；③介绍外形时运用恰当的说明方法；④赋予台灯独特寓意：照亮环境、照亮人生方向、奉献精神等。

设计意图：选取两个相对完整的视频和两个不完整的视频，在点评环节结合本单元所学，能够清楚说明对象、说明对象的主要特征、根据说明对象的基本信息确定说明顺序及采取什么样的说明方法。

通过此环节发现学生在介绍事物时不清楚"为何要介绍"，也就是不清楚除了功能所体现的"神"之外，物品另外一方面——内在的"神"（人赋予物品的寓意、意义、情感等）。所以设计了下一个环节——如何突出"神"。

（3）课内迁移到课外——如何突出物品的"神"。

例：中国石拱桥、苏州园林：来源于劳动人民的智慧和杰出的艺术创造力——赞扬。

人民英雄纪念碑：争取民族独立、解放、自由幸福、繁荣富强的精神象征。

蝉：喜爱、赞美、敬畏、怜惜。

《清明上河图》：肯定其重大的社会价值和艺术价值。

总结神器"神"体现在：回忆、珍视、给我力量、象征意义等。

总结：要介绍某一事物就必须抓住事物的特征，这是说明文必须具备的要素，要想全面、细致地介绍清楚，就要选取适当的说明顺序和说明方法。要想使他人对你所介绍的事物有深刻印象，就需要加入一些别样的语言和情感，但是要注意"文"而有度，不能脱离说明文的文体特征。

学习活动二：落笔行文

片段习作小提示：

① 总写特点（全文中心句）。

② 介绍外形（段落中心句＋恰当的说明方法）。

③ 介绍功能（段落中心句＋恰当的说明方法）。

④ 抒发情感（可以运用议论或者抒情的表达方式）。

（1）结合评价标准（见表 5－6）完善习作——我为"神器"代言（200字左右）。

表5－6　说明文习作评价标准

评价项目	评价等级（在对应的等级□中打"√"）			
	优秀	达标	待改进	自评
事物的基本特征	说明对象明确、特点突出，并且能够从多方面突出事物特征（外形、结构、材质、功能、使用方法等）	说明对象明确，能够从材质、功能等方面体现事物特征	说明对象明确，但说明对象的特征不清晰	优秀□ 达标□ 待改进□
说明顺序、说明方法的运用	说明顺序合理、说明方法恰当（用到3种以上），并能体现包含以上信息的标志性词语介绍事物，思路清晰	能体现说明顺序、选取两种恰当的说明方法，包含以上信息的标志性词语来介绍事物	没有体现说明顺序，说明方法单一，文中没有体现说明顺序和方法的标志性词语	优秀□ 达标□ 待改进□
	①我选取的说明顺序是：＿＿＿＿＿＿＿＿＿ ②我运用的说明方法有：＿＿＿＿＿＿＿＿＿			
语言表达	语言准确、严谨，平实和生动有机结合，语言流畅	用词准确、严谨，语言流畅	用词不够准确、严谨，语言不够通顺	优秀□ 达标□ 待改进□
情感表达	能在多处（开头、段首或开头、结尾处）恰当表达对事物的态度或情感	能在开头、结尾处恰当表达对事物的态度或情感	只能在某一处体现对事物的态度或情感	优秀□ 达标□ 待改进□

（2）分享你的得意之笔（对你的习作进行自我点评）。

点评角度：①用到的好词好句；②文章的结构（采用总分式、递进式、并列式）；③说明顺序、方法的运用；④"神器"的寓意。

设计意图：让学生有读者意识，只有具备读者意识才能找到自己写作的落脚点。

总结：说明文实用性很强，说明文写作也是一件快乐的事，只要用心，抓住特征，安排得体的说明顺序，运用一定的说明方法，锤炼准确严谨的语言，就能写出"思想"，写出"生活"，让事物在你的笔下熠熠生辉。此外，我们还要自豪地让更多的人认识承载人类智慧的这些事物，让不同的人感受到生活的丰富多彩。

（三）课后作业

（1）基础作业：结合本单元文章，复习巩固本单元说明文知识。

（2）提升作业：将完善后的习作，录制视频，为大家详细介绍你的"神器"。

（要求：①录制视频时语言表达要做到简洁流畅。②视频中要出现你的"神器"。③介绍时仪态大方自然）

案例二：《一元一次方程》教学设计

——人教版数学七年级上册第三章

王英　刘亚芬　张燕　张自强　栾鹏　成海琴　王彦玲

一、单元教材教法分析

（1）本单元内容属于"数与代数"领域中方程主题的起始单元。主要内容包括：一元一次方程及其相关概念，一元一次方程的解法，利用一元一次方程分析与解决实际问题。一元一次方程的解法体现了解方程的基本思想，是其他方程解法的基础，体会解方程中蕴含的"化归思想"和列方程中蕴含的"方程思想"，初步学会在具体情境中从数学的角度发现和提出问题，并综合运用数学知识和方法，分析、解决简单的实际问题，逐步形成模型观念，增强应用意识。

（2）一元一次方程是最简单、最基本的代数方程，它不仅在实际中有广泛的应用，而且是后续学习其他方程与不等式的基础，方程是学生从算术思维方式向代数思维方式的一次巨大转变，是学生代数思维发展的开始。

（3）根据实际问题中的相等关系建立方程模型是本单元的重点，同时也是难点，充分设置丰富的、贴近学生生活实际的问题情境，激发学生学习数学的兴趣，善于挖掘和发现生活中的数学素材，充分借助线段图、表格、符号语言等方式理解实际问题中的相等关系，建立一元一次方程，创造性地使用教材，适时进行处理整合，力争突出重点，分化难点，分层分区因材施教，让不同的人在数学上得到不同的发展。

（4）模型观念需要教师在教学中逐步渗透和引导学生不断感悟，真正使学生有所感悟需要经历一个长期的过程，从相对简单到相对复杂，从相对具体到相对抽象，逐步积累经验。

二、单元教学目标

（1）根据现实情境理解方程的意义，针对具体问题中的数量关系列出方程，发展抽象能力，感悟用数学的眼光观察现实世界。

（2）理解方程解的意义，经历估计方程解的过程；掌握等式的基本性质；能解一元一次方程，发展运算能力，会用数学的思维思考现实世界，形成规范化思考问题的品质，养成一丝不苟的科学态度。

（3）根据具体问题的实际意义，检验方程解的合理性；通过实际问题的解决，感悟数学应用的普遍性，发展模型观念，会用数学的语言表达现实世界，形成实事求是及严谨的科学态度与理性精神，争做有理想、有本领、有担当的时代新人。

三、单元教学重难点

重点：根据实际问题中的数量关系，抽象提炼出已知量与未知量之间的等量关系，建立方程模型，求出方程的解，进而解决实际问题。

难点：以方程为工具，分析问题，根据问题中的相等关系建立方程模型，体会方程思想，发展模型观念。

四、单元整体教学规划

单元整体教学思路参见图5－3。基于对课程标准的研究和教材的整体分析，凝练本单元的学科大概念、单元大概念，在大概念的统领下，通过对3个子任务认识、解法、应用的学习，逐步发展数学核心素养和数学思想方法，感悟方程是含有未知量、表达等量关系的式子，通过运算和等式性质可以使未知量成为已知量。核心任务是以具体的生活情境为任务驱动，尝试从日常生活中发现和提出有意义的数学问题，勇于探索一些开放性的、非常规的实际问题与数学问题，有助于形成独立思考、敢于质疑的科学态度与理性精神，培养学生的创新意识和应用意识，同时激发学生的学习兴趣和主动参与学习的积极性。

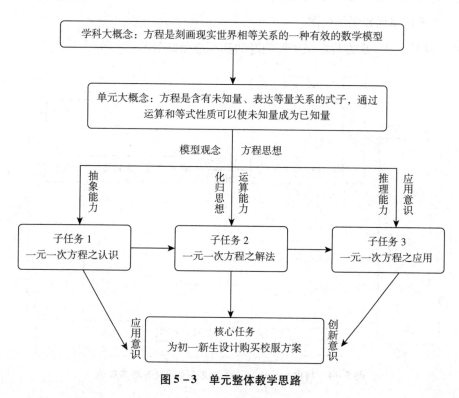

图 5-3　单元整体教学思路

（一）核心任务

能够利用一元一次方程模型解决实际问题：市政府计划给全市的初一同学购买校服，每位学生购买校服时只需要付一部分钱，因为政府给每位同学的校服补贴力度是很大的。因此，希望同学们学习完本单元以后，可以为相关部门提供关于校服的购买方案，在帮助政府节省费用的同时也能买到同学们心仪的校服（1 节竞标选标展示课）。

（二）子任务

子任务 1（共 2 课时）：一元一次方程之认识，内容包含从算式到方程、方程的有关基本概念。（发布招标公告，组建团队）

子任务 2（共 7 课时）：一元一次方程之解法，内容包含等式的性质、移

项、去括号、去分母解一元一次方程。（搜集资料，准备竞标文案）

子任务3（共6课时）：一元一次方程之应用，内容包含"配套问题""工程问题""销售中的盈亏问题""球赛积分表""电话计费问题"及其他问题。（提出问题，优化竞标数据）

（三）单元知识结构图

利用一元一次方程解决实际问题的基本过程如图5-4所示。

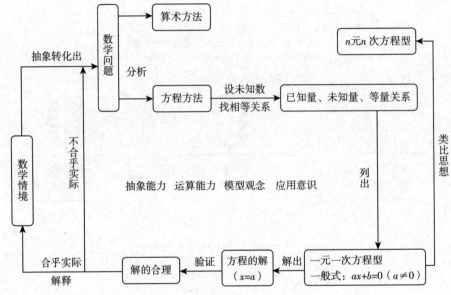

图5-4　利用一元一次方程解决实际问题的基本过程

（四）教学原则

教学原则：自主性、个别化、可选择。

根据学生的学习情况和学习能力的不同程度将班级学生由弱至强分为A区、B区、C区，教师提供丰富的学习资源（包括视频、PPT、文本资源等），每个学生根据学习需求，自主选择资源进行学习，完成对应的个性化任务单。

（五）评价

1. 评价理念

评价体现新课程理念，关注学生的过程、方法、情感的体验，体现多元化的评价理念。

2. 评价内容

评价内容包含过程性评价、结果性评价、发展性综合评价等。

3. 评价形式

（1）交流式评价：课堂提问、对话、口头测验等方式。

（2）选择式评价：客观题、主观题等形式。

（3）论述式评价：论述题、解答题等形式。

（4）表现型评价：学生作品展示。

（5）评价方法：自评，小组互评，教师评。

（6）评价融入学习活动，有效发挥促教、促学作用。

评价量表详见课时设计。

五、教学设计

子任务一：一元一次方程之认识（单元起始课）

第 1 课时　从算式到方程

（一）教学目标

（1）经历"把实际问题抽象为数学方程"的过程，体会方程是刻画现实世界的一种有效的数学模型，理解一元一次方程及其相关概念，认识从算式到方程是数学的进步，发展抽象能力，逐步形成用数学的眼光观察现实世界。

（2）借助线段图、表格等辅助工具分析实际问题，能够"找出实际问题中的已知数和未知数，分析他们之间的关系，设未知数，列出方程表示问题中的相等关系"，发展模型观念，逐步形成用数学语言表达现实世界。

（3）了解方程式数学文化，增强民族自信和自豪感。

（二）教学重难点

教学重点：

（1）理解方程及一元一次方程的概念。

（2）会找出实际问题中的相等关系，设未知数建立方程模型。

教学难点：从列算式到列方程思维习惯的转变。

（三）教学过程

1. 课时引言，承上启下

（1）课时引言：在人教版数学七年级上册第二章整式的加减中我们已经知道，用字母表示数是进入代数世界的钥匙，如何才能迈进代数世界的大门呢？在这里我们就需要引入一位超级重要的"朋友"——方程。

（2）播放方程史视频。

设计意图：通过微视频了解关于方程及一元一次方程的源与流，学习过程中融入数学史，在激发学生学习兴趣的同时，提升学生的数学情怀，积淀学生的数学积累。

2. 单元展望，明确方向

具体见单元知识结构图。

设计意图：了解单元学习内容及任务，培养学生注重大单元整体学习。

3. 回顾旧知，加深理解

问题1：同学们在小学初步学习了简易方程，回忆什么是方程？

明确：含有未知数的等式叫作方程。

判断方程的两个关键要素：①有未知数；②是等式。

练习：判断下列各式是不是方程，是的打"√"，不是的打"×"。

（1）$-1+5=4$ （　　） 　（2）$3x-1=9$ （　　）

（3）$2a+b$ （　　） 　（4）$x>3$ （　　）

（5）$x+y=8$ （　　） 　（6）$2x^2-5x+1=0$ （　　）

设计意图：复习之前小学学过的方程，为本节内容作铺垫，让学生明白本节课是小学内容的继续深入学习。通过练习对方程概念进行辨析，加深学生对方程的理解。

4. 解决问题，感受过程

问题2：一辆客车和一辆卡车同时从 A 地出发沿同一公路同方向行驶，客车的行驶速度是 70 千米/时，卡车的行驶速度是 60 千米/时，客车比卡车早 1 小时经过 B 地，A、B 两地间的路程是多少？（计算方法见表 5 −7）

表 5－7　问题 2 计算方法

算术方法	方程方法			
		路程（km）	速度（km/h）	时间（h）
	客车			
	卡车			
	相等关系：			
	解决问题：			

问题 3：

（1）你会用算术方法解决这个问题吗？

（2）题中涉及哪些量？哪些量是已知的，哪些量是未知的？它们之间有什么关系？

（3）你会用字母表示哪个未知量？其他的未知量也可以用这个字母表示出来吗？

（4）你能找出题目中表示相等关系的语句吗？你能根据相等关系列出方程吗？

（5）比较算术方法和方程方法的区别（见表 5－8）。

表 5－8　算术方法与方程方法对比

方式	算术方法	方程方法
思维方式		
解决方式		

根据问题 1，师生共同归纳出列方程解决实际问题的基本框图如图 5－5所示。

图 5－5　用方程解决实际问题的基本框图

设计意图：通过行程问题，引导学生尝试如何用算术方法解决，然后再逐步引导学生用线段图、表格等工具分析问题，能更加直观地看出各个量之间的关系，从而根据相等关系列出方程。先用算术法解决问题，便于与后面的方程法比较，突出方程法的便捷、简洁，使学生体会方程的优越性，发展模型观念，逐步认识从算术方法到代数方法是数学的进步。

5. 抽象概括，深化概念

出示例题：

例1：根据下列问题，设未知数并列出方程。

（1）用一根长为24cm的铁丝围成一个正方形，正方形的边长是多少？

（2）一台计算机已使用1700h，预计每月再使用150h，经过多少月这台计算机的使用时间达到规定的检修时间2450h？

（3）某校女生占全体学生数的52%，比男生多80人，这个学校有多少学生？

提出问题：观察上面的问题，列出的三个方程有什么特征？

一元一次方程的定义：上面各方程都只含有一个未知数（元），未知数的次数都是1（次），等号两边都是整式，这样的方程叫作一元一次方程。

师生共同进一步完善列方程解决实际问题的基本框图（见图5-6）。

设计意图： 运用三个问题巩固列方程的一般步骤，进一步让学生体会相等关系是列方程的关键，强化方程思想。在归纳方程特征的过程中，培养学生观察、分析、归纳的能力，发展抽象能力。

6. 达标检测，巩固提升

（1）已知下列方程：①$3x=6y$；②$2x=0$；③$\frac{x}{3}=4x-1$；④$x^2+2x-5=0$；⑤$3x=1$；⑥$\frac{3}{x}-2=2$。其中是一元一次方程的有_____。

（2）若方程 $(a-3)x^{|a|-2}-7=0$ 是一个一元一次方程，则a等于_____。

（3）用买10个大水杯的钱，可以买15个小水杯，大水杯比小水杯的单价多5元，两种水杯的单价各是多少元？

设计意图： 考查学生对一元一次方程定义的理解程度，通过学生的诊断情况，了解学生对此目标的掌握情况。

7. 归纳总结，巩固发展

（1）本节课学习了哪些主要内容？

（2）从实际问题中列出方程的关键是什么？

设计意图： 通过归纳，加深学生对所学内容的理解，培养学生独立分析、归纳概括的能力，充分发挥学生的主体作用。

8. 布置作业

必做：教材 P83 习题 3.1 第 1 题（1）（4）（6），第 5 题，第 6 题。

选做：

（1）自编一道一元一次方程的实际应用题。

（2）找一个跟一元一次方程有关的数学小故事，在同学之间进行分享。

（可以是数学家的故事，也可以是经典的数学问题，如丢番图墓碑上的诗文）

9. 结果评价

课时评价量表见表 5 - 9。

表 5 - 9　课时评价量表

评价标准 1： 理解方程，了解一元一次方程的概念	评价标准 2： 能够在具体的实际问题中找到题目中的相等关系，并根据相等关系列出方程，体会由算式到方程是数学的进步
A：了解一元一次方程的概念（达标检测第 1 题选出部分正确选项） B：理解一元一次方程的概念（达标检测第 1 题选出全部正确选项） C：能根据一元一次方程的定义，求参数的值（达标检测第 2 题做对）	A：会分析问题中的已知量、未知量，设未知数（用字母表示未知量） B：会分析问题中量之间的关系，找到相等关系会列方程表示简单实际问题中的相等关系 C：会用多种方法分析，解决实际问题。能叙述出算术方法与方程方法解决问题的区别

A（待改进）交流互助或找教师答疑，订正完作业后进行靶向问题巩固。

B（良好）订正前诊、后测后提交老师，可以顺利进阶下一课时内容。

C（优秀）可自主学习本节课难度更高的知识或者自主学习下一课时内容。

子任务二：一元一次方程之解法

第 2 课时　解一元一次方程（二）
——去括号与去分母

（一）教学目标

（1）会通过去括号解一元一次方程。

（2）能归纳含有括号的一元一次方程解法的一般步骤，体会解方程中化归和程序化的思想方法。

（3）感受建立方程模型解决实际问题的思想，逐步形成用数学的思维思考现实世界的数学核心素养。

（4）通过问题背景，阅读《九章算术》《对消与还原》，感受中国古代数学的璀璨及数学整个人类文明不断进步的发展历程中发挥的重要作用，培养学生学习数学的兴趣。

（二）教学重难点

教学重点：解含有括号的一元一次方程，归纳解一元一次方程的基本步骤；体会建立一元一次方程模型思想解决实际问题的思想方法。

教学难点：准确列出一元一次方程，正确地进行去括号并解出方程。

（三）教学过程

1. 前诊

A 组：

（1）填空。

① 如果括号外是正因数，去括号后原括号内各项的符号与原来的符号＿＿＿＿＿＿＿＿＿＿，并且每一项都要乘以＿＿＿＿＿＿＿＿＿＿。

② 如果括号外是负因数，去括号后原括号内各项的符号与原来的符号，并且每一项都要乘以＿＿＿＿＿＿＿。

（2）化简。

① $+ (+ a) =$ ② $+ (- a) =$ ③ $- (+ a) =$

④ $- (- a) =$ ⑤ $+ (x - 3) =$ ⑥ $2(x + 1) =$

⑦ $2(3a - b) =$ ⑧ $- (x - 3) =$ ⑨ $- 2(2x - 1) =$

（3）我们学了哪几种一元一次方程的解法？

B 组：

（1）化简。

① $2(3a - b) =$ ② $- 2(2x - 1) =$ ③ $3 + 2(2 - 3x) =$

④ $4 - 2(x - 2) =$　　⑤ $1 - \dfrac{1}{3}(3x + 6) =$　　⑥ $2 - 6\left(\dfrac{1}{2}x - \dfrac{1}{3}\right) =$

（2）某商店花费 540 元购进两种布料，共长 138 米，其中红色布料每米 5 元，蓝色布料每米 3 元，问两种布料各购进了多少米？

① 题目中的等量关系是＿＿＿＿＿＿＿＿＿＿＿。

② 根据题意可列方程为＿＿＿＿＿＿＿＿＿＿＿。

你能解这个方程吗？

C 组：

（1）化简。

① $3 + 2(2 - 3x) =$　　② $4 - 2(x - 2) =$　　③ $1 - \dfrac{1}{3}(3x + 6) =$

④ $2 - 6\left(\dfrac{1}{2}x - \dfrac{1}{3}\right) =$　　⑤ $2 - \dfrac{1}{4}(8x + 5) =$　　⑥ $3 - 2\left(\dfrac{1}{4}x - \dfrac{1}{5}\right) =$

（2）一艘船从甲码头到乙码头顺水行驶用了 2 小时，从乙码头返回甲码头逆水行驶用了 2.5 小时，水流速度是 3 千米/时，求船在静水中的速度。

① 题目中的等量关系是＿＿＿＿＿＿＿＿＿＿＿。

② 根据题意可列方程为＿＿＿＿＿＿＿＿＿＿＿。

你能解这个方程吗？

设计意图：教师通过前诊任务单，制作知识筛子图，掌握学生的学情。根据前诊完成情况对学生的小组进行动态调整。前诊内容主要是为了回顾旧知，精确掌握学生的学习起点。

2. 会诊答疑

利用去括号法则去括号，进一步提高运算能力。

学生学习路径：

路径 1：自研教材 P93—94 内容（问题 1、例 1）。

路径 2：观看微课视频 1。

路径 3：跟同学进行讨论，请教同学。

路径 4：请教师答疑解惑。

教学目标 1 达成诊断：

A 组：

（1）解下列方程。

① $2(x+1) = -4$

② $-3(x+1) = 6$

③ $\frac{1}{2}(2x-1) = 1$

④ $-3(x-1) + 1 = 5$

⑤ $5(x+2) = 4x$

⑥ $6x - 6 = 7(1-x)$

B 组：

（1）解下列方程。

① $5(x+2) = 4x$

② $6x - 6 = 7(1-x)$

③ $5(x+2) = 4x - 3$

④ $6x - \frac{1}{3}(6-x) = 5$

（2）如果的值与的值互为相反数，求 x 的值。

（3）已知 $x = 3$ 是关于 x 的方程 $x(k+4) - 2k - x = 5$ 的解，求 k 的值。

C 组：

（1）解下列方程。

① $\frac{1}{2}(2x-1) = 1$

② $-3(x-1) + 1 = 5$

③ $5(x+2) = 4x - 3$

④ $6x - \frac{1}{3}(6-x) = 5$

⑤ $-2(3x-4) = 7(4-x)$

⑥ $4x - 3(20-x) = 6x - 7(9-x)$

（2）如果 $2(x+3)$ 的值与 $3(1-x)$ 的值互为相反数，求 x 的值。

（3）已知 $x = -3$ 是关于 x 的方程 $x(k+4) - 2k - x = 5$ 的解，求 k 的值。

（4）如果 $x = 1$ 是方程 $2 - \frac{1}{3}(m-x) = 2x$ 的解，那么有关 y 的方程 $3m(y$

$-3) - 2m = m(5-2y)$ 的解是多少？

3. 精讲

结合自我诊断、教师精讲、答疑，梳理出去括号解一元一次方程的步骤和注意事项，以及每一步转化的依据和目标。

学生学习路径：

路径1：自研教材 P93 – 94 内容（问题1、例1）。

路径2：观看微课视频1。

路径3：跟同学进行讨论，请教同学。

路径4：请教师答疑解惑。

教学目标2达成诊断：

A组：

完成表5 – 10。

表5 – 10　方程一般步骤依据及注意事项

解方程	解方程的步骤	注意事项及依据
$6 - 5(x - 1) = 12 + 2(2x - 1)$ $6 - 5x + 5 = 12 + 4x - 2$	去括号	括号外是"–"，去括号后，每一项的符号＿＿＿＿＿＿
$-5x - 4x = 12 - 2 - 6 - 5$	移项	移哪一项，哪一项的符号要改变＿＿＿＿＿＿不移的项，符号不改变
$-9x = -1$	合并同类项	合并同类项法
$x = \dfrac{1}{9}$	系数化为1	未知数的系数在分母上：$ax = b$　$x =$

B、C组：

先找出自己错题的错误之处，并将错误的步骤在旁边进行订正，组内互查错误，小组梳理解方程一般步骤依据及注意事项。

设计意图：培养学生的自主学习能力以及与同学合作的能力。教师在巡查过程中，针对各组学生的共性问题展开精讲，提高答疑的精准性。遇到共性问题时，教师及时精讲。通过"自主性、可选择"的学习方式，让每位学生都能在课堂上有所收获，得到成长。

4. 课堂小结提升

今天这节课你的收获是什么？还有哪些疑惑？

利用去括号解一元一次方程需要注意什么？

通过知识结构图的形式进行小结提升。

设计意图：复习巩固，提升总结本节课知识，使学生学会总结反思。教师及时点评学生在自主学习过程中做得好的地方，鼓励学生学会学习。利用知识结构图，理清本节课的知识脉络，呼应本单元的单元核心任务及单元教学目标，使学生的学习结构化、系统化。

5. 作业设计

（1）必做作业：完成基于标准的后测（A组、B组）。

（2）提升作业：（选做二选一）

① 阅读《九章算术》《对消与还原》等古今中外数学名著。

② 制作以"方程小史"为主题的手抄报。

6. 学习结果评价

课时评价量表见表5-11。

表5-11　课时评价量表

标准1： 掌握了去括号法则	标准2： 掌握了含括号的一元一次方程的解法	标准3： 能解决简单实际问题
A：会去括号 B：掌握了去括号的算理算法 C：能归纳出去括号的法则及注意事项	A：能正确解出简单的含括号一元一次方程 B：能正确解出复杂的含括号一元一次方程及带参数的方程 C：能归纳出含括号的一元一次方程的解法，体会化归思想	A：能找到相等关系 B：会列方程表示简单实际问题中的相等关系解决实际问题

子任务三：一元一次方程的应用

第3课时　实际问题与一元一次方程
——电话计费问题

（一）教学目标

（1）经历探究电话计费问题，掌握用方程计算电话计费类问题的方法；体验建立方程模型解决问题的一般过程。

（2）在探究过程中经历从特殊到一般的过程，初步体会分类思想和方程思想。

（3）鼓励学生遇到困难时要相信自己，学会合作。

（二）教学重难点

教学重点：

（1）建立电话计费问题的方程模型。

（2）从探究过程中体会分类的数学思想。

教学难点：对主叫时间进行正确分类。

（三）教学过程

1. 创设情境，导入新课

教师拿出两种电话计费方式的宣传单，告诉学生最近教师既高兴又发愁，原因是听说通信公司对老用户给出了新的电话计费优惠套餐，请同学们帮教师计算一下哪种方式更省钱。

表 5 – 12 中有两种移动电话计费方式。

表 5 – 12　电话计费方式对比

方式	月使用费（元）	主叫限定时间（分钟）	主叫超时费（元/分钟）	被叫
方式一	58	150	0.25	免费
方式二	88	350	0.19	免费

（1）投影表格两种电话计费方式。

（2）提出问题 1：通过观察上面的表格，谁能说说表格中数据表达的含义吗？

答：月使用费固定收；主叫不超限定时间不再收费，主叫超时部分加收超时费；被叫免费。

设计意图：通过情境引发学生学习兴趣，教师适时地提出问题，引导学生理解题意，使学生积极地参与到课堂教学中。

2. 问题导引，小试牛刀

同学们已经看懂了两种计费方式，那么请试着填写表 5 – 13。

表5－13　电话计费方式练习

主叫时间（分钟）	套餐一（元）	套餐二（元）
90		
170		
310		
400		

设计意图：通过填写表格，了解学生对两种电话计费方式的掌握程度，进行个别辅导或小组合作，使每一位同学不要一开始就掉队。

3. 小组合作，深入探究

通过前面的探究，你能说说选择哪种套餐更省钱吗？进行小组合作探究。

（1）有前面的表格作铺垫学生，不难答出有时套餐一省钱、有时套餐二省钱，因此，计费首先要看主叫是否超过限定时间，两个主叫限定时间150分钟和350分钟是不同时间范围的划分点。

（2）指导学生填写表5－14。

表5－14　电话计费方式比较

主叫时间 t（分钟）	方式一计费（元）	方式二计费（元）
$t < 150$		
$t = 150$		
$150 < t < 350$		
$t = 350$		
$t > 350$		

设计意图：让学生独立思考，然后再小组合作探究，教师在此基础上加以引导和启发，在学生讨论出分类后追问原因，帮助学生明确分类的方法。

4. 表格分析，解决问题

在分好的每一个时间段里比较方式一与方式二的计费情况。

教师提示：在"$150 < t < 350$分钟"这个时间范围内，刚开始套餐一合算，后来套餐二合算，会不会出现二者费用相等的情况呢？从而引导学生建立方程。

列方程：$58 + 0.25（t - 150）= 88$

解得　$t=270$

当 $t=270$ 时，按两种方式计费相等，都是 88 元。

如果 t 大于 150 且小于 270 时，按方式一的计费少于按方式二的计费（88 元）；

如果 t 大于 270 且小于 350 时，按方式一的计费多丁按方式二的计费（88 元）。

如果 t 大于 350 时，按方式一的计费为 108 元加上超过 350 分钟部分的超时费 0.25（$t-350$），按方式二的计费为 88 元加上超过 350 分钟部分的超时费 0.19（$t-350$），显然按方式二的计费少。

设计意图：分类讨论后，简化问题，运用方程的思想比较大小。

5. 综合分析，确定结果

综合以上分析：当 $t<270$ 时，选择方式一省钱；

$t>270$ 时，选择方式二省钱；

$t=270$ 时，方式一、方式二均可。

引导学生归纳总结解决电话计费问题的方法，由学生总结，从而得到整体话费选择方案。

6. 拓展提升

（1）某商场在元旦期间进行促销活动，一次性购物不超过 200 元不优惠；超过 200 元但不超过 500 元，全部按九折优惠；超过 500 元，超过部分按八折优惠，不超过 500 元仍按九折优惠。某人两次购物分别用了 134 元和 466 元。问此人两次购物共节省多少钱？

（2）用 A4 纸在某复印社复印文件，复印页数不超过 20 时每页收费 0.12 元；复印页数超过 20 页时，超过部分每页收费 0.09 元，在某图书馆复印同样的文件，不论复印多少页，每页收费 0.1 元。如何根据复印的页数选择复印的地点使总价格比较便宜？

7. 课堂小结

解决"电话计费问题"的一般思路：审题（理解题意）—设未知数—列表分析—分类讨论—比较大小—综合分析给出方案。

体会分类讨论的必要性，以及小组合作的优势。

8. 作业设计

参加保险公司的医疗保险，住院治疗的病人可享受分段累加报销，保险公司制定的报销细则如表 5－15 所示。

表 5 – 15　保险公司制定的报销细则

住院医疗费用	报销率
不超过 500 元的部分	0
超过 500 元，不超过 1000 元的部分	60%
超过 1000 元，不超过 3000 元的部分	80%

某人住院治疗后得到保险公司报销的金额是 1000 元，那么此人住院的医疗费用是多少？

9. 学习结果评价

课时评价量表见表 5 – 16。

表 5 – 16　课时评价量表

标准 1： 对于电话计费问题能进行正确的分类	标准 2： 对于电话计费问题能进行正确的分类，并能正确表示每一种分类情况下的计费	标准 3： 掌握电话计费问题的数学模型，能解决实际问题
A：能根据题意分情况讨论 B：掌握列表格的方法正确分类讨论 C：能理解并表达出为何这样分类	A：能用字母正确表示每一种分类的计费 B：不仅能正确表示每一种分类的计费，还能叙述解法原因	A：能把分类结果正确梳理，解决问题 B：掌握电话计费的数学模型，能解决实际问题

A（待改进）交流互助或找教师答疑。

B（良好）通过小组合作完成教学目标，可以顺利进阶下一课时内容。

C（优秀）可自主学习本节课难度更高的知识或者自主学习下一课时内容。

第 4 课时　单元小结复习课

（一）教学目标

（1）经历"复习本章知识要点及其联系"的过程，让学生在归纳和总结的过程中，初步建立经验方法观，形成知识生长观、模型建构观以及综合实践观，形成数学想象力，发展抽象能力，逐步形成用数学的眼光观察现实世界。

（2）掌握一元一次方程的解法，培养运算能力。

（3）借助表格、线段图、将文字语言转化成数学符号语言等方法，能够

"找出实际问题中的已知量和未知量，分析它们之间的关系，设未知数，列出方程表示问题中的相等关系"，体会方程思想，发展模型观念，逐步形成用数学语言表达现实世界。

（二）教学重难点

教学重点：一元一次方程的解法。

教学难点：一元一次方程及解的应用。

（三）教学过程

1. 复习提问

（1）什么叫一元一次方程？什么叫一元一次方程的解？等式的基本性质是什么？

（2）叙述一元一次方程的解法步骤及每一个解题步骤应该注意什么？

设计意图：引导学生梳理本单元知识要点及联系，初步建立经验方法观，形成知识生长观，模型建构观以及综合实践观。

2. 例题讲解

（1）下列方程中，是一元一次方程的是（　　　）。

A. $4x - 3y = 2$ 　　　　　　　　 B. $1 - \dfrac{3}{x} = x$

C. $x^2 = 16$ 　　　　　　　　 D. $3x - 2 = 7$

（2）若 $m + 1$ 与 -2 互为相反数，则 m 的值为 _____。

（3）已知 $x = 4$ 是关于 x 的方程 $2x - a = 1$ 的解，则 a 的值是 _____。

（4）设 a，b，c 为互不相等的实数，且 $b = a + c$，则下列结论正确的是（　　　）。

A. $a > b > c$ 　　　　　　　　 B. $c > b > a$

C. $a - b = 4\ (b - c)$ 　　　　　　 D. $a - c = 5\ (a - b)$

（5）解一元一次方程 $\dfrac{x - 2}{2} - \dfrac{x - 1}{5} = 1$。

（6）元朝朱世杰所著的《算学启蒙》中，记载了这样一道题：良马日行二百四十里，驽马日行一百五十里，驽马先行一十二日，问良马几何日追及之？其大意是：快马每天行 240 里，慢马每天行 150 里，慢马先行 12 天，快马几天可追上慢马？

设计意图：通过例题，巩固并熟练掌握一元一次方程的解法以及一元一次方程及解的应用。

3. 达标测试

（1）某服装店某天用相同的价格 a（$a > 0$）卖出了两件服装，其中一件盈利 20%，另一件亏损 20%，那么该服装店卖出这两件服装的盈利情况是_____。

（2）若 $2a$ 与 $1 - a$ 互为相反数，则 a 的值为_____。

（3）当 $a = 0$ 时，方程 $ax + b = 0$（其中 x 是未知数，b 是已知数）（　　）。

A. 有且只有一个解　　　　　　　　B. 无解

C. 有无限多个解　　　　　　　　　D. 无解或有无限多个解

（4）根据等式的性质，下列各式变形正确的是（　　）。

A. 若，则 $a = b$　　　　　　　　　B. 若 $ac = bc$，则 $a = b$

C. 若 $a^2 = b^2$，则 $a = b$　　　　　D. 若，则 $x = -2$

（5）解方程：$x - \dfrac{x - 3}{2} = 1 + \dfrac{3x - 3}{4}$。

（6）A 地棉花品质优、产量大，甲、乙两个 A 地棉花供货商提供的棉花品质一样，报价均为 2 万元/吨，某纺织厂计划购进 x 吨（$x > 10$）A 地棉花，两个供货商分别给出如下优惠方案。

甲供货商：一次性购进 10 吨以上时，每吨的售价优惠 5%；

乙供货商：一次性购进 10 吨以上时，10 吨及 10 吨以内的部分按报价付费，超过 10 吨的部分，每吨的售价优惠 10%。

① 该纺织厂在甲供货商处购买 A 地棉花时所花的费用为_____万元；该纺织厂在乙供货商处购买 A 地棉花时所花的费用为_____万元；（用含 x 的式子表示）

② 若同样的供货量，在乙供货商处的花费比在甲供货商处的花费多 5000 元，求 x 的值；

③ 当 $x = 30$ 时，请直接写出该纺织厂选择在哪个供货商处购买 A 地棉花更实惠？

设计意图：通过达标测试，了解学生对本单元知识掌握情况，以便更好地进行查漏补缺、个性化辅导。

4. 作业与拓展学习设计

（1）完成本单元的思维导图。

（2）已知下列方程：①$3x = 6y$；②$2x + 6 = 10$；③$x2 + 2x - 5 = 0$；④$3x =$

1；⑤$\dfrac{x}{3} = 4 - x - 1$；⑥$\dfrac{3}{x} - 2 = 2$。其中是一元一次方程有_____。
（填序号）

（3）若方程 $(a - 3) x^{|a|-2} - 7 = 0$ 是一个一元一次方程，则 a 等于_____。

（4）粤港澳大湾区自动驾驶产业联盟积极推进自动驾驶出租车应用落地工作，无人化是自动驾驶的终极目标。某公交集团拟在今明两年共投资 9000 万元改装 260 辆无人驾驶出租车投放市场。今年每辆无人驾驶出租车的改装费用是 50 万元，预计明年每辆无人驾驶出租车的改装费用可下降 50%。

① 求明年每辆无人驾驶出租车的预计改装费用是多少万元？

② 求明年改装的无人驾驶出租车是多少辆？

5. 学习评价设计

参见表 5－17。

表 5－17　课时评价量表

标准1： 能够梳理本单元思维导图	标准2： 自主评估诊断情况
A：能够梳理本单元部分知识点； B：能够比较全面系统的梳理本单元知识点及； C：能够梳理本单元知识点的横纵向关联图谱，体现方程思想、化归思想等	A（待改进）：低于70分，希望在教师同学的帮助下找出问题并得以改进，及时靶向巩固诊断； B（良好）：70～80分，建议先及时纠错，查漏补缺，再进入下一单元的学习； C（优秀）：高于80分，请先订正，祝贺你顺利晋级下一单元的学习

核心任务展示课

第5课时　实际问题与一元一次方程
——模拟校服招标现场会

（一）教学目标

（1）能根据现实情境，运用一元一次方程的相关知识解决方案设计类应用问题，经历由实际问题抽象为方程模型的过程，提高发现、提出问题的能力，发展抽象能力，逐步形成用数学的眼光观察现实世界的能力。

（2）通过方案的解决，提高分析问题的能力，发展运算能力和推理能力，培养科学态度与理性精神，逐步形成用数学的思维思考现实世界的能力。

（3）通过模拟校服招标会，经历发现、提出、分析、解决问题的过程，积累数学活动经验，感悟数学的应用价值，培养团队合作意识，发展应用意识和模型观念，逐步形成用数学的语言表达现实世界的能力。

（4）通过计算得出补贴费用，用数据体会政府补贴力度之大，增强学生对党和国家惠民政策的认同、对以人民为中心发展理念的认同，逐步建立科学态度和社会责任，争做有理想、有本领、有担当的时代新人。

（二）教学重难点

教学重点：以方程为工具分析解决实际问题，发展模型观念。

教学难点：通过方案的设计与选择，培养实事求是的科学态度与理性精神。

（三）教学过程

1. 课堂引言

师生一起回顾列方程解决实际问题的一般过程，引出利用所学完成方案选择、决策建议。

设计意图：数学教学须"示以思维之道"。单元教学设计应展示普适性的研究方法，站在数学系统的角度有序思考，形成基本的研究方法。这既是数学学科本身的要求，也是学生思维发展的需要。再次梳理列方程解决实际问题的一般过程，让学生在周末尝试类比完成单元思维导图，逐步形成较为完整的知识能力思维结构体系，今后可用类比的数学思想运用于其他 n 元 n 次代数方程的研究过程中。

2. 你竞标我选标

教师活动：

（1）会前发布招标公告，建立团队，团队准备竞标文案、竞标汇报等过程中对学生全程陪伴指导。

（2）设计课堂导引单1、评分汇总统计表。

（3）课堂中认真听取汇报并关注学生完成情况，互动环节听小组讨论情况。

学生活动：

（1）主持人介绍与会情况、大会流程及注意事项。

（2）未来企业、梦鸽企业竞标汇报。

（3）大众评审团完成导引单1并提问互动、打分。

课堂导引单1（实事求是）见表5-18。

表5-18　竞标评分量表（大众评审团＋专家评审团）

1. 请对照招标公告和评分量表，认真听竞标会，指出优势及不足，有理有据地打分；2. 经济分请听完2个企业竞标，并完成导引单2后再打分						
	款式（5分）	标识（5分）	质量（30分）	售后（10分）	经济（50分）	合计
未来企业A						
优势与不足						
	款式（5分）	标识（5分）	质量（30分）	售后（10分）	经济（50分）	合计
梦鸽企业B						
优势与不足						
个人建议						
备注	款式：样式3分；色彩2分等。标识：符合身份的标语图案等 质量：企业资质优势，校服面料材质等 售后：服务态度，售后方式等。经济：性价比高，划算					

设计意图：仔细听取汇报，从五个方面写出每家企业的优势及不足，并有理有据、公平公正地打分，也更利于找出自己团队的薄弱维度，实现对比学习。专家评审团由教师组成，大众与专家评审团的权重不同，每组平均分与专家评审团2人再汇总计算平均分。其中，经济分需要在完成课堂导引单2后才可以打分，互动环节鼓励学生大胆质疑问难，教师作为参与者提问大众评审团，将学生引向深入思考。

3. 方案选择

教师活动：根据竞标企业数据设计课堂导引单2，教师根据学生的完成情况提问和适度引导点拨、适度梳理小结。

学生活动：先独立思考，再小组讨论解答问题，最后分享交流。

课堂导引单2（言必有据）见表5-19。

表 5－19　课堂导引单 2（言必有据）

温馨提示：校服为 1 套运动服 + 1 套冲锋衣

实际产生的总费用个人承担 30%，政府补贴 70%

公司名称	未来企业 A		梦鸽企业 B
购买方人数	308 人		308 人
校服标价合计	600 元/套（运动 + 冲锋）		700 元/套（运动 + 冲锋）
原价总费用	184800 元		215600 元
销售活动	当购买数量 < 200 套时，原价购买；当购买数量 ≥ 200 套时，超过部分每套打 5 折	PK	当总费用 < 14 万时，每套打 8 折；当总费用 ≥ 14 万时，每套打 7 折
实际总费用	152400 元		150920 元
实际单价	495 元/套		490 元/套
学生个人实际承担校服费用	148.5 元/套		147 元/套

思考：请你为下列表格中的购买方做出合理化选择（仅参考费用更划算方面）

购买方	个人购买	A 中学七年级学生人数	B 中学七年级学生人数	C 市七年级学生人数	某单位
人数	1 人	308 人	340 人	5576 人	××
选择企业					××

某单位方案选择合理化建议：（完成最快最好的组可以分享给大家，并在中标总分加2分）

设计意图：让学生在现实的问题情境中感知、认识、思考问题，尝试解释答案的合理性，培养学生勇于探索的精神和创新意识，体验数学来源于生活，又服务于生活。结合两家企业给出的数据，以问题串的形式引导学生从多角度思考问题，伴随问题的层层深入，不断推向深度学习，体会由具体到一般、一般再到具体的过程。经历观察数据—分析数据—猜想—找扭转局面的节点—列方程—验证—做出方案决策的过程，由个人、A 中学、B 中学、C 市初一学生不同人数下做出方案选择建议，再到人数未知的某单位，需要学生找到节点，分段讨论突破难点，从而养成用数据说话的习惯和实事求是、言必有据的科学态度。

4. 分享交流

教师活动：认真倾听学生分享的感受。

学生活动：独立完成导引单3的计算，结合3个问题，思考并谈感受。

课堂导引单3（感党恩爱祖国）见表5－20。

表5－20　课堂导引单3（感党恩爱祖国）

	人数	校服单价合计	个人承担费用	政府补贴费用	政府补贴总费用
A 中学七年级学生	308 人				
C 市七年级学生	5576 人	1067 元/套	320 元/人		
D 省七年级学生	30 万人				

问题1：请分别计算出 A 中学七年级学生、C 市七年级学生、D 省七年级学生的校服政府补贴总费用。

问题2：在单元起始课中，我们交流过国家对中学生的惠民政策有很多，政府补贴力度之广、之巨，政府为什么这样做？为什么能做到？

问题3：作为中学生的我们能做什么？怎么做？

请结合以上4个问题，谈谈你的理解和感受：

温馨提示：实际产生的总费用个人承担30%，政府补贴70%。

设计意图： 教师引导学生由校服补贴政策到学生身边享受的惠民项目交流，感受补贴之广；教师设置问题串，学生计算、估算，从数据感知补贴之巨，由感性认识到理性体会，震撼人心；教师积极正向引导，学生由问题辨析生出自豪之感，了解中国共产党以人民为中心的发展理念，同时也说明当代中国更加繁荣富强了，从而感受作为一名中国人的幸福感，增强学生的民族自豪感和自信心。

5. 小结提升，中标结果公示

竞标流程参见图 5 - 6。

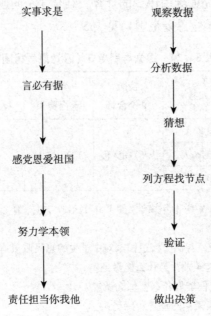

图 5 - 6　竞标流程

设计意图： 整节课思维发展线和情感认知线贯穿始终，教师肯定学生不畏困难、勇于探索的同时，抓住萌生思政的机会适度引导，根据学生的分享梳理国家繁荣、人民幸福需要我们每个人的勇于担当，教师自我承诺的同时对学生提出期望，实现了思想引领和价值引导。

6. 作业与拓展学习设计

（1）小组作业（合作完成的综合实践拓展延伸类作业）。

① 必做：请两家企业再次查阅相关资料，结合评委建议完善优化竞标方案，最终形成校服的购买方案报告（纸质版分享展示）。

② 必做：请小组合力完成本单元思维导图（纸质版分享展示）。

③ 选做：思考你还可以通过哪些维度建立模型来对比两家企业？大胆尝试一下（温馨提示：生产成本、生产工效、运输方式、利润等方面）。

（2）个人作业（个人独立完成的复习巩固类作业）（预估完成时间 10分钟）。

① 必做：请完成教材第 106 页练习第 2 题。

② 必做：请你基于本次的招标活动经历，谈谈自己的感受（收获反思等内容不限）。

③ 选做：课堂导引单 2 的思考 2（原始数据还原）。

7. 学习评价设计

学生根据达成标准进行自我评价，根据团队合作过程表现进行互评。教师根据学生的活动过程、课堂学习情况、作业反馈诊断等进行评价，最终形成评语建议及颁奖表彰。

课时评价量表见表 5 - 21。

表 5 - 21　课时评价量表

姓名：		第　　　组
课题	3.4 实际问题与一元一次方程——模拟校服招标现场会学习评价表	
评价内容	结果性学习效果评价　　过程性学习效果评价　　综合性发展效果评价	
评价标准	①了解列方程解决实际问题的一般过程； ②能根据现实问题列一元一次方程解方案设计类应用问题	①课前主动预习，积极参与，合作交流； ②课中认真听讲，积极思考，踊跃发言； ③课后及时复习，认真作业，反思提升	①对学习产生浓厚的兴趣，能学以致用； ②能运用有效的数学学习方法，提升"四能"； ③形成实事求是的科学态度和理性精神，立志学好本领报效祖国
评价等级	优秀：能够独立思考，准确解决问题； 良好：能够在他人帮助下积极思考，准确解决问题； 待改进：不能在有效时间内解决问题，还需要进一步跟进指导	优秀：积极参与学习活动，认真完成学习任务； 良好：能参与学习活动，能完成学习任务； 待改进：不主动参与学习活动，督促下完成学习任务	优秀：兴趣浓厚，思维活跃，综合能力强，达成度高； 良好：兴趣一般，思维较活跃，综合能力一般，达成度一般； 待改进：学习动力不足，不积极思考，综合能力弱，达成度不好
自评		
师评		

续 表

		团队合作　小组互评表
互评	评价标准	①团队合作；②讨论交流；③展示汇报；④研讨深度
	评价等级	优秀：全程积极参与团队活动，有兴趣特长，能灵活解决问题； 良好：部分环节参与团队活动，有兴趣特长，在帮助下解决问题； 待改进：不愿参与团队活动，兴趣不足，难以解决问题
	姓名	
	互评结果	
	最具潜力 特长说明	
	本次活动的收获感受、存在问题、建议等	
合计	（其中优秀：15分；良好：10分；待改进：5分）	
总评	优点：	待改进的地方：

8. 颁奖表彰

（1）总分前 5 名为"勇于探索奖"。

（2）未来 CEO。

（3）未来服装设计师。

（4）未来程序员。

（5）未来核算员。

（6）未来科学家团队。

（7）未来最佳企业团队。

案例三：Is there a post office near here？教学设计

——人教版英语七年级下册 Unit 8

方燕　李倩　孙菁菁　孙晓鸽　肖遥　翟璇　张骏成

一、单元设计背景

《义务教育英语课程标准（2022 年版）》第六部分"课程实施"第四条"课程资源开发与利用"中明确指出，教师要有效利用和开发教学资源，激发学生学习兴趣，开阔学生视野，拓展学生思维。本单元以人教版英语七年级下册 Unit 8 Is there a post office near here？为依托，拓展了外研社同话题教材和本土视频及文本宣传资源，实现教学内容本土化的创编，设计了"为来我市学习的外国留学生介绍家乡"的学习背景：从餐饮、旅游、娱乐和住宿等方面介绍家乡，以交通出行线路、社区选择及市区观光等情境化任务驱动，最终实现"用英语做事""用英语讲好中国故事"，体现英语学科工具性及人文性；在学习过程中，语言材料大多是关于家乡的，学生能够产生亲切感和自豪感；学习成果的创造过程也需要学生描述幸福祥和的生活、社区宜人的生活环境、城市观光的景点介绍，激发学生热爱家乡的情感，从而达到学科育人的目的。

二、单元教学使用资源

（1）外研社英语七年级下册 Module 6 Unit1 Could you tell me how to get to the National Stadium？

（2）人教版英语七年级下册 Unit 8 Is there a post office near here？

（3）音视频：*My Second Hometown—Karamay* 和自创音频。

（4）自编或改编语篇五篇（地方英语教学资源《神奇之城——克拉玛依市》）。

三、单元内容分析及设计思路

本单元主题为 Neighborhood，即"和谐家庭与社区生活"，该主题属于"人与社会"范畴，涉及问路与指路、社区环境介绍、城市景点介绍等。

选取或自创改编的语篇均围绕此话题展开。语篇类型为应用文体中的说明文。

大单元教学设计为学生英语学科核心素养的落实与达成创造了极好的条件。大单元的统领背景是"帮助外国留学生尽快熟悉和适应我市的生活"。教师引导学生在情境中反复操练目标语言，锻炼了学生的语言理解和表达能力，培养了学生的语言能力。在热情帮助留学生解决各种困难和突发状况时，学生们提供个性化的帮助和服务，让留学生身在异国他乡感受到温暖，彰显了学生在新时代表现的跨文化认知、态度和行为选择。在介绍克拉玛依市特色景点时，学生通过问卷调查，对前 5 名的特色景点进行一一介绍，让他人了解当地文化特色的同时，也增强了学生对自己家乡文化的认同感和自豪感。在推介自己美丽家乡的过程中，学生增强了家国情怀，提升了文明素养和社会责任感，有利于文化意识的培育。通过对比阅读及其他活动，学生在理解、分析、比较、推断、批判、评价和创造等方面的水平得以提高，发现问题、分析问题、解决问题的能力也得以加强，有利于其思维品质的培养。教师提供的多模态的学习资源拓展了学生的学习渠道，并帮助学生调适学习策略，进行了跨学科知识的涉猎，有利于学生学习能力的提高。

大单元的整体设计引导学生从单元整体视角展开对本单元各语篇主题的探究，有助于核心素养的达成。教师创设真实情境，引导学生通过听力及语篇的学习，从"帮助留学生找到需要去的地方""帮助留学生找到适合自己的社区""帮助留学生设计景点旅游的导游卡"三个方面沉浸式学习。在此过程中，学生从探究意义、学习语言到建构新知、解决问题，由浅入深地了解以"社区"为核心的地点，深入思考如何为留学生提供最有意义的、最切合实际的帮助，结合所学知识在丰富的活动中进行表达，构建了知识网，推动了学生系统的理解和认识，加深了对和谐社区、文明城市的感悟，做城市的推介人与代言人，最终完成制作个性化的欢迎（接待）手册的核心任务。基于大观念的单元教学设计，旨在帮助学生建立"关联整合"的语言知识结构，形成"用以治学"的语言学习思想，实现"以文化人"的语言学习价值。

四、单元主题内容框架

参见图 5 - 7。

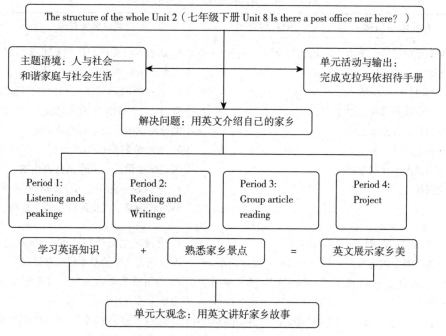

图 5 - 7　单元主题内容框架图

五、单元分级任务

参见图 5 - 8。

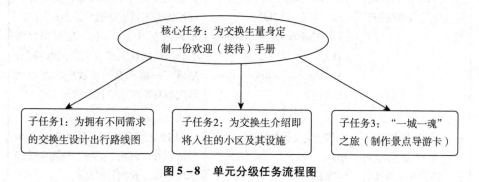

图 5 - 8　单元分级任务流程图

六、单元教学目标与课时目标

参见表 5 – 22。

表 5 – 22　单元教学目标与课时目标

单元教学目标	语篇和课时	课时教学目标
本单元学习后，学生能够： 1. 掌握某一区域内基本设施的名称与位置关系，在地图上正确画出路线，并借助地图说出前往目的地的路线	1. 听力短文（自创）（1 课时）	1. 通过学习介词，认识和了解标识，说出路标所指示的内容； 2. 通过听指路时所使用的动词和方位短语，在地图中画出路线，并能借助地图说出前往目的地的路线； 3. 通过绘制路线图，为拥有不同需求的学生设计"克市出行路线图"； 4. 学会在实际生活中正确有礼貌地问路和指路，内化礼仪及助人品格
2. 依据文本框架，结构清晰、内容连贯地介绍自己所在的社区	2. 说明文 （1）Annie's Neighborhood， （2）Lisa's Neighborhood （3）John's Neighborhood （4）Annie's Neighborhood（教材改编） （1 课时）	1. 通过对比阅读和寻读，梳理出推荐社区类文章的基本信息和结构； 2. 运用所学语言知识，写小短文为交换生推荐社区； 3. 通过描述和推荐社区，关心周围人、事物，增强助人意识
3. 了解克拉玛依景点的名称、位置和特色，并制作出含有前往特定景点路线的导游卡	3. 说明文 （1）Karamay Museum （2）The First Oil Well （3）Black Oil Hill （4）The Song of Karamay（自创） （5）The Nine – dragon Pool （1 课时）	1. 通过泛读克拉玛依景点的文章，快速提取关键信息； 2. 通过导游卡评价标准，小组合作制作出选定目的地的导游卡； 3. 通过复习学习新知，能够用导游卡介绍前往选定景点的路线及特色；感悟"一城一魂"路线中的景点所体现的克拉玛依的石油精神
4. 掌握制作接待手册的流程及涵盖内容，进行小组合作设计并展示	4. 说明文（视频字幕）Karamay 5. 书信 （1 课时）	1. 通过复习和使用指路所需的动词短语和方位词块，能够在地图中正确画出路线、找到目的地；

单元教学目标	语篇和课时	课时教学目标
		2. 通过绘制路线图并基于地图描述前往目的地的路线，我能够为拥有不同需求的交换生设计"欢迎手册"，并通过评价量规对其他小组进行评价以及依据互评反馈反思并修改本组的手册； 3. 通过合作展示所设计的"欢迎手册"，我能够与同伴共同完成介绍手册的组成、主要内容及设计特色的展示任务

七、教学目标达成路径及教学法

"教学评一体化"；Project-based Learning, Task-based Learning.

八、语篇具体内容

第 1 课时听力短文：

From the hotel, go along Shengli Street, turn left at the second crossing, you are on Tianshan Street, go along Tianshan Street, turn left at the first crossing, go along, at the second crossing, turn right, you are on Zhungeer Street, turn right at the third crossing, you will get to No. 1 Middle School, it's on your left, across from Shiyou neighborhood.

第 2 课时短文：

短文 1：

Annie

There is a zoo in my neighborhood. I like to spend time there on weekends. I love to watch the monkeys climbing around. The monkeys sometimes fight. They look like my friends and me when we fight!

To get there, I usually walk out and turn right on Bridge Road. Then I walk along Bridge Road. The zoo is on the right.

短文 2：

Lisa

I live in a noisy neighborhood. There is a post office between my house and a clothes store. But my favorite place is the library. It is very quiet and I enjoy reading there. When I read books，time goes quickly！

You can get to the library easily. Just go down North Road and turn left. It is across from the park.

短文 3：

John

I live near a supermarket. My parents usually shop there. There is a big park across from the supermarket. I often exercise at the park because I love the clean air and sunshine. The best things in life are free！

To get to the park，you just have to cross Center Street.

第 3 课时短文：

短文 1：（改编自克拉玛依市地方英语教学资源《神奇之城——克拉玛依市》P12）

Karamay Museum

Karamay Museum，also called Karamay Mining ［ˈmaɪnɪŋ］（矿石）History Exhibition ［ˌeksɪˈbɪʃən］（展览）Hall，is at the east end of Zhungeer Road，Karamay City. It covers a total area of 48，000 square meters and the floor area of it is 2，742 square meters. It was opened on July 13th，1983.

The three most famous parts are the Cellars ［ˈselə(r)］（地窖），Sculpture ［ˈskʌlptʃə(r)］ of Pioneers ［ˌpaɪəˈnɪə(r)］（开拓者雕塑）and the Hero Wall. The Cellars are the houses of the workers who dig the oil. They are warm in winter and cool in summer. The Sculpture of Pioneers，5 meters high，3 meters wide and 7. 5 meters long，was completed in 1983. The front of the sculpture are two young people in winter clothes. The back is images of two girls dancing beautifully. The Hero Wall，a large-scale relief ［rɪˈliːf］（浮雕）of 76 meters in length and 5. 3 meters in height， is made up of 146 pieces of stones. It is the largest relief in Northwestern China.

Karamay Museum is a very good place for us to know and remember the hard situation of our older people，and it encourages us to work hard for our city.

短文 2：（改编自克拉玛依市地方英语教学资源《神奇之城——克拉玛依市》P15）

The First Oil Well

The First Oil Well in Karamay lies eight kilometers southwest of the Black Oil Hill. It was the first oil well discovered in China. It is the China's First Oilfield. The well was named the First Oil Well of Karamay.

A monument ['mɒnjumənt]（纪念碑）was set up（建立）on the site on October 29th, 1982. It is 4 meters high. On its top there is a sculpture（雕塑）of the national ['næʃnəl] flag（国旗）made of marble ['mɑːbl]（大理石）. Big Oil Bubble is in the The First Oil Well Square. It is 15 meters high, the biggest one is 28 meters. The door opening is 3.5 meters high, and its design inspiration [ˌɪnspɪ'reɪʃən]（灵感）comes from the oil bubbles in the oil pool of Black Oil Hill, so people call it "Big Oil Bubble".

The First Oil Well in Karamay is a natural museum that you can visit all year round and the best place to remember the history of Karamay. It witnesses ['wɪtnəs]（见证）the development of the oil city and the hard work of oil people.

短文 3：（改编自克拉玛依市地方英语教学资源《神奇之城——克拉玛依市》P14）

Black Oil Hill

Black Oil Hill is called the mother of Karamay oil industry ['ɪndəstri]（工业）. It is in the northeast of Karamay and it is the sign of Karamay, socalled western oil city. As for Karamay, it's sure to go back to Black Oil Hill for its history.

It's not a high hill with height of 13 meters and a total area of about 0.2 square meters. It is just like the surface of the moon. In order to develop the spirit of hard work, the Black Oil Hill Monument was set up on October 1st, 1982. It's 2.05 meters high and is built with granites ['grænɪts]（花岗岩）.

In the 1950s, the people who developed the oil industry of China built the city of Karamay. Now Black Oil Hill has become a place where people hold revolutionary [ˌrevə'luːʃənəri]（革命的）education and a must-see place. It is also a symbol ['sɪmbl]（象征）of the hard-working oil people.

短文4：（自创）

The Song of Karamay

On July 30, 2014, the sculpture "The Song of Karamay" in the South Square of the government of Karamay City was finished and opened to the public.

"The Song of Karamay" takes the phoenix ['fi:nɪks] （凤凰）as the basic image of the whole sculpture. The main body of the sculpture is 58 meters high, and the phoenix shape is 16 meters high. The sculpture will show 7 colors such as red and orange every 15 seconds at night, and it will change with the music.

It was designed by Han Meilin, an artist and designer of the Olympic Fuwa, and is inspired [ɪn'spaɪəd] （受启发）by the history of the fight of three generations [dʒenə'reɪʃnz] （一代人）of people in Karamay. The sculpture symbolizes Karamay's happiness, spirit of hard work and luckiness. It will become a new landmark of our city, and it will also become one of the symbols ['sɪmbl] （象征）of our city.

短文5：（改编自克拉玛依市地方英语教学资源《神奇之城——克拉玛依市》P17）

The Nine Dragon Pool

The Nine-dragon Pool is built in the northeast of Karamay. It is a nice place where people can enjoy themselves. Many people like to take a walk there.

It consists [kən'sɪst] of （由…组成）nine dragons' heads, and the one in the middle is the largest. The clear snow water flows all the way to Karamay, jumping into Karamay River at the Nine Dragon Pool. The flow [fləʊ] （水流）is from the mouth of a great dragon in the middle of the dam [dæm] （大坝）. It forms [fɔ:mz] （形成）a 10-meter-wide and 8-meter-high waterfall. The water from the mouths of the other eight dragons rush out. It jumps into a big pool in front of the dam.

Many years ago, there was little water in Karamay, but through the hard work, people made water into Karamay and made people's lives better and better. Now, it has become the most beautiful place of interest along the Karamay River that all people who live in Karamay are proud of.

第4课时观看短文视频：

短文1：视频文本

Karamay, it is such a charming city with which I fall in love when I first came to eight years ago. The reasons are as follows, to begin with, walking on the street, I could see happy smiles on people's faces everywhere. As we all know, one way to get to know the city is to look at the smiles on people's faces. Here you can feel the pleasant and relaxing atmosphere. In addition, although located in the northwestern part of China, Karamay is rich in places of interest. With more facilities being distracted to bring more convenience. Central Park is always the place where you could feel the hustle and bustle of the city. Having been visited by citizens for years, it remained to be one of the best places for people in hot summer. Black Oil Mountain, Known as the birth place of Karamay's oil industry enjoys the wide reputation among its citizens. Seeing the beautiful scenery, I couldn't help wanting to know more about this city. Therefore I started my trip first to the landmark building—the Fire Phoenix. Seen at night from the distance, the newly built landmark seems to be promising a brighter future of the loving city. Above all, with Karamay competing to be one of the most modernize cities in China. All in all, having made outstanding achievements, our hometown is still continuing its marvelous story. I'm looking forward to welcoming your visiting.

短文2：自创书信

Dear Linda,

I will tell you the way to my house. Please take a taxi from the train station. You pass a bank on your right. Turn right and go along Red Street. You can find a police station on your right. Turn left at the second crossing and go along White Street. Then turn right at the first crossing. You can see my house on your left. It's across from a hospital.

Yours,

Li Ping

九、课时教学设计

第 1 课时 Route map of Karamay（克拉玛依的路线图）

（一）教学目标

见第一部分总览——单元教学目标与课时目标。

（二）教学过程

参见表 5 – 23。

表 5 – 23 教学流程表

任务活动	设计意图
Lead – in Play a video. and ask：What are we going to learn today?	视频引出本单元和本节课教学目标，激发学生兴趣
Five foreign students coming to study in Karamay. They are new. On the first day they all have some problems. Linda：Hi! Excuse me. I want to change my dollars into Chinese yuan. Can you help me? Tony：Hi, dude. SOS! I want to send letters to my mom！！！XOXO Anna：Excuse me，I lost my passport. Bob：I am so hungry that I want to have a meal. Mike：Excuse me，I have a bad cold. Can you help me?	创设真实情境，引出问题
Step 1：Match and circle 1. Which place do they need to go? Think and match. 2. Circle the places in the map（人教版七下 U8 section A 1a 图片）	快速匹配，圈出地点，结合生活常识引出本节课所需的地点名词
Step 2：Watch and draw 1. Play a video about prepositions，Ss say out 2. Write down the right prepositions of each picture（伴学手册）	通过观察地图上的位置关系，理解并运用介词
Step 3：Ask and answer Let's tell the exchange students where they should go to according to the map. eg. Where is the bank? The bank is _____ Long Street. Where is the hospital? The hospital is _____ _____ the police station	

续 表

任务活动	设计意图
Step 4：Practice and show Now tell them how to get to the places： First, go along..., turn left/ right at the... crossing. You will see... is on your left/ right. Next... Finally...	通过观察地图上的标识，理解标识的含义；运用正确的指路方式
Step 5：Listen and draw In order to help him get the right places, before going, let's help him draw the route. Listen and draw the route on the map. （我校及周边地图）	通过听他人指路时所使用的动词和方位短语，在地图中正确画出路线并能借助地图说出前往目的地的路线
Step 6：Group work：make a route On their second day in Karamay, they would like to show around, we need to make a route for each of them. Let's see where they would like to go. 1. 选择为谁设计"出行图"：明确要去的地点。 Tony：I want to go to some parks and take photos. Linda：I want to visit a school. Bob：I like having some local food. Mike：I want to exercise after meals. Anna：I want to go shopping. Each group makes a special route map for one student. You need to choose your character according to your own abilities. 2. 角色日志——组内分工。 ☆Word master（地标建筑提供者）：You need to provide all the words to help for the road map. （1 人） （你需要为路线图提供所有的地标建筑物名称） ☆☆Route planner（路线设计者）：You need to design an optimal route and explain why to your peers. （1 人） （你需要设计一条最优路线） ☆☆☆Editor（路线编辑者）：You need to write down the route correctly. （1 - 2 人）（你需要将路线正确写下来方便交换生使用） ☆☆☆☆Guide（导游）：You need to tell exchange students how to use the route map and why it was designed. （1 ~ 2 人）	通过迁移创新类活动，如角色日志、设计路线、绘制路线图、现场展示并解说"出行图"等方式为不同需求的交换生设计出行图利用结构化新知完成真实任务，解决实际问题，促进学生综合能力的发展提升； 能根据不同需求，查找地图，确定位置，画出路线，为写短文准备素材； 能使用角色日志，为自己选择合适层级，隐性分层，保护学生学习的自尊心； 能使用常见的连接词表示顺序和逻辑关系，能使用准确的方位介词和指示语，准确描述路线

续 表

任务活动	设计意图
（你需要向交换生讲述一下路线图的使用方法） 制作流程： 1. 标明建筑； 2. 设计路线； 3. 书写路线； 4. 汇报展示	
Step 7：Group show（子任务连接点） 1. 在地图上完成"出行图"：用水彩笔绘制出行路线图，要求做的美观，可以适当美化； 2. 全班展示：参考下面的评价量规； 3. 组间互评：根据量规星星数为其他组打分	通过评价量规及现场展示活动，充分发挥学生的主体作用。引导学生成为评价活动的参与者和合作者。帮助他们学会开展自我评价和相互评价，促进自我监督性学习，并在相互评价中取长补短，总结经验。 1. 通过查看评价量表，汇报展示过程中注意可能会出现的错误 2. 通过小组互评，反馈在汇报中出现的问题，并给出正确的解决路径
Step 8：Conclusion（mind map 省略）	通过小结，指导学生自主建构和内化新知，发展独立思考和合作解决问题的能力

"小导游"讲解 评价量规

	优秀☆☆☆	达标☆☆	待改进☆
内容和语言	语言准确且具有感染力	能简单描述路线，地点名词和方位介词使用准确	能简单描述路线，地点名词和方位介词的使用不准确，出现较多语法错误
语音与语调	表达流利，整个过程中能够灵活运用各种语音语调	表达较为流畅，偶尔出现自我纠正或重复的情况。发音偶尔出现偏差，但不影响理解	表达不流畅，语音语调单一，发音不准确，影响听众的理解

续 表

任务活动	设计意图
	1. 利用多种工具和手段，如思维导图、信息结构图等，学会在零散的信息和新旧知识之间建立关联，自主建构基于语篇的结构化新知。 2. 重视内化环节的作用，利用个人自述、同伴互述和小组分享等活动形式巩固学生的结构化新知
Homework： Write down the route according to the picture. Further study： If time is allowed interview one of your classmates, the way to school from his/ her home, draw the route	通过菜单式作业，引导学生对所学语言知识进行思考、建构、交流和表达，呈现和展示最终的学习效果，实现学以致用、学用一体

第 2 课时　Host family recommendation（寄宿家庭推荐）

（一）教学目标

见第一部分总览——单元教学目标与课时目标。

（二）教学过程

参见表 5 - 24。

表 5 - 24　教学流程表

任务活动	设计意图
Step 1：Watch and say Find out the places near the hotel. Introduce the location（位置）to your partner. Make a conversation	认识并学会运用重点词汇编写对话，帮助学生简单描述社区（设施环环境等）

续 表

任务活动	设计意图

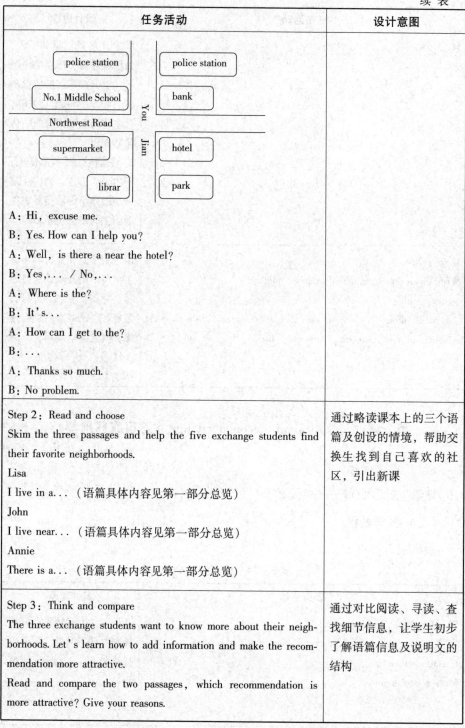

A：Hi, excuse me.

B：Yes. How can I help you?

A：Well, is there a near the hotel?

B：Yes,... ／ No,...

A：Where is the?

B：It's...

A：How can I get to the?

B：...

A：Thanks so much.

B：No problem.

Step 2：Read and choose Skim the three passages and help the five exchange students find their favorite neighborhoods. Lisa I live in a... （语篇具体内容见第一部分总览） John I live near... （语篇具体内容见第一部分总览） Annie There is a... （语篇具体内容见第一部分总览）	通过略读课本上的三个语篇及创设的情境，帮助交换生找到自己喜欢的社区，引出新课
Step 3：Think and compare The three exchange students want to know more about their neighborhoods. Let's learn how to add information and make the recommendation more attractive. Read and compare the two passages, which recommendation is more attractive? Give your reasons.	通过对比阅读、寻读、查找细节信息，让学生初步了解语篇信息及说明文的结构

任务活动	设计意图
Passage 1 Annie There is a zoo... Passage 2 My name is Annie, I live in a wonderful neighborhood. Let me show you around. There is an amazing zoo near my home. I like to spend time there on weekends. I love to watch the monkeys climbing around. They are so smart and active. You can also see cute pandas eating bamboos. To get there, you just need to walk along Bridge Road. There are a lot of tall buildings and small gardens in our neighborhood. There is a big supermarket across from my home. There is also a post office next to the zoo. People in my neighborhood are all kind and friendly to each other. We all love the neighborhood and we have a colorful life	培养学生多角度、辩证地看待事物和分析问题的能力。把握语篇的整体意义识别衔接手段，判断句子之间、段落之间的逻辑关系。有理有据、有条理地表达观点，培养思辨能力
Step 4：Read and answer Read passage 2 and finish the tasks. （4 min） Choose your own level, （Level A is easy , level B is a little difficult）, finish the tasks and check the answers. Level A Task 1：Annie live in a neighborhood. Task 2：Read the paragraph 2 and underline the names of the places. Task 3：Read the passage again and tell True or False. 1. Annie doesn't like her neighborhood. 2. There is a a big supermarket across from Annie's home. 3. There is an amazing zoo on Bridge Road. 4. We can see pandas and monkeys in the zoo. Level B Task 1：Read the passage and tell True or False. 1. Annie really likes her neighborhood. 2. There is a a big supermarket in front of Annie's home. 3. There is an amazing zoo on Bridge Road. 4. We can see all kind of animals in the zoo.	通过寻读并完成细节题（任务分层，满足不同学生的需求），培养学生提取关键信息的能力，再次理解文章的基本结构和具体内容

任务活动	设计意图
Task 2：Read the passage again and answer the questions. 1. What does Annie think of her neighborhood? 2. What's in Annie's neighborhood? 3. Why does Annie like spending time in the zoo?	
Step 5：Think and analyze How to make a recommendation of neighborhood? Let's look at the structure of the passage. Beginning： What kind of neighborhood does she live in? She lives in a... Body： Advantages/Attractive things What's in her neighborhood? What's her favorite place and why? How to get there? There is... There are... Annie's favorite place is... because... To get there,... Ending： How does she feel about her neighborhood? People are... Life is...	通过老师引导将语篇结构化，加深学生的理解，为内化、创新、再构作铺垫。 引导学生分析和梳理常见语篇的基本结构；能用简单的连接词建立语义联系；在感知、体验和运用的语言活动中，提升学生的理解和表达能力
Step 6：Read and complete Let's help to make the recommendation article more attractive. Fill in the blanks according to the map.（省略）	通过补充信息，强化学生对此类文章在结构的理解，能针对语篇的内容或观点进行细化
Step 7：Write and selfevaluation Linda，Tony and Mike have been in their host family. But Bob and Anna are so worried because they can't find their favorite neighborhoods. Let's recommend two neighborhoods to them. Review the structure of the passage	1. 能根据语篇内容或所给条件进行改编或创编，为交换生推荐合适社区的文章（分层写作） 2. 在描述社区的过程中，产生共情，使学生关心周围，乐于助人，热爱生活（形成健康向上的审美情趣和正确的价值观）
Step 8：Choose level A or level B Level A：use the good expressions to write. Level B：use your own words to write.	

续 表

任务活动	设计意图
1. Read the self-check chart. 2. Draw the map of the neighborhood. 3. Let's start writing. 4. Self check and peer check 要求①结构完整，要点齐全（Beginning，Body，Ending）有总览句；介绍最喜欢的地方及原因；描述社区周围的 places；从 people，life，environment 三方面表达自己的情感。 ②拼写、语法（人称，时态，句式）正确，大小写，标点符号正确 ③书写整齐	3. 通过评价量表，学会纠错和评价同伴的文章，并修改自己的文章（在书面表达中，能选用不同句式结构和时态，描述和介绍身边的人、事物或事件，表达情感、态度、观点和意图等；主动参与语言实践活动，在学习中注意倾听、乐于交流、大胆尝试，学会自主探究，合作互助，学会反思和评价）

第 3 课时　One City，One Spirit（"一城一魂"之旅）

（一）教学目标

见第一部分总览——单元教学目标与课时目标。

（二）教学过程

参见表 5 - 25。

表 5 - 25　教学流程表

任务活动	设计意图
Leadin Do you remember the five exchange students? They are Tony, Linda, Anna, Mike and Bob. Now, they are living in their favorite neighborhoods.	通过图片激发学生对前两节课的记忆，以及对大单元故事背景的记忆，在学习中激活并关联已知，培养学生认知策略
Step 1：Guide and tell We prepare an educational trip—One City，One Spirit. They need to gather at school，but Tony forgets the route to school. Let's help him. Go along Hongqi Road → turn ____ when you see a restaurant → go ____ Renmin Road → turn ____ → ____ ____ Zhungeer Road → turn ____ at the first ____ → go along Hongxing Road → turn right ____ the first ____	介绍本节课的子任务，并通过创设新的情节让学生复习如何指路，培养学生在语境中运用所学语法知识进行描述、叙述和说明等能力

续 表

任务活动	设计意图
Step 2：Match and speak The trip is designed to show the history and culture of Karamay. Here is the result about the top 10 places you would like to introduce most to them. We choose the top five to make this trip for them. As for us, we need to know about these places first. Match the pictures with their English names, then speak out the English names correctly. The Song of Karamay； Black Oil Hill； Karamay Museum； The First Oil Well（Big Oil Bubble）； The Nine Dragon Pool	引入新课——"一城一魂"之旅；借助图片、影像等视觉信息理解收听和观看的内容，交代子任务三的设计意图和背景，引导学生先认识本次路线中五个地点的英文名称

Step 3：Read and finish
Let's learn more about the first place of this trip. Read the passage and finish the tasks.
Karamay Museum（语篇具体内容见第一部分总览）

引导学生先通过速读找出文章大意，再通过细读找寻文中的细节信息，为之后导游卡的制作进行铺垫，培养学生概括段落大意和快速查找信息的阅读能力

Task 1：Look Through the passage quickly and ask：What's the passage about?	Task 2：Read and match the main idea with each paragraph. Paragraph 1 is about _____. Paragraph 2 is about _____. Paragraph 3 is about _____. Educational meaning； General introduction；（整体概况） The three most famous part.	Task 3：Read the passage carefully and answer the questions. 1. Where is the Karamay Museum? 2. Finish the table according to the three most famous parts.

Name	Features（特点）
Cellars	_____ in winter and _____ in summer
Sculpture of Pioneers	_____ high, _____ wide, and _____ long
	_____ long, _____ high, made up of _____ of stones；the _____ relief

3. What can we learn from the museum?

任务活动	设计意图
Step 4：Think and conclude When we introduce some places of interest with a guide card, what aspects can we introduce?	理解常见应用文语篇的主要写作目的、结构特征、基本语言特点和信息组织方式，并用以传递信息
Step 5：Read and complete Complete the guide card about the first step of this trip according to the passage. Name：_____ Location：_____ Famous parts & Features： The _____ are warm in winter and cool in summer. The _____ is 5 meters high, 3 meters wide and 7.5 meters long. _____ is 76 meters long and 5.3 meters high, made up of 146 pieces of stones. It is the largest relief. Just _____ Tianshan Road and turn _____ at the first crossing, and _____ Qianjin Road, turn _____ at the _____ crossing. Finally, go along Zhungeer Road to the end. Karamy museum is on your _____	引导学生从文章生成旅游第一站的导游卡，同时为学生之后的制作提供一个模板。 围绕特定语境，独立写出几个意义连贯、表意清楚的语句；在社会情境中，使用得体的语言和非语言形式进行日常生活交流"
Step 6：Read and complete Different passages are chosen by different groups. *The First Oil Well*（语篇具体内容见第一部分总览） The reading tasks are omitted since they are familiar with the first passage. *Black Oil Hill*（语篇具体内容见第一部分总览） The reading tasks are omitted since they are familiar with the first passage. *The Song of Karamay*（语篇具体内容见第一部分总览） The reading tasks are omitted since they are familiar with the first passage. *The Nine Dragon Pool*（语篇具体内容见第一部分总览） The reading tasks are omitted since they are familiar with the first passage	选读篇目的题型设置与第一篇相同，再次锻炼学生速读、细读的阅读策略，同时获取相应地点的信息
Step 7：Group work Each group makes a part of the educational trip for them. You need to choose your character according to your own abilities. （1）Art editor（美术编辑）难度系数：☆ You need to beautify and proofread the guide card.	通过角色日志在小组内部设置隐性分层，每个学生根据自己的能力选择对应的角色，保证让每个学生在小组合作中都发挥作用，培养学生积极

续　表

任务活动	设计意图
（2）Route finder（探路者）难度系数：☆☆ You need to write down the route. （3）Information editor（资料编辑）难度系数：☆☆☆ You need to write some information about the place, including the name, location, and features. （4）Guide（导游）难度系数：☆☆☆☆ You need to use your guide card to explain how to get to the place and information about the place.（省略）	探索适合自己的学习方法以及小组合作能力

Step 8：Selfcheck and peer check

请根据评价量表完成小组自评和互评。（8min）

导游卡展示评价量表

	优秀☆☆☆	达标☆☆	待改进☆
内容和语言	语言准确且具有感染力	能简单介绍景点的相关信息和路线	能简单介绍景点的相关信息和路线，但存在一些语法错误
语音与语调	表达流利，整个过程中使用能够灵活地运用各种语音语调	表达较为流畅，偶尔出现自我纠正或重复的情况；发音偶尔出现偏差，但不影响理解	表达不流畅，语音语调单一，发音不准确，影响听众的理解

设计意图：现场展示和解说"导游卡"并通过评价量表进行自评和互评让小组在展示前明确评价标准，避免发生一些错误。

避免其他小组在听其展示时无所事事，引导学生在学习中注意倾听、乐于交流、大胆尝试，学会自主探究，合作互助，学会反思和评价

Step 9：Further thinking

Think and answer the questions.

1. What is the city?

2. What kind of spirit is it?

设计意图：引导学生总结子任务三中的"一城一魂"具体指代什么，让学生体味克拉玛依人的石油精神，领略旅游文化（重要文化标志物等）和风土人情等以及不同文化背景下，人们的劳动实践和劳动精神

任务活动	设计意图
Homework： Polish your guide card. Further study： You can choose another places of interest in Karamay and complete a guide card by yourself	深入学习内容可以考查学生对本节课的内容是否完全吸收内化以及额外输出

第 4 课时　Project—Making a Welcome Brochure
（项目——制作一份欢迎手册）

（一）教学目标

见第一部分总览——单元教学目标与课时目标。

（二）教学过程

参见表 5 – 26。

表 5 – 26　教学流程表

任务活动	设计意图
Step 1：Watch and complete Watch a micro-movie and finish the introduction of Karamay. Karamay，with the meaning of _____，is in the _____ of Xingjiang. It has an area of 9500 square kilometers. It is not very big _____ it is clean and tidy. You can _____ green trees and beautiful flowers _____. You can also see happy smiles _____ people's faces everywhere. Here you are going to feel the relaxing and pleasant air. We're looking _____ to your visit	通过看短片激活旧知
Step 2：Read and write Read the 4 directions and find out the routes and write down the place each exchange student will go.（略）	引入大单元情境，并创设的新情境使学生在解决问题的同时复习如何指路
Step 3：Listen，complete and draw Linda wants to visit her pan pal，Li Ping. She's near the train station now and doesn't know the way to Li Ping's home. You are going to listen to the email Li Ping sends to Linda and fill in the blanks to finish it. After that，draw the route on the map below	以问题驱动的方式使用动词短语和方位词块，进一步复习单元目标语言

续 表

任务活动	设计意图
Dear Linda, I will tell you the way to my house. Please take a taxi from the train station. Pass a bank on your right. Turn right and _____ Red Street. You can find a police station _____. Turn left _____ and go along White Street. Then _____ the first crossing. You can see my house on your left. It's _____ the hospital. Yours, Li Ping	
Step 4: Listen and say Discuss in groups about how to make a Welcome Brochure for one of the exchange students as a unique gift? (7min s) 项目准备: 自我评价表 <table><tr><td colspan="2">In our Teamwork (团队合作中) Self Checklist (自我评价表)</td></tr><tr><td>☆ I Listen carefully to others and welcome their opinions. (我认真倾听并欢迎他人的观点)</td><td>YES / NO</td></tr><tr><td>☆ I Put forward as many ideas as you can. (我尽可能多地提出想法)</td><td>YES / NO</td></tr><tr><td>☆ I Have my own unique thoughts (我有自己独特的想法)</td><td>YES / NO</td></tr><tr><td>☆ I am responsible for my task. (我为自己的任务负责)</td><td>YES / NO</td></tr><tr><td>☆ I never stop thinking about and asking how to make the brochure much better. (我从未停止思考和追问如何使手册更好)</td><td>YES / NO</td></tr></table>	引导学生通过组内头脑风暴和自我评价表,了解项目学习是一种探究式学习,需要自己主动发现问题、解决问题;尝试与组内成员沟通和交流想法

续 表

任务活动	设计意图

Exchange students	Character	Our group is going to make a Welcome Brochure for _____.
Mike	sports lover	What should be in the Welcome Brochure for _____? What style（风格、样式）is our brochure going to be? What is the key part（重点部分）of the brochure? What is going to be the highlight（亮点）of the brochure?
Anna	shopping lover	
Tony	film lover	
Bob	food lover	
Linda	book lover	

Step 5：Read and do

Read the Peer Checklist carefully before making the brochure and focus on the points with ☆, then make it in groups.

Peer Checklist 同伴评价表	
After the introduction of the Welcome Brochure, I know about:（在同学的欢迎手册介绍之后，我了解了:）	
☆the general information of Karamay（克拉玛依概况）	YES / NO
☆food information in Karamay（克拉玛依美食）	YES / NO
☆must-go places in Karamay about travelling, amusement and shopping）［克拉玛依必去之处（关于旅行、娱乐和购物）］	YES / NO
☆the general information of homestay community（寄宿家庭社区的大致信息）	YES / NO
In the Welcome Brochure, I can find:（在欢迎手册中，我可以找到:）	
☆the guide map and the directions（指示地图和路线提示）	YES / NO
After reading the Welcome Brochure, I feel:（看了欢迎手册后，我感到:）	
☆a warm welcome（暖暖的欢迎情）	YES / NO
☆it practical and beautiful（它的实用性和美观度）	YES / NO

设计意图栏：

引导学生通过同伴互评表及制作要求进行自我监控，从而在手册制作过程中进行有效的知识与能力建构

续 表

任务活动	设计意图
Step 6：Show and introduce Show your brochure and introduce it in groups. Each group has 3 minutes. Every member in the group has to do his / her duty in the show time.	引导学生通过同伴评价，认识到成果是否解决了核心驱动任务，展示时间是自我反思及向其他组学习的机会

Show Time（展示时间）Peer Checklist（同伴评价表）	
During the introduction of my classmates' Welcome Brochure, I find out： （在介绍欢迎手册时，我发现：）	
☆the team work together and have their own duties （团队合作，并有各自的职责）	YES / NO
☆they introduce the contents clearly（内容介绍清晰）	YES / NO
☆there are highlights in the brochure（手册设计有亮点）	YES / NO
☆their words make me understand their brochure easily （用词让我很容易理解他们的手册）	YES / NO

The words you may say are like：

＊Good morning, everyone. We're happy to be with you. We're here to talk to you about our Welcome Brochure for Mike.

＊Let's start with the highlight / key part / first part / general outline（大致轮廓）of it.

＊To begin with, let's talk about the highlight / key part / first part / general outline（大致轮廓）of it.

＊First, I will say something about. . .

＊There are four parts in our brochure. We will first talk about. . . And then . . . Finally,

＊Let's move on to the next part.

＊Before we stop /finish, just let me say. . .

＊In a word,. . . /All in all,. . . /Finally,. . .

＊That's all, thank you.

＊So much for our show, thank you.

＊Thank you for your listening.

续 表

任务活动	设计意图
Step 7: Reflect and conclude Reflection: What can we do to make the brochure more practical, more convenient and more beautiful? What can we do to make the brochure more practical, convenient and beautiful? _____ _____ _____ _____ _____	引导学生通过复盘，反思并吸取经验，对制作手册中的缺憾进行改进和完善，帮助学生内化本单元的目标语言，并有情境、有效地输出

参考文献

[1] 中华人民共和国教育部. 义务教育英语课程标准 (2022 年版) [S].
北京：北京师范大学出版社，2022.

[2] 梅德明，王蔷.《义务教育英语课程标准 (2022 年版)》解读 [M].
北京：北京师范大学出版社，2022.

[3] 刘畅. 中学外语教与学基于学科大观念的初中英语单元整体教学设
计 [J]. 教学月刊，2023 (7)：14 - 25.